弗布克岗位实战培训手册系列

班组长岗位培训手册

——班组长应知应会的 10 大工作事项和 92 个工作小项

（实战图解版）

准正锐质生产中心　编著

人民邮电出版社

北　京

图书在版编目（CIP）数据

班组长岗位培训手册：班组长应知应会的10大工作事项和92个工作小项：实战图解版／准正锐质生产中心编著．—北京：人民邮电出版社，2015.2

（弗布克岗位实战培训手册系列）

ISBN 978-7-115-38212-2

Ⅰ.①班… Ⅱ.①准… Ⅲ.①班组管理—岗位培训—手册 Ⅳ.①F406.6-62

中国版本图书馆CIP数据核字（2015）第002706号

内 容 提 要

作为一名班组长，你知道自己的工作职责是什么吗？在履行这些职责的过程中，该如何提升自己的工作效率？作为生产企业的管理人员，你知道该如何将人、岗、事密切结合，打造一支素质过硬、执行力一流的基层管理队伍吗？

为解决这些问题，本书从班组长岗位实际出发，系统介绍了班组目标管理、工作布置与督导、班组物料管理、班组设备与工具管理、班组成本管理、班组质量管理、班组安全管理、班组5S管理、班组团队建设、开好班前班后会10大工作事项和92个工作小项，并对其进行了图解演示与说明，可以帮助班组长自我培训、自我提高。

本书是一部关于班组长岗位培训与管理的操作手册，为班组长提供了精细化、实务化、模块化的解决方案，不仅使班组长知道自己要干什么，还能知道怎么干，从而帮助他们快速成长为高效能的职场人士。

◆ 编　　著　准正锐质生产中心

责任编辑　许文瑛

责任印制　焦志炜

◆ 人民邮电出版社出版发行　　北京市丰台区成寿寺路11号

邮编 1001644　电子邮件 315@ ptpress. com. cn

网址 https://www.ptpress. com. cn

涿州市殷润文化传播有限公司印刷

◆ 开本：787×1092　1/16

印张：15　　　　　　　　　　2015年2月第1版

字数：180千字　　　　　　　2025年9月河北第44次印刷

定　价：39.00元

读者服务热线：（010）81055656　印装质量热线：（010）81055316

反盗版热线：（010）81055315

前　言

　　企业招聘的目的就是要找到合适的人才，并将其放到合适的岗位上。每位员工在入职到岗时，都需要明确自己的工作职责是什么；自己与岗位之间的契合度如何；企业对该岗位的工作要求是什么；如何处理工作岗位上的具体工作事项；如何掌握处理这些工作事项的技巧和方法；如何在最短的时间内缩短与其他同事之间的差距；等等。

　　为解决上述问题，"弗布克岗位实战培训手册系列"图书针对具体的岗位，提供了精细化、实务化、模块化的解决方案。员工通过自我培训，能够明确自己的具体工作内容和事项，并掌握处理这些事项的工作程序、方法和技巧，从而全面提升自己的岗位操作能力，获得加薪和职业晋升的机会。

　　本系列图书涉及班组长、采购人员、销售人员、行政人员、文秘人员、餐厅服务员、仓库管理人员等多个岗位。《班组长岗位培训手册——班组长应知应会的 10 大工作事项和 92 个工作小项（实战图解版）》是该系列图书中的一本。本书以班组长的工作事项为中心，首先列出该岗位的工作大项和基本的岗位素质要求，然后分章讲述每个大事项所包含的工作小项。本书又将每个工作小项分为工作步骤、工作知识、注意事项、方法技巧等模块，并对各模块进行逐一讲解，有针对性地为读者提供了具体事件和具体问题的解决范例。本书具有以下特点。

1. 人、岗、事密切结合

　　本书将班组长与岗位、工作事项紧密结合，针对生产企业班组长面临的困难和亟待解决的问题，提供知识和指导，帮助读者快速充电。

2. 用知识导图概括全部工作事项

　　为了让每个大事项中的小事项清晰可见，本书在每章前面都设计了一张工作事项知识导图，图中概括了每章将要讲述的全部工作事项。

3. 用漫画提炼工作要点

　　本书依据班组长的工作内容，绘制了漫画，画中精准提炼出班组长所需掌握的知识要点及操作要点，方便读者理解与掌握。

1

4. 问题字典易查易用

本书对班组管理工作规范和知识要点进行了图解处理，如同一本细化易查、简单易用的问题字典，方便读者在实际工作中遇到问题时随时查阅，提高工作效能。

在本书编写的过程中，孙立宏、刘井学、程富建、罗章秀、贾月负责资料的收集、整理以及图表编排，金成哲参与编写了本书的第一章，黄成日参与编写了本书的第二章，权锡哲参与编写了本书的第三章，高玉卓参与编写了本书的第四章，赵全梅参与编写了本书的第五章，赵红梅参与编写了本书的第六章，姚小风参与编写了本书的第七章，韩燕参与编写了本书的第八章，于增元参与编写了本书的第九章，金虎男参与编写了本书的第十章，金丹仙参与编写了本书的第十一章，全书由准正锐质生产中心统撰定稿。

目　录

第一章

班组长工作事项及所需掌握的知识

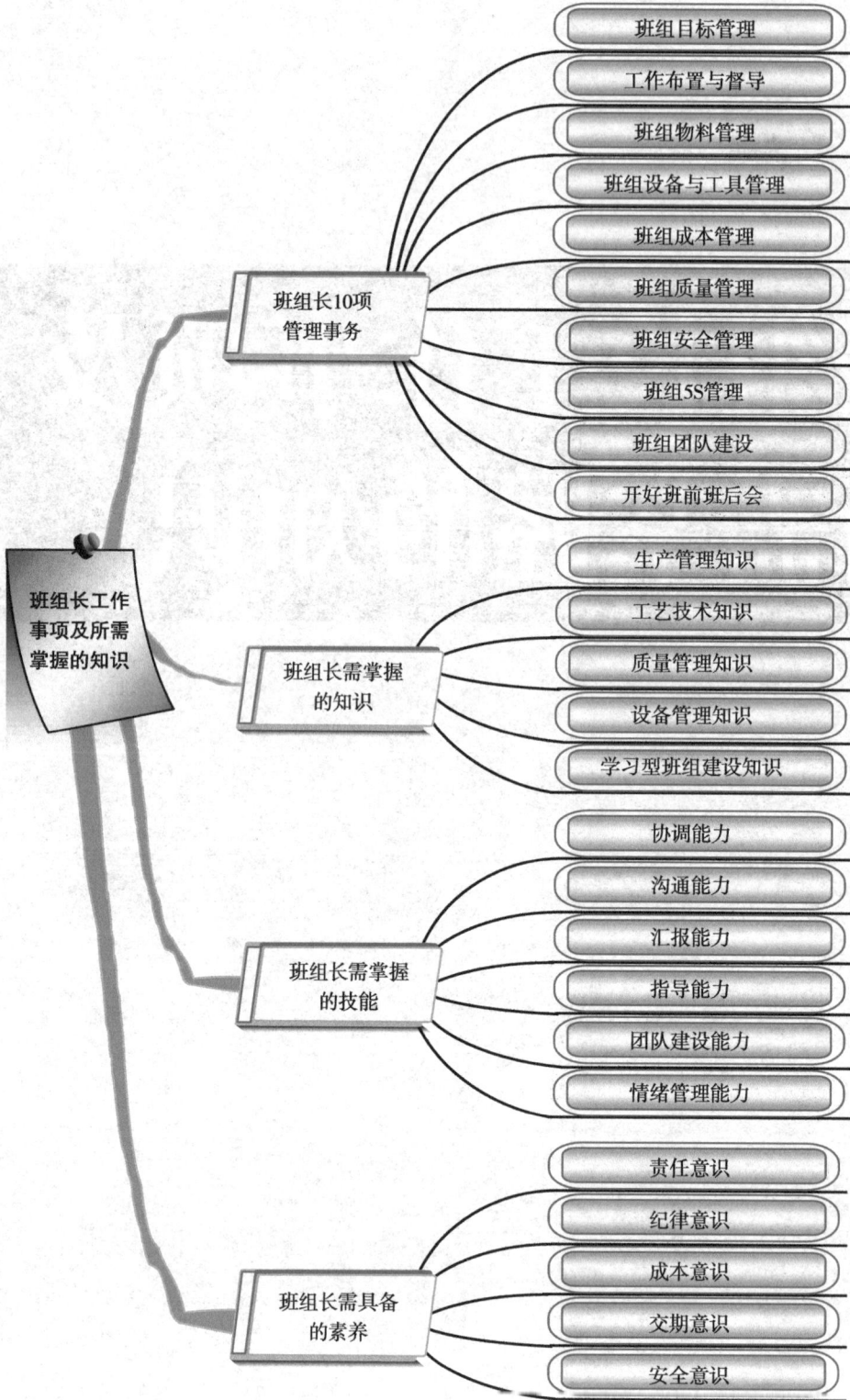

班组长工作事项及所需掌握的知识

班组长10项管理事务
- 班组目标管理
- 工作布置与督导
- 班组物料管理
- 班组设备与工具管理
- 班组成本管理
- 班组质量管理
- 班组安全管理
- 班组5S管理
- 班组团队建设
- 开好班前班后会

班组长需掌握的知识
- 生产管理知识
- 工艺技术知识
- 质量管理知识
- 设备管理知识
- 学习型班组建设知识

班组长需掌握的技能
- 协调能力
- 沟通能力
- 汇报能力
- 指导能力
- 团队建设能力
- 情绪管理能力

班组长需具备的素养
- 责任意识
- 纪律意识
- 成本意识
- 交期意识
- 安全意识

第一节 班组长 10 项管理事务

一、班组目标管理

目标管理是利用各项奖惩措施，促使员工通过自我管理实现企业目标的一种管理方法，具体内容包括目标设计与分解、目标实施与控制。班组长积极推进班组目标管理，才能使班组成员明确奋斗的方向，达成个人工作目标和班组目标。班组目标管理具体包括以下四项内容。

（1）在全面、准确地把握企业、车间的当前形势和发展趋势的基础上，合理设定班组的整体目标，并将其分解至个人。

（2）根据确定的班组目标，制订合理的生产计划。

（3）对计划的实施过程进行控制，确保个人目标及班组目标的达成。

（4）总结班组目标完成情况，并进行改善。

二、工作布置与督导

工作布置与督导是班组长的一项重大工作任务。在生产过程中，工作布置是否合理，生产督导是否及时，将直接影响班组成员的工作积极性及工作效率。工作布置与督导具体包括以下两项的内容。

（1）工作布置，即根据班组的生产目标及计划，结合班组员工的特点，在公平、合理的基础上，为班组员工分派具体的工作任务。

（2）工作督导，即班组长在日常生产过程中，对班组员工的工作情况进行检查、监督、指导、指正。

三、班组物料管理

班组物料管理即对班组现场所使用的物料进行管理，以达到减少呆废料、提高物料使用率，降低库存成本的目的。具体来说，班组长在进行物料管理时，主要需做好以下三项工作。

（1）规范物料领取相关单据的填写及审批工作，按相关要求及程序领料、发料。

（2）对生产现场的物料进行科学布置，减少寻找时间，提高工作效率。

（3）做好物料的使用监控及废料处理等工作，减少生产浪费，提高物料利用率。

四、班组设备与工具管理

设备与工具是班组生产的基础，是实现经济目标的重要物质基础，班组长要想确保设备与工具处于最佳使用状态，就需管好、用好、修好。班组设备与工具管理具体包括以下三项内容。

（1）设备操作管理，即对设备的操作及运行进行管理，确保设备运行中设备和人员的安全，提高设备运行效率和利用率。

（2）设备维护管理，即通过落实各项维护制度，确保设备处于最佳使用状态。

（3）工具管理，即对生产所需工具的领取、摆放、使用、换新、报废等进行管理。

五、班组成本管理

班组成本是班组因生产产品或提供劳务而发生的各项生产费用，包括在生产过程中实际消耗的直接材料、直接人工、其他直接费用和制造费用。班组长积极开展班组成本管理，可有效控制班组成本，减少浪费，提高各项资源的利用率。班组成本管理主要包括以下两项内容。

（1）成本控制。班组长应掌握各种方法，对班组现场的物料成本、质量成本、人工成本等进行合理控制。

（2）成本改善。班组长应了解班组成本改善的内容和方向，掌握改善的途径，降低班组成本，提高企业利润。

六、班组质量管理

质量管理是指确定质量方针、目标和职责，并通过质量体系中的质量策划、控制、保证和改进等手段实现质量管理目标的全部活动。质量管理是班组长的主要职责之一，具体包括以下三项工作内容。

（1）确定班组质量目标。班组长根据企业的总体质量目标及车间的指示，确定本班组的生产质量目标。

（2）班组质量控制。班组长制订达成质量目标的计划并组织实施，通过综合运用4M1E、全面质量管理等方法，严格控制并提升班组质量。

（3）班组质量改善。班组长应提高班组员工的质量改善意识，鼓励员工就班组质量改善提出一些合理的建议、措施、方法、程序、方案、流程等，不断提升班组的质量管理水平。

七、班组安全管理

班组是企业最基本的组织形式，只有班组实现安全作业，企业才能实现安全运营。因此，班组长应做好班组安全管理工作，减少事故，尽量避免生产过程中由于事故造成的人身伤害、财产损失、环境污染以及其他损失等。班组安全管理的主要内容有以下三项。

（1）班组安全教育。重点是做好三级安全教育，转岗复工安全教育及特种作业安全教育等。

（2）作业安全管理。重点是做好用电，高处，密闭，高低温等作业的安全管理工作。

（3）安全事故管理。规范安全事故的报告程序，及时上报安全事故并组织做好现场的自救及互救工作，防止事故扩大化；同时配合有关部门积极开展安全事故的调查及善后工作，吸取事故教训，防止事故再发。

八、班组 5S 管理

5S，即整理（Seiri）、整顿（Seiton）、清扫（Seiso）、清洁（Seitesu）和素养（Seitsuke）。班组长应组织班组成员积极开展 5S 管理活动，将各种良好的工作习惯转化为员工的固有素养，从而使现场保持良好的工作状态。班组长进行 5S 管理时主要应做好以下两项工作。

（1）5S 导入，包括成立 5S 领导小组，做好 5S 的培训及宣传工作。

（2）5S 推行，包括组织班组成员每日开展 5S 活动，并根据活动效果进行奖惩与修正，不断巩固及提高 5S 管理效果。

九、班组团队建设

班组在生产过程中只有充分发挥团队的力量，才能确保各项工作的顺利进行。因此，班组长应做好团队建设工作，提高团队凝聚力和向心力，促使团队成员全力完成生产任务。具体来说，班组长应做好以下四项工作。

（1）员工培养。做好新员工、技能人才、管理人才等的培养及储备工作。

（2）有效沟通。努力提高自己的沟通协调能力，确保与上级、下级及同级进行有效的沟通。

（3）有效激励。采取各种激励手段，对员工进行合理、及时、有效的激励，奖励先进，鞭策后进，惩罚违规员工，提高员工的工作积极性，减少违章现象。

（4）处理团队冲突。分析引起冲突的原因，有针对性地采取合理策略，处理好员工之间的矛盾及冲突，建立团结、高效的团队。

十、开好班前班后会

班前会是每次工作前，班组长向班组成员敲响的一次安全警钟；班后会则是班组长组织的经验总结会议。班组长不仅可以借助班前班后会做好任务的分配工作，还可以借此提升员工的士气，解答员工疑问，总结经验教训，进行面对面的思想教育等。具体来说，班组长需做好以下两项工作。

（1）开好班前会，包括工装检查、任务分配、疑问解答、士气提升等工作。

（2）开好班后会，包括本班工作情况总结、经验教训总结、计划改进等工作。

第二节　班组长需掌握的知识

一、生产管理知识

生产管理是企业对生产活动进行计划、组织、指挥、控制和协调等各项管理工作的统称。班组长应对生产管理的目的、对象、内容及方法工具有所了解和掌握。

（一）生产管理的目的

生产管理的目的是促使企业高效、低耗、灵活、准时地生产合格产品，为客户提供高质量的服务。

（二）生产管理的对象

生产管理的对象是人、机、料、法、环，具体如图 1-1 所示。

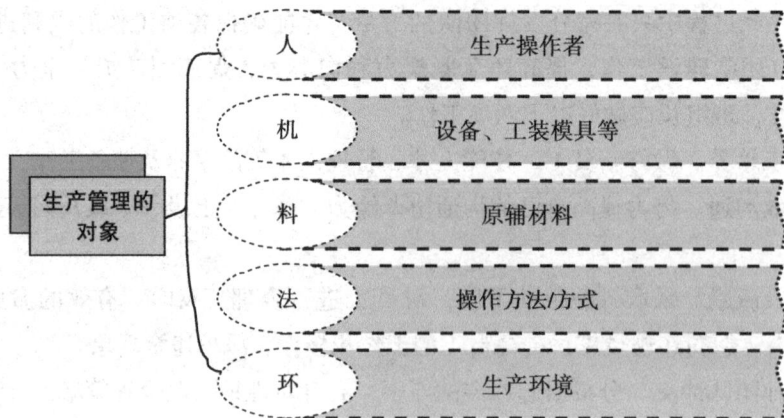

生产管理的对象	人	生产操作者
	机	设备、工装模具等
	料	原辅材料
	法	操作方法/方式
	环	生产环境

图 1-1　生产管理的对象

（三）生产管理的内容

生产管理主要包括九大模块，具体如图1-2所示。

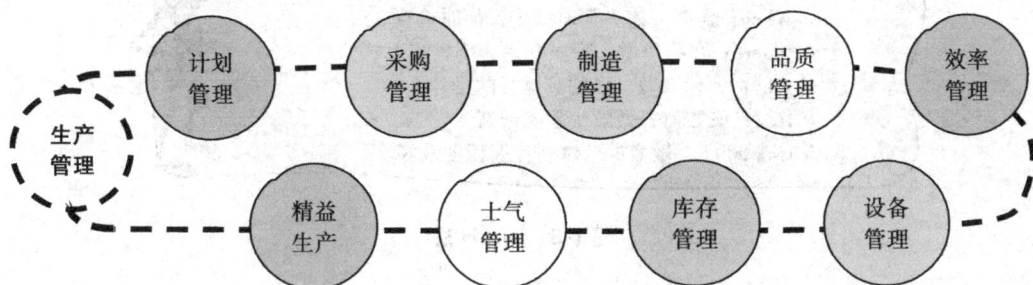

图1-2　生产管理九大模块

（四）生产管理的方法工具

生产管理中有几个常用的方法工具，班组长应有所了解并能合理运用。

1. 看板管理

看板是在JIT准时生产方式下，用于控制现场生产流程的工具。具体来讲，看板是在同一道工序或者前后工序之间进行物流或信息流传递的一种工具。实施看板管理，生产现场人员可及时掌握生产现状，从而能够快速制定并实施应对措施。

2. 参与管理法

实施参与管理，目的是让员工或下级参与到组织的决策过程以及各级管理工作中，从而激发员工和下属的主人翁精神及责任感，获得员工和下属的支持，促使各项制度更符合实际、更易于落地。

3. ABC分类管理法

ABC分类管理法是根据事物在技术、经济等方面的主要特征，进行分类排列，分清重点和一般，从而实现区别对待、区别管理的一种方法。

4. 5W2H法

5W2H法简单、方便，易于理解、使用，富有启发意义。5W2H法被广泛应用于企业管理工作中，具体内容如图1-3所示。

☆ What：什么事，要做什么
☆ Who：由谁负责，谁执行
☆ When：何时开始，何时结束，何时检查
☆ Where：在哪里做，哪里开始，哪里结束
☆ Why：为什么做，做的具体目的是什么
☆ How：该如何去做效率才能最高
☆ How much：做多少？做到什么程度最好

图1-3　5W2H法

二、工艺技术知识

工艺技术是指工业产品的加工制造方法，包括从原料投入到产品包装的全过程的原料配方、工艺路线、工艺流程、工艺指标、操作要点、工艺控制等一整套方法或技术。班组生产状况与所选用的工艺技术密切相关，因此班组长应掌握一些基础的工艺技术知识。

（一）工艺基本术语

表1-1列出了一些常见的工艺术语，班组长应掌握其含义。

表1-1　工艺基本术语

工艺基本术语	术语解释
生产过程	★ 将原材料转变为成品的全过程
工艺过程	★ 改变生产对象的形状、尺寸、相对位置和性质等，使其成为成品或半成品的过程
工艺文件	★ 指导员工操作和用于生产、工艺管理等的各种技术文件
工艺规程	★ 规定产品或零部件制造工艺过程和操作方法等的工艺文件
工艺参数	★ 为了达到预期的技术指标，而在工艺过程中所需选用或控制的有关量
工艺装备	★ 产品制造过程中所用各种工具的总称，如刀具、夹具等
工序	★ 一个（或一组）员工在一个工作地对一个或同时对几个工件所连续完成的那一部分工艺过程
计算辅助制造	★ 利用计算机控制产品的加工、检验、试验、包装等全过程以及与这些过程有关的全部物流系统和初步的生产调度环节

（二）工艺文件

班组长应掌握班组常见的工艺文件格式及填写要求，常见的工艺文件有工艺（序）卡、工艺附图、作业指导书等。具体如图1-4所示。

工艺（序）卡	● 以工序为单位，按产品或零部件的某一工艺阶段所编制的一种工艺文件，内容包括工序号、工序名称、工序内容、工艺参数等
工艺附图	● 附在工艺规程上用以说明产品或零部件加工或组装的简图或图表
作业指导书	● 指导员工进行标准化作业的一种技术文件，是员工正确作业的基准，可控制人的因素对产品质量的影响

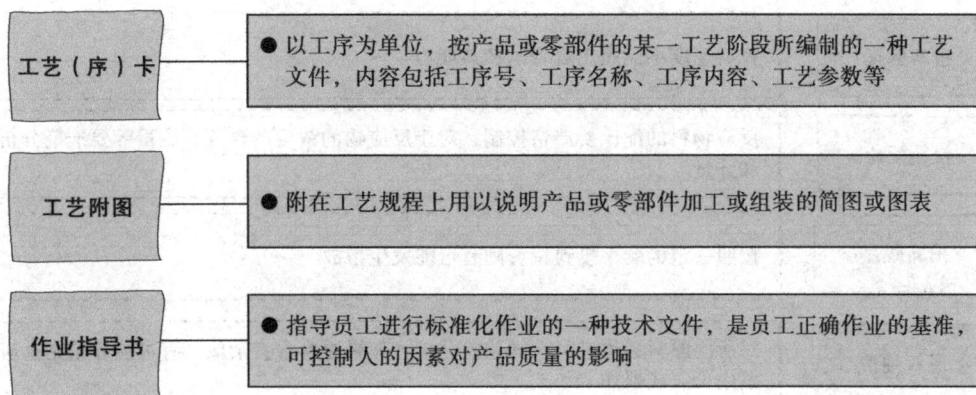

图 1-4　班组常见的工艺文件

（三）工艺参数控制

工艺参数控制，就是将工艺参数控制在安全范围之内。生产企业的工艺参数控制主要是指温度、物料配比、压力、流量等的控制。

1. 温度控制

温度控制具体措施如图 1-5 所示。

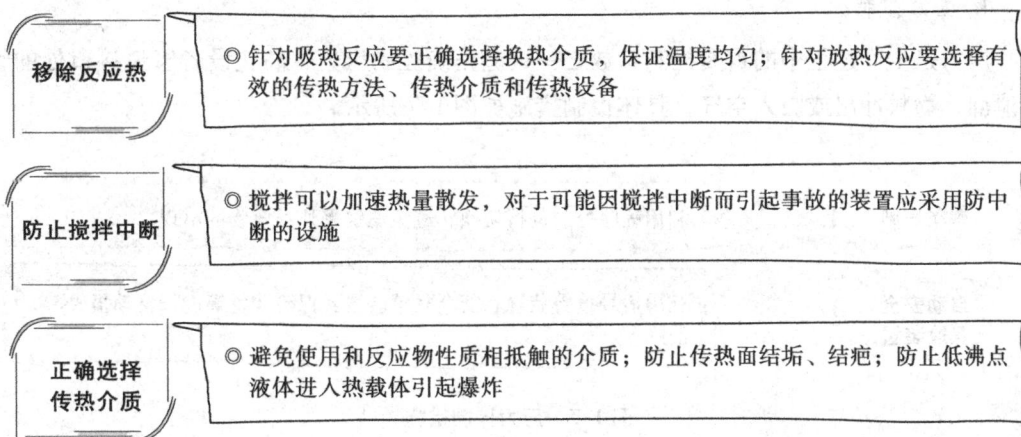

移除反应热	◎ 针对吸热反应要正确选择换热介质，保证温度均匀；针对放热反应要选择有效的传热方法、传热介质和传热设备
防止搅拌中断	◎ 搅拌可以加速热量散发，对于可能因搅拌中断而引起事故的装置应采用防中断的设施
正确选择传热介质	◎ 避免使用和反应物性质相抵触的介质；防止传热面结垢、结疤；防止低沸点液体进入热载体引起爆炸

图 1-5　温度控制措施

2. 投料控制

投料控制主要是指控制投料速度、配比、顺序、原料纯度和投料量等，具体控制措施如图 1-6 所示。

9

投料速度	投料速度不能超出设备的传热能力
投料配比	反应物料的配比要严格控制，对于反应物的浓度、含量、流量等要准确分析和计量
投料顺序	按照一定的顺序投料，否则有可能发生事故
原料纯度	对所用原料必须进行取样化验分析，如果原料含有杂质，有可能导致副反应，发生火灾或爆炸
投料量	投料量要按照设备的安全容积进行，投料量过多或过少都可能发生危险

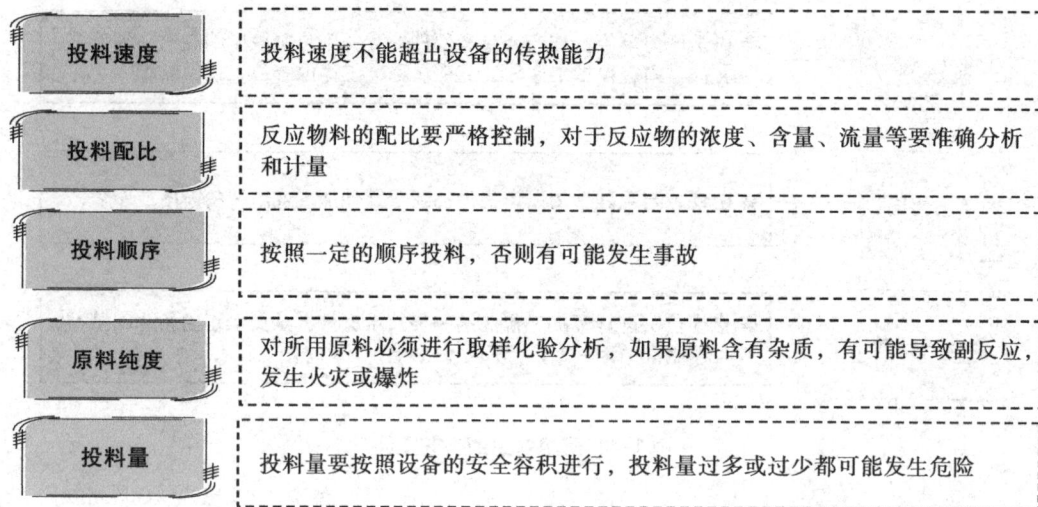

图1-6　投料控制措施

3. 溢料和泄漏控制

生产操作过程中，应避免或最大限度地减少跑、冒、滴、漏现象，特别是要防止易燃、易爆物料渗入保温层。

4. 压力控制

压力是生产过程中的重要控制参数之一，应正确控制压力，防止设备管道接口处的物料泄漏、物料冲出或吸入空气，具体控制措施如图1-7所示。

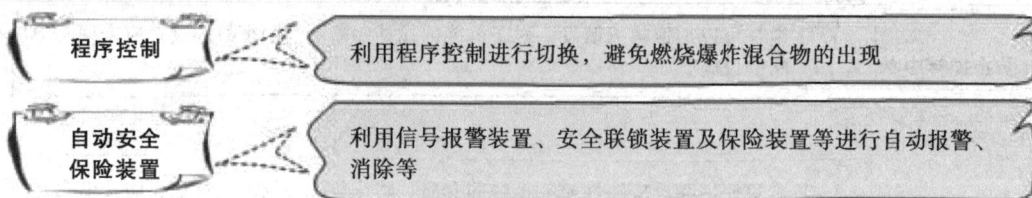

程序控制	利用程序控制进行切换，避免燃烧爆炸混合物的出现
自动安全保险装置	利用信号报警装置、安全联锁装置及保险装置等进行自动报警、消除等

图1-7　压力控制措施

三、质量管理知识

质量是反映产品或服务满足明确或隐含需要能力的特征和特性的总和。质量管理即指确定质量方针、目标和职责，并通过质量体系中的质量策划、控制、保证和改进来使其实现的全部活动。班组生产的产品必须符合企业、客户的质量需求，班组长应掌握质量管理相关知识，做好生产现场的质量管理工作。

（一）全面质量管理

企业实行全面质量管理（Total Quality Management，缩写为TQM），目的是为了以质量为中心，以全员参与为基础，建立起从产品的试验设计、生产制造到售后服务等活动全过程的质量保证体系，从而用最经济的手段生产出客户满意的产品。

全面质量管理工作具有五大特点，具体如图1-8所示。

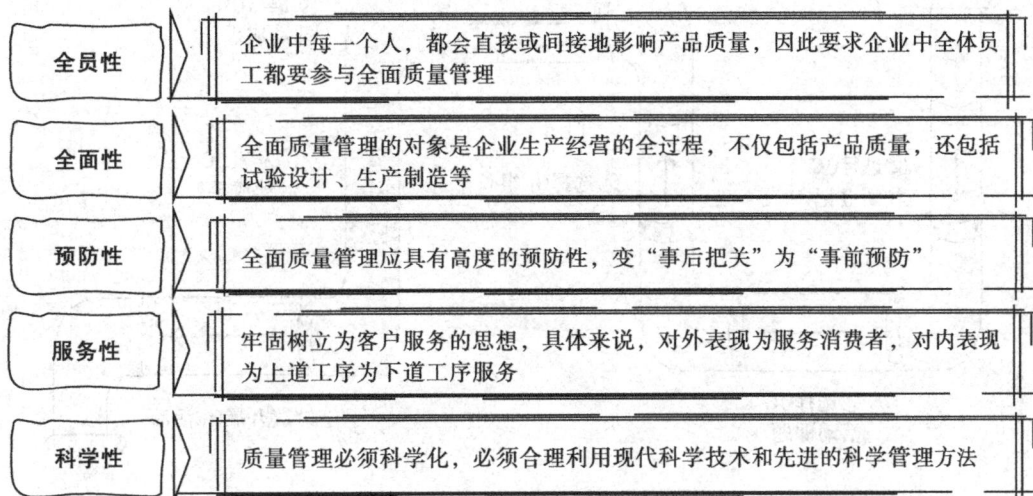

全员性	企业中每一个人，都会直接或间接地影响产品质量，因此要求企业中全体员工都要参与全面质量管理
全面性	全面质量管理的对象是企业生产经营的全过程，不仅包括产品质量，还包括试验设计、生产制造等
预防性	全面质量管理应具有高度的预防性，变"事后把关"为"事前预防"
服务性	牢固树立为客户服务的思想，具体来说，对外表现为服务消费者，对内表现为上道工序为下道工序服务
科学性	质量管理必须科学化，必须合理利用现代科学技术和先进的科学管理方法

图1-8 全面质量管理工作的特点

（二）QC小组活动

QC小组是以保证、提高与改进产品质量、工作质量和服务质量为目的，由在生产或工作岗位上从事各种劳动的员工组织起来，运用质量管理的理论和方法开展活动的小组。

1. 组建方式

QC小组的组建方式有多种，选择的基本依据是有利于小组活动的开展，能够达到活动目的。

（1）按劳动组织建立QC小组

这类小组主要是以班组、岗位、工种、部门为中心，以技术骨干和TQM积极分子为主，在共同劳动中自愿组建成的QC小组。

（2）按工作性质建立QC小组

按工作性质建立QC小组主要有以下三类：以班组人员为主，以提高产品质量、降低消耗为目的的"现场型"小组；以车间管理人员为主，以提高工作质量为主的"管理型"小组；以攻克技术关键为目的的"攻关型"小组。

（3）按课题内容建立QC小组

以某一课题为活动内容，由参加该课题活动的相关人员组成QC小组。课题结束，该小组也自行解散或根据新的课题重新组建。

2. 活动程序

QC 小组活动的程序如图 1-9 所示。

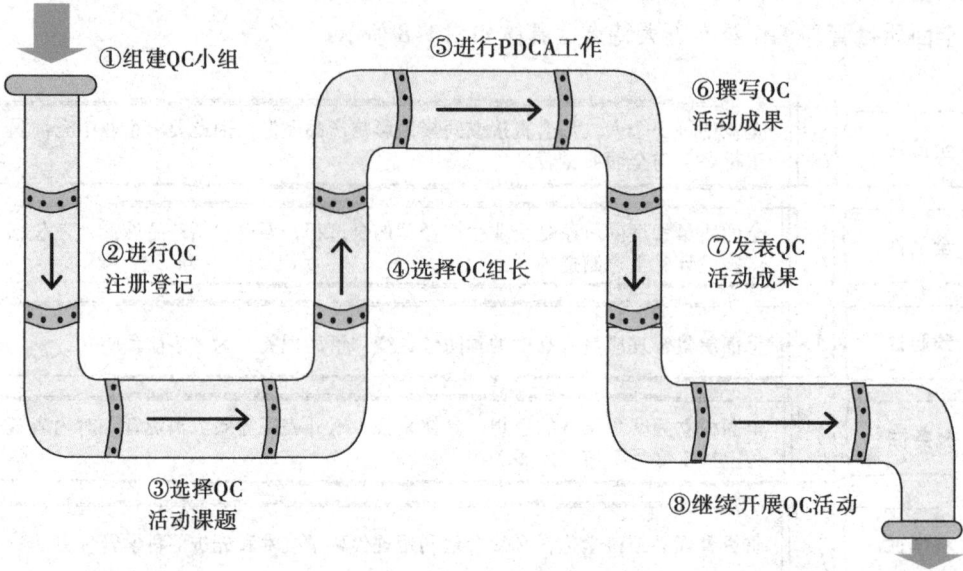

图 1-9　QC 小组活动程序图

（三）质量改善工具

生产现场进行质量改善主要运用分层法、检查表法、排列图法、因果图法、散布图法、直方图法以及控制图法这七种质量改善工具。具体内容如表 1-2 所示。

表 1-2　质量改善工具

改善工具	其他称呼	具体说明
分层法	层别法	（1）从不同的角度发现质量问题，将杂乱无章的数据归入有意义的类别，达到一目了然的目的，弥补经验、直觉的不足 （2）解决质量数据的分类问题，通过数据分类，为设计检查表提供依据 （3）与其他方法结合使用，如控制图、直方图等，以便更好地控制质量
检查表法	检核表法、调查表法	（1）正确把握现在，了解质量问题出现的次数，掌握产品缺陷数的分布情况，找出产生质量问题的主要原因 （2）整理原始数据

(续表)

改善工具	其他称呼	具体说明
排列图法	帕累托图法 柏拉图法	(1) 分析不良品的数量，掌握最关键的不良因素 (2) 该方法只适用于分析关键的少数及有用的多数 (3) 发生质量问题后，用排列图进行分析，以确定改善的目标 (4) 将改良前后的排列图进行对比，用以确认问题改善的效果
因果图法	特性要因图法 鱼骨图法	(1) 寻找关键的质量问题 (2) 寻找质量问题的关键原因 (3) 根据找出的因果关系，制定改善的对策，消除产生问题的原因 (4) 表示质量改善期望结果与对策间的关系，以确认改善目标是否达成
散布图法	分散图法	(1) 分析两组数据之间是否存在相关关系 (2) 确认两组相关数据之间的预期关系
直方图法	——	(1) 直观地传达有关过程情况的信息，用来判断生产工序质量的稳定性 (2) 推断工序质量符合规定标准的程度 (3) 分析不同因素对质量的影响，并确定质量改进的重点 (4) 为计算工序能力指数提供有关数据 (5) 验证测量方法和算法是否有偏差，并且判断数据真伪
控制图法	管制图法	(1) 监控系统性因素造成的质量波动，预防不合格品发生 (2) 判明工序质量的稳定性和工艺过程的稳定程度 (3) 分析控制工艺过程的质量状态，及时发现和消除工艺失控现象 (4) 明确机器设备和工艺装备有无失调现象，为产品质量改进和质检提供依据

上述七种质量改善工具的示例如图 1-10 所示。

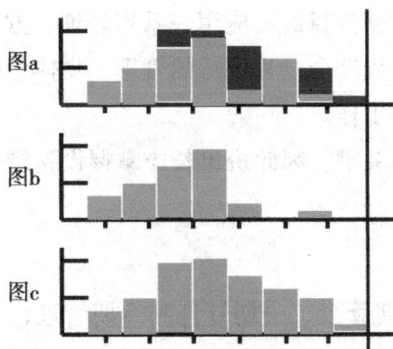

（1）分层法示例

（2）检查表法示例

（3）排列图法示例

（4）因果图法示例

（5）散布图法示例

（6）直方图法示例

（7）控制图法示例

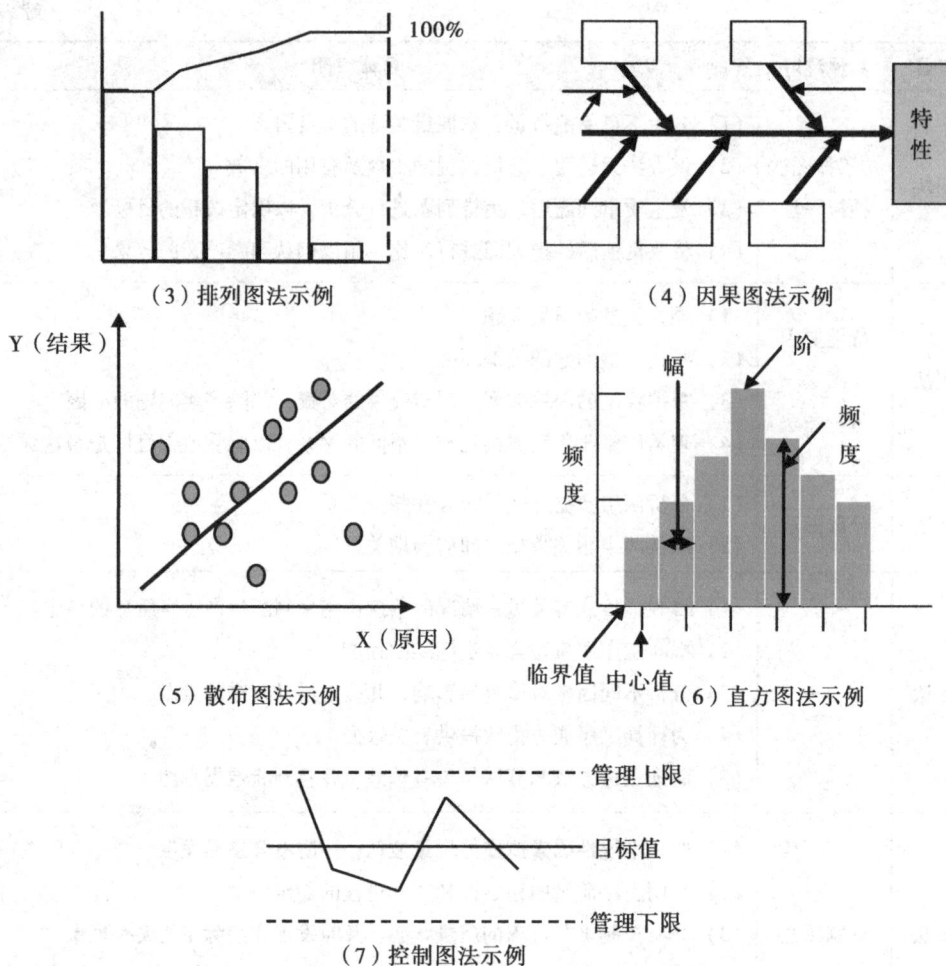

图1-10　七种质量改善工具的示例

四、设备管理知识

设备管理是以设备为对象，以追求设备综合效率为目的，应用一系列理论、方法，通过一系列技术、经济、组织措施，对设备使用寿命周期全过程进行的管理，具体包括设备选型、设备使用、设备维护和维修以及更新改造等工作。

设备是生产的基础，是生产品质、生产效率的关键，因此班组长应掌握设备管理的有关知识，做好设备管理工作。

（一）设备管理周期

设备管理为全寿命周期管理，可分为设备前期管理、中期管理和后期管理，具体如图1-11所示。

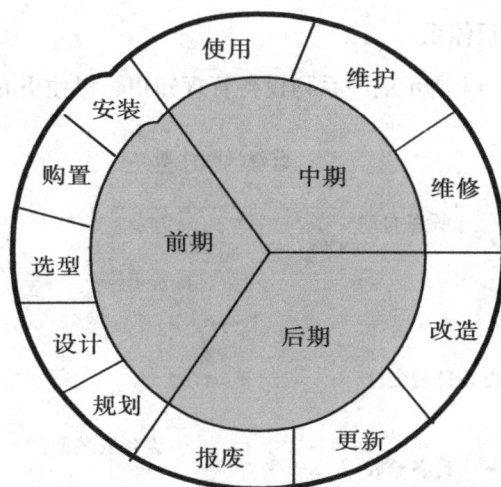

图 1-11 设备全寿命周期管理示意图

（二）设备管理的基本要求

班组长应掌握设备管理的基本要求，如"三好"、"四会"等。

1."三好"要求

"三好"即管好、用好、修好，具体如图 1-12 所示。

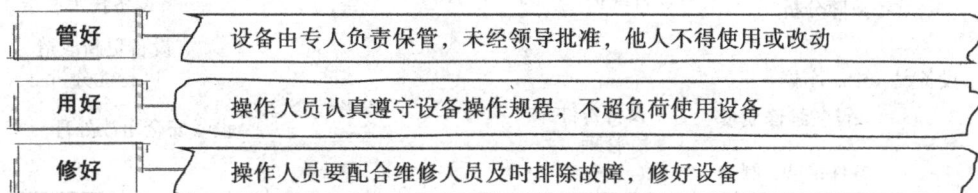

管好	设备由专人负责保管，未经领导批准，他人不得使用或改动
用好	操作人员认真遵守设备操作规程，不超负荷使用设备
修好	操作人员要配合维修人员及时排除故障，修好设备

图 1-12 "三好"要求

2."四会"要求

"四会"要求即会使用、会保养、会检查、会排除，具体如图 1-13 所示。

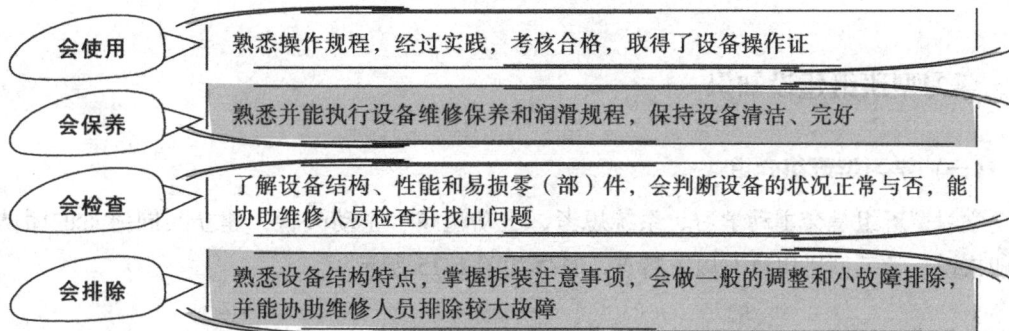

会使用	熟悉操作规程，经过实践，考核合格，取得了设备操作证
会保养	熟悉并能执行设备维修保养和润滑规程，保持设备清洁、完好
会检查	了解设备结构、性能和易损零（部）件，会判断设备的状况正常与否，能协助维修人员检查并找出问题
会排除	熟悉设备结构特点，掌握拆装注意事项，会做一般的调整和小故障排除，并能协助维修人员排除较大故障

图 1-13 "四会"要求

（三）设备管理的知识体系

班组长应掌握如图 1-14 所示的一系列设备管理知识，以便更有系统地开展工作。

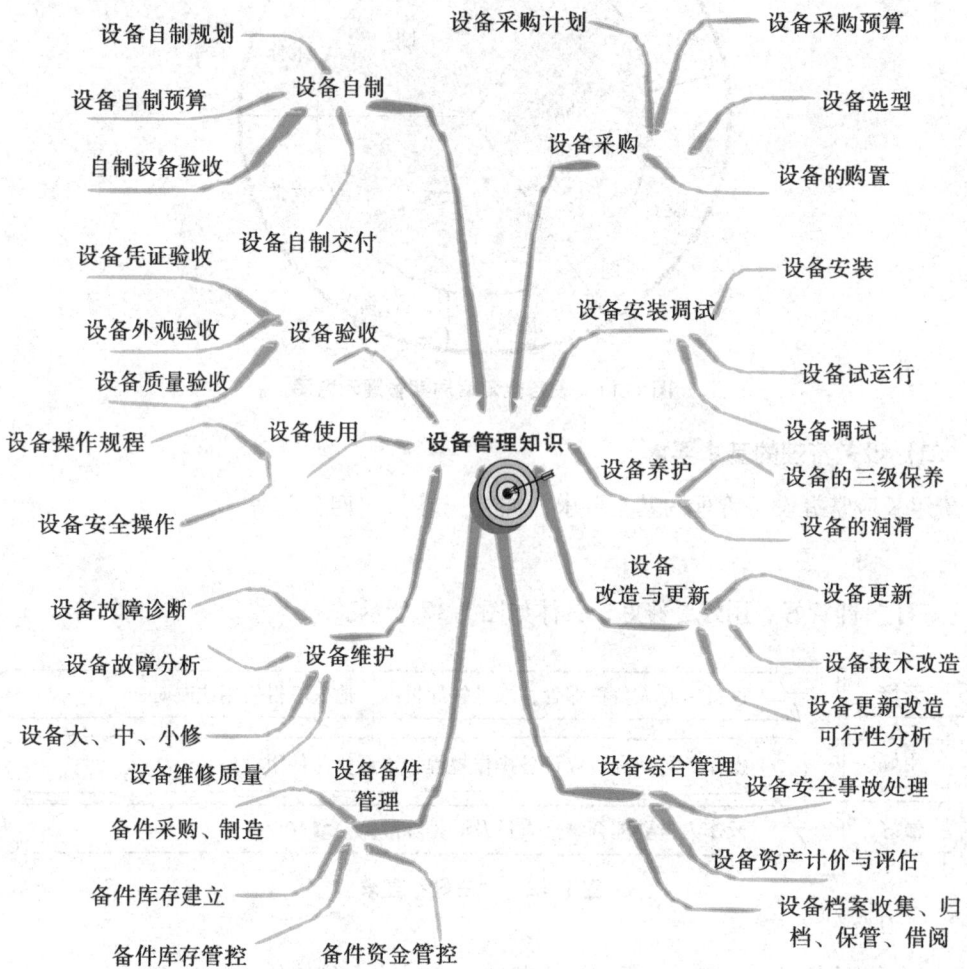

设备采购计划　设备采购预算
设备自制规划
设备自制预算　设备自制　设备选型
自制设备验收　设备采购　设备的购置
设备自制交付
设备凭证验收　设备安装调试　设备安装
设备外观验收　设备验收　设备试运行
设备质量验收　设备管理知识　设备调试
设备操作规程　设备使用　设备养护　设备的三级保养
设备安全操作　设备的润滑
设备故障诊断　设备改造与更新　设备更新
设备故障分析　设备维护　设备技术改造
设备大、中、小修　设备更新改造可行性分析
设备维修质量　设备备件管理　设备综合管理　设备安全事故处理
备件采购、制造　设备资产计价与评估
备件库存建立　设备档案收集、归档、保管、借阅
备件库存管控　备件资金管控

图 1-14　设备管理知识体系

五、学习型班组建设知识

（一）学习型班组介绍

学习型班组是会主动学习、系统思考、主动超越、主动改善，建立共同愿景的团队。一般来说，学习型班组具有以下特点，具体如图 1-15 所示。

图 1-15　学习型班组的特点

（二）学习型班组建设原则

创建学习型班组是班组长提高班组员工素质，培养员工队伍，建立班组核心竞争力的有效方法。班组长在建设学习型班组的过程中，应把握好以下五大原则，具体如图 1-16 所示。

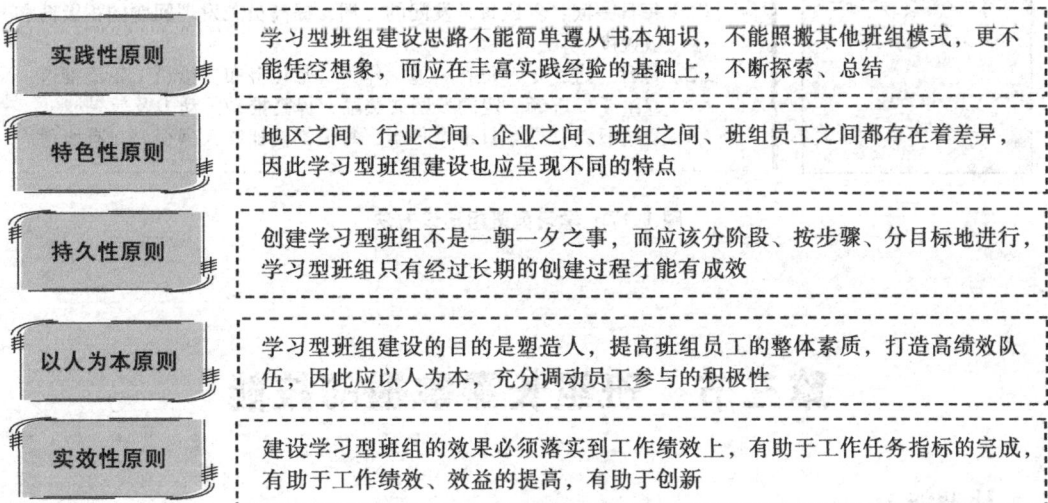

实践性原则	学习型班组建设思路不能简单遵从书本知识，不能照搬其他班组模式，更不能凭空想象，而应在丰富实践经验的基础上，不断探索、总结
特色性原则	地区之间、行业之间、企业之间、班组之间、班组员工之间都存在着差异，因此学习型班组建设也应呈现不同的特点
持久性原则	创建学习型班组不是一朝一夕之事，而应该分阶段、按步骤、分目标地进行，学习型班组只有经过长期的创建过程才能有成效
以人为本原则	学习型班组建设的目的是塑造人，提高班组员工的整体素质，打造高绩效队伍，因此应以人为本，充分调动员工参与的积极性
实效性原则	建设学习型班组的效果必须落实到工作绩效上，有助于工作任务指标的完成，有助于工作绩效、效益的提高，有助于创新

图 1-16　学习型班组建设原则

（三）学习型班组建设方法

学习型班组要坚持工作学习化、学习工作化，从实践中来，到实践中去。具体来说，班组长可综合采用以下方法进行学习型班组建设。具体学习型班组的建设方法如图1-17所示。

建设方法	方法说明
以实践为师	● 在工作中学习，从实践中学习，不断提炼经验、技术，是建设学习型班组的基本方法
以思考为径	● 当反思开始后，个人的能力才能真正得到提高。班组长应鼓励员工多对工作进行思考与反思，如思考目标、行动、结果、差异、对策、感悟等，进而从中发现问题，有所领悟
以同事为师	● 向同事学习，在互学中互敬，开展"人人有特长，人人有亮点，人人有绝活，人人都相敬"的活动
以分享为师	● 学习型班组的学习方法是分享，每个成员都要在学习中阐述自己的观点，与别人进行分享与沟通
以标杆为师	● 横向以班组优秀者为榜样进行学习，纵向以今天比昨天进步为出发点进行学习
以问题为师	● 发现问题，分析问题，向错误学习，总结并吸取问题带来的教训，具体来说可采取"每日一问，每日一进，日清日高"的方法 （1）每日一问：养成每日发问的习惯，提高员工发现问题的积极性和敏锐度 （2）每日一进：把"每日一进"作为日常任务布置给员工轮流推进，并给予推进者一定的鼓励或奖励，提高推动的动力及效果 （3）日清日高：即今日事今日毕，每天都要比昨天做得好，有所得

图1-17　学习型班组建设方法

第三节　班组长需掌握的技能

一、协调能力

协调能力主要是指妥善处理上下级之间、工作之间以及人员与工作之间的关系的能力。高超的协调能力可有效化解矛盾，变消极因素为积极因素，充分调动人员的积极性，提高团队的凝聚力。

　　班组长必须认识到个人的能力是有限的，要想更好地履行自己的职责，达成目标，就必须学会协调周围的人力、物力、财力，激发员工潜能，靠集体的力量取得胜利。班组长拥有的协调能力包括人际关系协调能力和工作协调能力两方面。具体来说，班组长在日常工作协调时，需掌握以下要点，具体如图 1-18 所示。

协调方面		具体要点
人际关系协调	态度方面	★ 信任别人，不怀疑他人的善意与诚意 ★ 建立良好关系并珍惜 ★ 接纳他人意见，并愿意改变自己 ★ 通过倾听来了解他人 ★ 通过倾诉而被人了解
	沟通方面	★ 以解决问题为前提 ★ 准确、及时沟通，消除摩擦与内耗，实现团结协作 ★ 互相尊重 ★ 剔除门户之见、小集体想法 ★ 树立"双赢"的观念 ★ 从双方共同点开始沟通，再慢慢解决分歧
工作协调		★ 合理、妥善地进行组织分工，使下属各尽其责、各尽其才 ★ 让员工事前参与分工，提升其工作积极性 ★ 让员工明白事情的重要性 ★ 让员工提出疑问，并共同探讨问题、提出对策。 ★ 让员工感到被信任，被委以重任

图 1-18　协调工作要点

二、沟通能力

　　沟通是指通过直接或间接的交流，达成双方对某一事物的共识，或使双方互相了解该事物的活动。班组长应经常主动与班组员工进行沟通，让他们清楚团队的目标及各自的任务，化解彼此的误解和矛盾。

　　良好的沟通能力是优秀班组长必须具备的一项技能。要想提高沟通能力，班组长可把握以下七大要点。

1. 主动关心员工

要想与班组员工进行良好的沟通，班组长首先应关心员工，经常开展班组沟通会，了解他们的个人情况及困难，并给予适当的理解、帮助。

2. 摆正位置及心态

班组长不应经常把自己摆在高位，而应放下"官架子"，与班组员工融为一体，尊重员工，与其平等沟通，让员工接受自己，愿意与自己进行沟通。

3. 换位思考

对于一些问题，可站在员工的角度进行思考，从而找到沟通的融合点。

4. 采用合适的声调及语速

班组长与员工沟通过程中，要想让自己的表达更吸引人、更具有说服力，就应注意声调及语速问题。声调要有变化，抑扬顿挫；说话速度要快慢适中，太快的话对方听不清你在说什么，太慢会让对方失去听的兴趣。在表达过程中，还要注意适当停顿，给对方留下思考的时间，切不可喋喋不休。

5. 语句要简明扼要

简明扼要是指班组长在诉说想法、分派任务时语句要尽量简短，不要冗长复杂，最好能用几句话概括自己的中心思想。同时，要挑重要内容来讲，即重要内容要有所突出，如果自己说完，对方仍一头雾水，说明此次沟通是失败的。

6. 注意肢体语言

班组长在与员工沟通时，除了使用口头语言外，还可以借助肢体语言，比如面部表情、眼神、手势、坐姿等。以下是几种常用的肢体语言，供参考，如图 1-19 所示。

手势	面部表情	体态
班组长在与班组员工沟通时，使用一些手势有助于信息表达的流畅性，增强表达效果	沟通时，面部表情要与说话内容相匹配，避免矫揉造作或者没有任何表情，同时面部表情也不能太夸张	沟通时班组长的各种身体姿势，都对表达效果有影响，一般来说可采用开放式坐姿，和对方保持适当距离

图 1-19　沟通时常用的肢体语言

7. 控制情绪

情绪是影响沟通效果的重要因素。班组长在与班组员工沟通时要善于控制自己的情绪，而不是被情绪所控制。附带情绪的沟通，只会激化双方的矛盾，不能真正解决问题。面对员工工作粗心、违规操作等，应冷静、理智地沟通，寻求解决方法，避免劈头盖脸的痛骂与责备。

三、汇报能力

在日常工作中，班组长除了需指导下属完成工作外，还需经常向上级或有关部门进行工作汇报。为能有重点、有层次、清晰地进行汇报，充分获得上级及有关部门的理解及支持，班组长应提升自己的汇报能力。

班组长进行汇报时，一般可采用口头汇报或书面汇报的方式，其技巧如下所示。

（一）口头汇报技巧

口头汇报是通过语言表述向上级或有关部门汇报工作、反映情况，提出意见或建议的过程。班组长在进行口头汇报时，应掌握以下技巧，具体如图1-20所示。

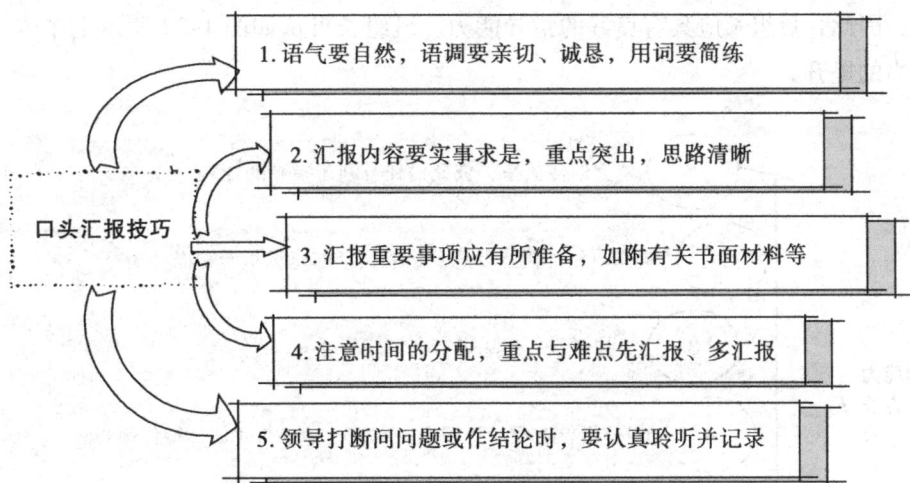

口头汇报技巧

1. 语气要自然，语调要亲切、诚恳，用词要简练

2. 汇报内容要实事求是，重点突出，思路清晰

3. 汇报重要事项应有所准备，如附有关书面材料等

4. 注意时间的分配，重点与难点先汇报、多汇报

5. 领导打断问问题或作结论时，要认真聆听并记录

图1-20　口头汇报技巧

（二）书面汇报技巧

在总结班组工作时，一些班组长经常不知道怎样撰写书面汇报文件。其实，班组长只要掌握一些应用文件的写作技巧，问题就可以迎刃而解了。以下是几种常见汇报文件的书写技巧，供参考，如图1-21所示。

| 总结 | ◎ 总结一般由标题、正文、落款三部分组成 |
| | ◎ 总结应做到实事求是，重点突出，注重分析，有理有据，新颖独特 |

| 请示 | ◎ 请示一般由标题、正文、落款三部分组成，结束语一般为"以上当否，请批示"或"特此请示，请批复"等 |
| | ◎ 请示应做到"一文一事"，语言要简洁、明确 |

| 报告 | ◎ 报告要重点突出，层次清晰，点面结合 |
| | ◎ 专题报告要就某一专题写清楚，写深刻 |

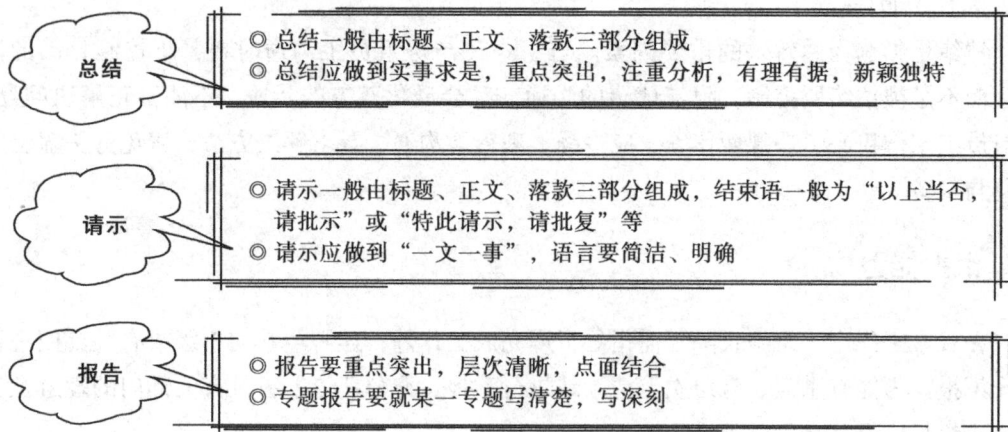

图 1-21　常见汇报文件书写技巧

四、指导能力

班组长不仅自己的业务应有所精进，还要做好班组成员的指导工作，帮助班组成员提高技能，因此，班组长应具有良好的指导能力。班组长可从如图 1-22 所示七个方面进行指导能力的提升。

指导能力提升方法

1　建立信任关系，彼此信任有利于指导的开展

2　提出自己的观点及意见，对员工的意见给予积极反馈

3　抓住时机，现场进行非正式指导

4　划分指导进程与目标，定期进行指导与评估，增强信心

5　员工需要指导时，要为其进行指导

6　指导主题不要过多，一次一两个为宜

7　保持良好的指导环境，保证指导不受干扰

图 1-22　指导能力提升方法

五、团队建设能力

班组是一个团队，班组长只有建设好这个队伍，才能实现一加一大于二的效果。具体来说，班组长可采取三大方法来提升自己的团队建设能力，如图 1-23 所示。

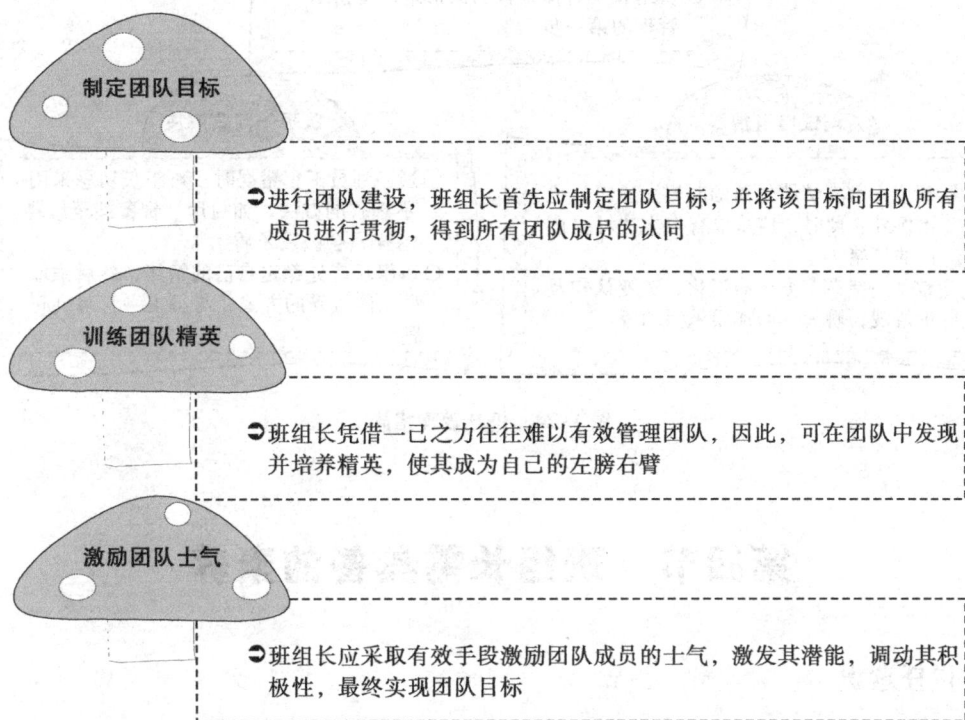

制定团队目标

➲ 进行团队建设，班组长首先应制定团队目标，并将该目标向团队所有成员进行贯彻，得到所有团队成员的认同

训练团队精英

➲ 班组长凭借一己之力往往难以有效管理团队，因此，可在团队中发现并培养精英，使其成为自己的左膀右臂

激励团队士气

➲ 班组长应采取有效手段激励团队成员的士气，激发其潜能，调动其积极性，最终实现团队目标

图 1-23　团队建设能力提升方法

六、情绪管理能力

情绪是人们对于各种认知对象的一种内心感受或态度。积极的情绪能带给人们勇气、信心和力量，消极的情绪则会使人们冲动、消极、无所事事。所以每个人都应学会控制自己的情绪，提升情绪管理能力，不做情绪的奴隶。

作为班组的领导者，班组长在日常生活及工作中难免会遇到各种的不顺心，承担各种的压力（如交期压力、质量压力、安全压力等），从而产生各种情绪，影响工作效率。

冲动是魔鬼，班组长应管理好自己的情绪，不把情绪带到工作中。具体来说，班组长可从以下三方面提升自己的情绪管理能力，如图 1-24 所示。

体察自己的情绪

□ 每个人都会有情绪，班组长也不例外，一味地压抑情绪反而会带来更不利的结果

○ 班组长学着体察自己的情绪，是情绪管理的第一步

调试自身情绪

□ 每个人都有情绪低落的时候，班组长也不例外，此时，应采取有效方法舒缓自己的情绪

○ 常见情绪调节方法有淡化，改变认知及价值观，聊天，增加娱乐活动等

着眼于问题解决

□ 当遇到员工犯错误时，班组长切忌采用不理智的方法，如呵斥、责备甚至怒骂，这样只会激发矛盾

○ 班组长应先稳定自己的情绪，然后采取员工能接受的方式，与员工一起解决问题

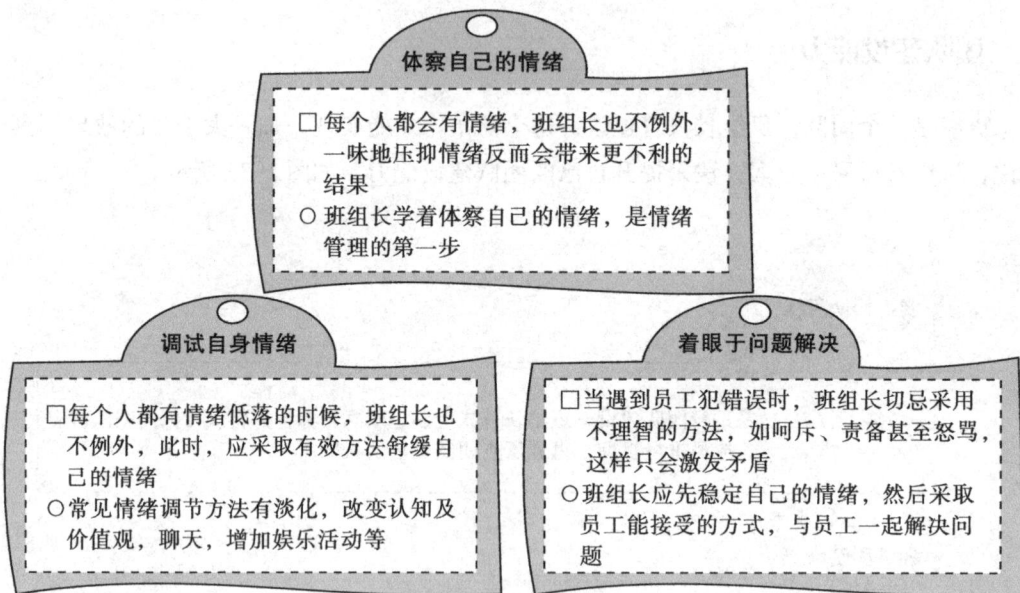

图 1-24　情绪管理措施

第四节　班组长需具备的素养

一、责任意识

班组长的责任意识是指其对自己、对员工、对工作、对企业、对社会等所负责的认识，是承担责任和履行义务的自觉态度。班组长是生产一线的"指挥官"，在班组中承担重要的角色，因此需增强自己的责任意识，自觉肩负起安全生产的重任。

具体来说，班组长可通过以下方法提高自己的责任意识，如图 1-25 所示。

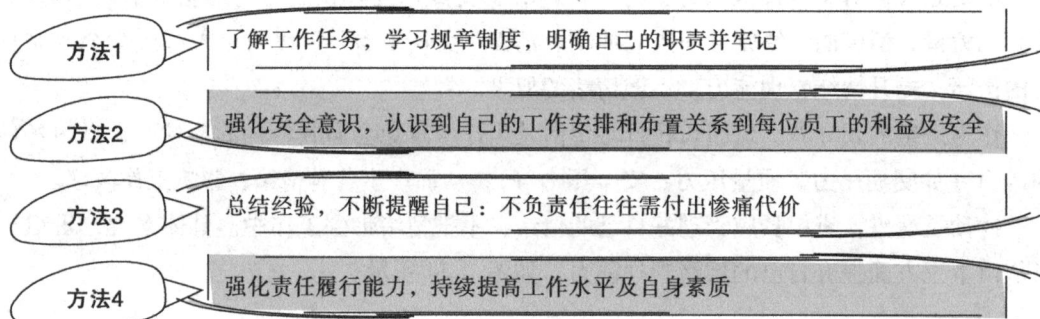

方法1	了解工作任务，学习规章制度，明确自己的职责并牢记
方法2	强化安全意识，认识到自己的工作安排和布置关系到每位员工的利益及安全
方法3	总结经验，不断提醒自己：不负责任往往需付出惨痛代价
方法4	强化责任履行能力，持续提高工作水平及自身素质

图 1-25　班组长责任意识提高方法

二、纪律意识

没有纪律的班组必将松散、无战斗力，安全事故频发，生产任务难以完成，员工内部矛盾重重。因此，班组长必须树立纪律意识，严格遵守企业的规章制度，做一名合格的规章制度制定者、遵守者、维护者及贯彻者。

（一）班组长纪律意识的体现

班组长具有纪律意识一般可体现在以下三个方面，具体如图 1-26 所示。

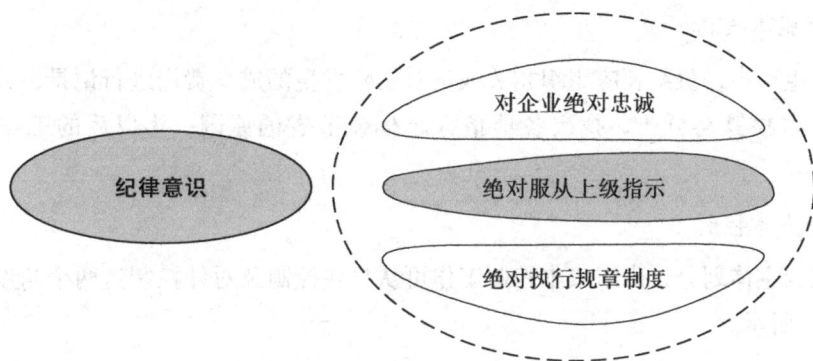

图 1-26　班组长纪律意识的体现

（二）班组长纪律意识提高的方法

（1）认真学习企业规章制度，掌握纪律的具体要求。

（2）利用企业规章制度指导、辅助自己开展工作，对违反纪律的员工严格按章处理。

（3）将企业内部有关工作纪律要求的文件张贴在显眼处，时刻提醒自己及班组成员遵守纪律，维护企业正常的生产秩序。

三、成本意识

在竞争日趋激烈的今天，成本管理越来越得到企业的重视。班组长作为基层负责人，肩负着降低生产成本的重大责任。

所谓成本意识，是指节约成本与控制成本的观念。班组长若没有成本意识并不断寻求降低成本的方法，杜绝浪费，很容易造成班组生产成本的剧增，进而使企业成本增加，产品竞争力降低。

班组长提高成本意识，杜绝浪费，可以从以下几方面做起。

1. 优化作业效率

在一个班组中，每个人的效率都是不一样的。据调查，员工之间会产生 20% ~30% 的生产效率差异。因此，必须优化作业效率，减少浪费，提高生产效益。

具体来说，班组长可以通过数据调研，了解班组中每个员工的工作效率，然后根据相关数据进行优化、改善，从而提高生产效率，降低班组成本。

2. 改善操作动作

班组员工在工作过程中，如操作动作不当，会造成很大的浪费。因此，班组长应从科学、合理的角度做好操作动作的改善工作。

3. 进行成本核算

在实际生产中，班组长应组织相关人员对实际发生的成本费用进行记录，并每隔一段时间进行成本核算与分析，找出各项指标超标或节省的原因，为以后的工作改善提供借鉴。

4. 实施成本控制

根据控制主体划分，班组成本控制工作可从自我控制及对外控制这两个角度开展，具体如图 1-27 所示。

自我控制是指班组长对本班组发生的各种成本进行控制，保证本班组成本计划的顺利完成

对外控制是指班组长对企业内部其他部门发生的成本进行控制，如采购成本控制等

图 1-27 成本控制主体划分

四、交期意识

在市场日趋激烈的环境下，客户希望下订单后，企业能快速地交货。因此，满足顾客快速交货的需求，将会大大提升企业的竞争力。同时，班组长也应了解，在签订销售合同时，一般会就交期问题规定违约责任，如果企业不能按时交货，将要承担由此带来的经济损失及信用损失。

因此，班组长应重视交期管理，提升自己的交期意识。具体来说，班组长应从生产计划、作业控制等方面着手，保证按期、按量、保质交货。

五、安全意识

所谓安全意识，就是人们头脑中建立起来的生产必须安全的观念。班组长应树立安全第一的意识，并将其真正落到实处。具体来说，班组长可通过以下方法提高安全意识，如图 1-28 所示。

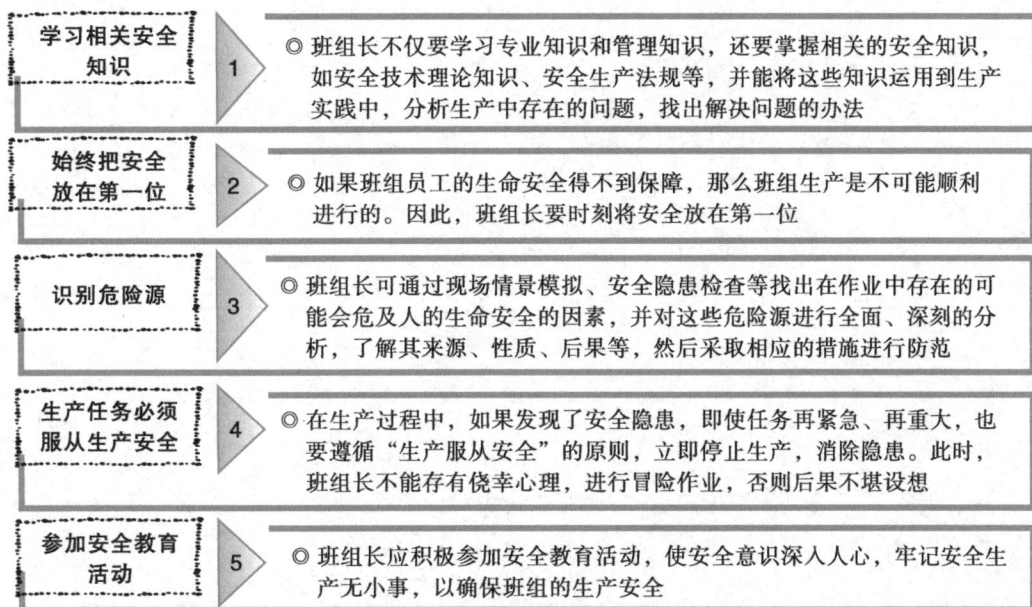

学习相关安全知识	1	◎ 班组长不仅要学习专业知识和管理知识，还要掌握相关的安全知识，如安全技术理论知识、安全生产法规等，并能将这些知识运用到生产实践中，分析生产中存在的问题，找出解决问题的办法
始终把安全放在第一位	2	◎ 如果班组员工的生命安全得不到保障，那么班组生产是不可能顺利进行的。因此，班组长要时刻将安全放在第一位
识别危险源	3	◎ 班组长可通过现场情景模拟、安全隐患检查等找出在作业中存在的可能会危及人的生命安全的因素，并对这些危险源进行全面、深刻的分析，了解其来源、性质、后果等，然后采取相应的措施进行防范
生产任务必须服从生产安全	4	◎ 在生产过程中，如果发现了安全隐患，即使任务再紧急、再重大，也要遵循"生产服从安全"的原则，立即停止生产，消除隐患。此时，班组长不能存有侥幸心理，进行冒险作业，否则后果不堪设想
参加安全教育活动	5	◎ 班组长应积极参加安全教育活动，使安全意识深入人心，牢记安全生产无小事，以确保班组的生产安全

图 1-28 安全意识提高方法

第二章

班组目标管理

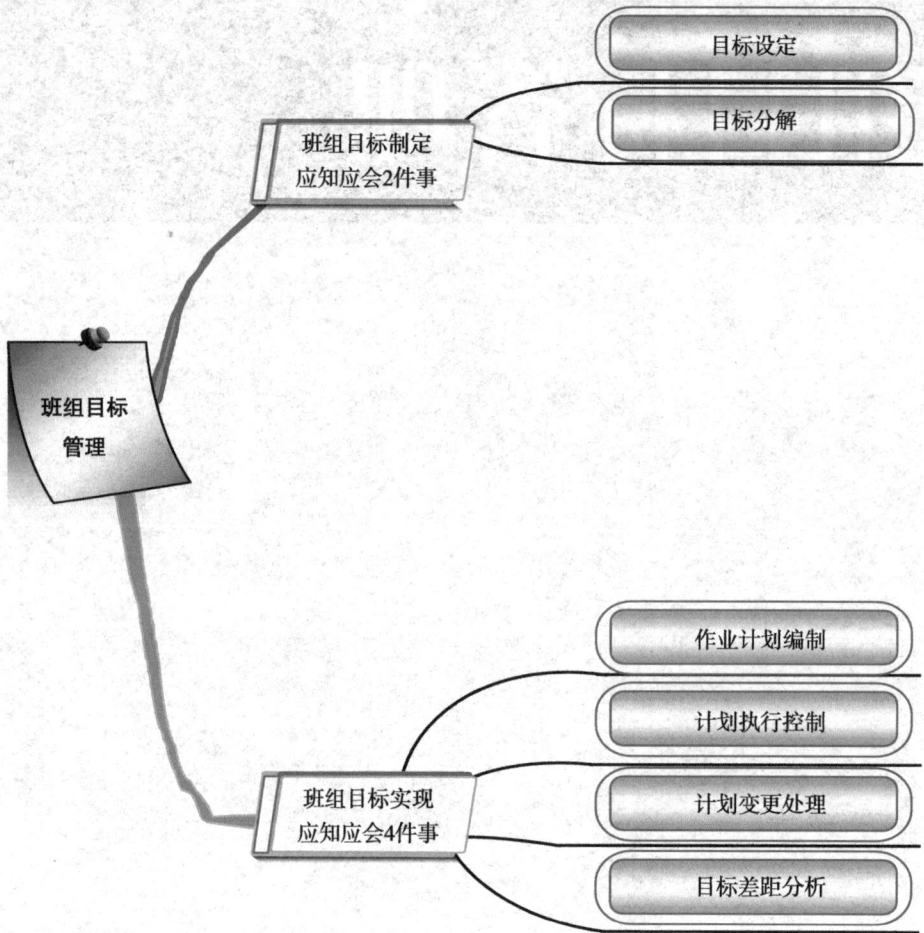

第一节　班组目标制定应知应会 2 件事

一、目标设定

　　班组目标是班组在目标期限内的奋斗方向。制定详细的目标有利于激励班组员工按共同目标努力，有利于提高班组员工的积极性。同时，班组有了目标，班组长可按目标检验工作效果，实施奖惩，总结经验教训，不断进步。

（一）明确目标设定原则

　　班组目标应具体明确、可量化、可实现、具有相关性、有时间限制，即符合 SMART 原则。SMART 原则的具体实施要点如图 2-1 所示。

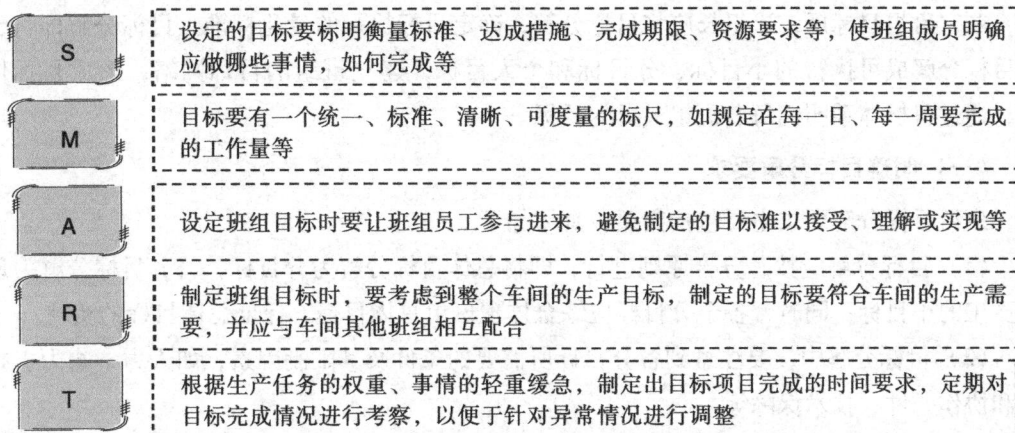

S	设定的目标要标明衡量标准、达成措施、完成期限、资源要求等，使班组成员明确应做哪些事情，如何完成等
M	目标要有一个统一、标准、清晰、可度量的标尺，如规定在每一日、每一周要完成的工作量等
A	设定班组目标时要让班组员工参与进来，避免制定的目标难以接受、理解或实现等
R	制定班组目标时，要考虑到整个车间的生产目标，制定的目标要符合车间的生产需要，并应与车间其他班组相互配合
T	根据生产任务的权重、事情的轻重缓急，制定出目标项目完成的时间要求，定期对目标完成情况进行考察，以便于针对异常情况进行调整

图 2-1　SMART 原则的实施要点

（二）掌握目标设定程序

明确班组目标设定原则后，班组长应对班组形势与车间目标进行分析，组织全班讨论，形成并选择目标方案，制定切实可行的目标。具体班组目标设定程序主要包括以下五步，如图2-2所示。

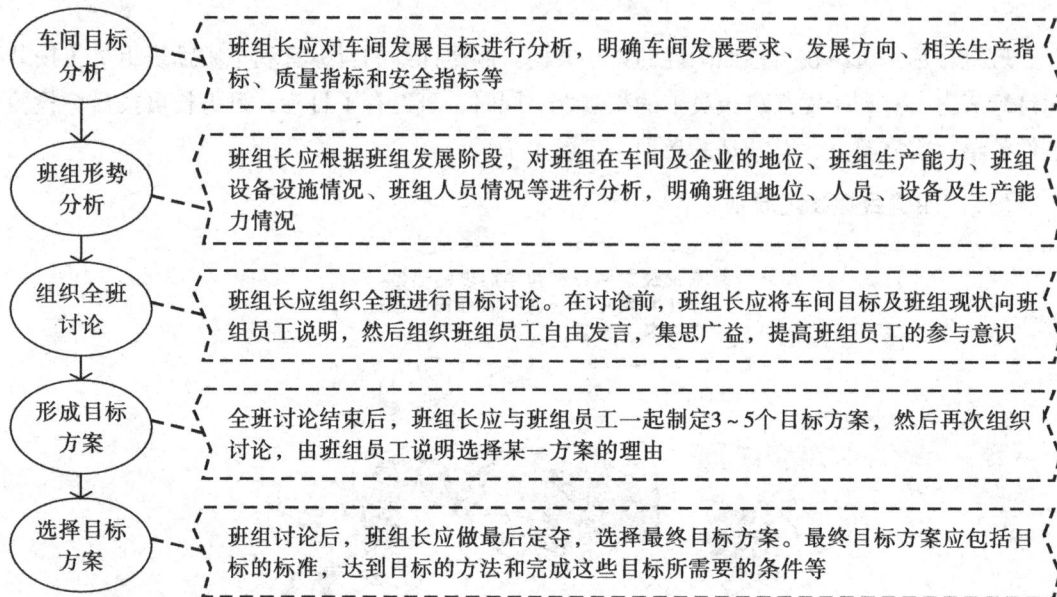

车间目标分析	班组长应对车间发展目标进行分析，明确车间发展要求、发展方向、相关生产指标、质量指标和安全指标等
班组形势分析	班组长应根据班组发展阶段，对班组在车间及企业的地位、班组生产能力、班组设备设施情况、班组人员情况等进行分析，明确班组地位、人员、设备及生产能力情况
组织全班讨论	班组长应组织全班进行目标讨论。在讨论前，班组长应将车间目标及班组现状向班组员工说明，然后组织班组员工自由发言，集思广益，提高班组员工的参与意识
形成目标方案	全班讨论结束后，班组长应与班组员工一起制定3~5个目标方案，然后再次组织讨论，由班组员工说明选择某一方案的理由
选择目标方案	班组讨论后，班组长应做最后定夺，选择最终目标方案。最终目标方案应包括目标的标准，达到目标的方法和完成这些目标所需要的条件等

图2-2　班组目标设定程序

二、目标分解

制定班组目标后，班组长应将目标分解，确定目标执行的量化标准。目标分解即将班组目标分解成可执行的小目标、分目标和个人目标，建立班组的目标网络，形成目标体系，通过目标体系明确每名班组成员的目标。

（一）明确目标分解要求

班组目标分解要求主要包括四项，具体如下。

（1）目标分解应按整分合原则进行，即将总体目标分解为分目标，将分目标分解为班组员工的小目标；同时，各个分目标应综合体现班组总体目标，保证总体目标的实现。

（2）目标分解中，要注意到各分目标所需要的条件及其限制因素，如人力、物力、财力和协作条件、技术保障等。

（3）各分目标之间在内容与时间上要协调、平衡，并同步发展，不影响总体目标实现。

（4）各分目标的表达也要简明扼要，有具体的目标值和完成时限要求。

（二）设定目标指标

班组长应根据制定的目标，设定目标指标。目标指标一般不宜太多，选定 1~3 个为宜。指标值应用数值具体表示出来。

班组常见的目标指标包括产品品种指标、产品质量指标、产品产量指标和产品产值指标四种，具体说明如表 2-1 所示。

表 2-1　生产目标指标说明表

指标	具体说明
产品品种指标	◆ 产品品种指标是指在计划期内生产的产品的品名和品种数 ◆ 反映了产品品种方面满足市场需求的程度，以及生产技术水平和管理水平
产品质量指标	◆ 产品质量指标是指在计划期内提高产品质量应达到的指标 ◆ 常用的产品质量指标有产品品级指标、工作质量指标等
产品产量指标	◆ 产品产量指标是指在计划期内生产的符合质量标准的产品数量 ◆ 一般以实物单位计量，如机床以"台"表示，汽车以"辆"表示
产品产值指标	◆ 产品产值指标是指用货币表示产量的指标 ◆ 主要分为总产值和净产值两种

（三）选择目标分解方法

班组目标分解方法主要有指令式分解与协商式分解两种。班组长应根据班组实际及管理工作需要，选择合适的方法进行目标分解，以取得班组员工的理解与支持。两种目标分解方法的详细说明如图 2-3 所示。

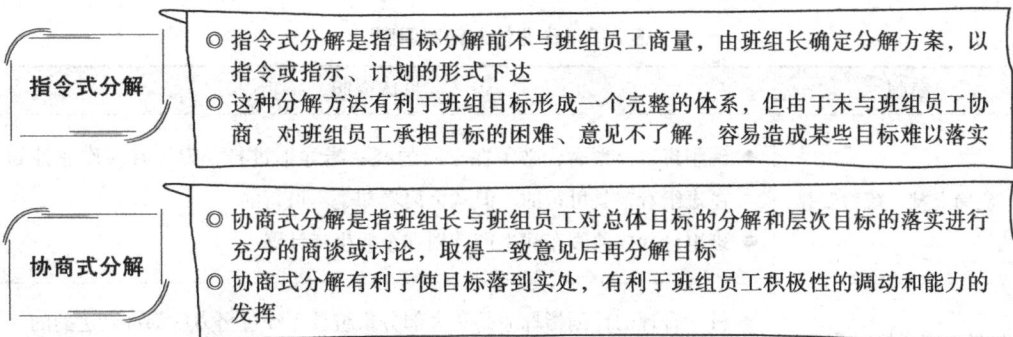

指令式分解
◎ 指令式分解是指目标分解前不与班组员工商量，由班组长确定分解方案，以指令或指示、计划的形式下达
◎ 这种分解方法有利于班组目标形成一个完整的体系，但由于未与班组员工协商，对班组员工承担目标的困难、意见不了解，容易造成某些目标难以落实

协商式分解
◎ 协商式分解是指班组长与班组员工对总体目标的分解和层次目标的落实进行充分的商谈或讨论，取得一致意见后再分解目标
◎ 协商式分解有利于使目标落到实处，有利于班组员工积极性的调动和能力的发挥

图 2-3　目标分解方法

（四）实施目标分解

班组长可按以下步骤将班组目标进行分解。

（1）班组长首先应根据目标分解要求，以目标指标为主体，将一级目标（总体目标）分解，将实现一级目标的手段作为二级目标，形成"目标—手段"链。

（2）班组长要按时间顺序确定二级目标的实施进度。

（3）班组长应根据班组人员数量、人员产能及进度安排等，将二级目标分解为每位班组员工的工作目标。

（4）班组长应根据目标实施进度及班组员工的目标，编制班组目标分解表，使班组员工一看表格就明确该做什么，明确目标完成程度等。

第二节　班组目标实现应知应会 4 件事

一、作业计划编制

班组作业计划是指在计划期内，班组应完成的工作总量，是为把企业和车间的生产任务落实到班组员工而编制的具体工作方案。班组作业计划是车间生产计划的展开与细化，其时间单位一般细化到工作日、班次、小时，甚至分钟。

班组作业计划是生产计划的最终环节，其是否科学、合理、切合实际，直接影响企业整个生产计划的质量。因此，班组长应掌握作业计划编制的原则及方法等。

（一）明确作业计划编制原则

明确班组作业计划编制原则，可指导班组作业计划的编制工作，确保编制的作业计划与车间生产计划及班组实际相符。班组作业计划编制原则主要包括五项，具体如表2-2所示。

表2-2　作业计划编制原则

原则	具体说明
从全局出发，统筹安排	◆ 编制班组计划时，必须在车间的统一指导下进行，因为有些作业计划，在班组看来是可行的，但从全局看却是不可行的 ◆ 班组计划要兼顾车间生产计划和企业生产计划
科学确定指标，合理调配资源	◆ 科学合理的计划指标应是让大部分班组员工经过努力后都可以达到的 ◆ 班组长在编制作业计划时，要注意把计划指标定在平均水平上，使班组人员、设备、材料等各种资源得到充分利用

（续表）

原则	具体说明
全面考虑问题，做好应急预案	◆ 班组生产中有时会出现人员短缺、设备故障、停水停电、材料断供、安全事故等意外情况，因此班组长在编制作业计划时要考虑到可能发生的不利情况，计划应具有弹性、留有余地
员工参与，落实到人	◆ 班组长要发动班组全体员工参与编制作业计划，使每位班组员工均了解本企业、本车间、本班组及个人的工作任务，明确自己的职责，并集思广益，共同制定落实计划的措施 ◆ 员工参与制订的计划能够最大限度得到认同，有利于贯彻落实
严格执行，定期修订	◆ 计划是班组的"法令"，执行中要不折不扣，不得随意变动，班组长要维护计划的严肃性，严格执行 ◆ 同时，企业所处的环境是不断变化的，班组长要定期对计划进行审核，对不符合客观情况的内容进行修订，保证计划与班组目标及车间生产实际相符

（二）准备作业计划编制资料

班组长明确作业计划编制原则后，应准备编制班组作业计划相关的材料，并对其进行分析，以此为依据编制作业计划。通常需准备的班组作业计划编制资料主要包括四项，具体如下所示。

（1）车间下达给班组的月、旬、周生产作业计划和有关的技术资料。

（2）上道工序及班组上期生产作业计划的完成情况。

（3）各项生产准备工作的进展情况，如原材料的供应、人员配备、设备的性能和技术状况、相关物资技术保障情况。

（4）本班组现有工作量标准、各项需要的定额、相关图表等。

（三）选择作业计划编制方法

采取哪种方法编制班组作业计划，主要取决于生产类型、生产组织形式以及产品的特点等。常见的班组计划编制方法主要有在制品定额法、累计编号法、滚动计划法、物料需求计划法、生产周期图表法等，具体说明如表2-3所示。班组长应根据班组的特点及环境条件，综合运用各种方法或选择其中一种进行作业计划编制。

表2-3 班组作业计划编制方法

方法	具体说明	适用情形
在制品定额法	◆ 运用在制品定额法，结合在制品实际结存量的变化，从产品出产的最后一个车间开始，逐个往前计算各车间的出产量、投入量，进而分解到各班组 ◆ 某班组出产量 = ［后车间的投入量 + 本车间半成品计划外销量 + （中间库半成品定额 – 中间库半成品期初预计存量）］÷班组数 ◆ 某班组投入量 = ［本车间的出产量 + 本车间计划允许废品数量 + （本车间期末在制品定额 – 本车间期初在制品预计量）］÷班组数	◆ 主要适用于大批量生产的车间与班组
累计编号法	◆ 在多品种成批轮番生产条件下，可从产品的完工日期推算出各工艺阶段需要投入和出产的日期，以日期的衔接达到量的衔接 ◆ 累计编号法是将各种产品分别编号，每一成品及其对应的全部零部件都编为同一号码，并随着生产的进行，依次将号数累计（不同累计号的产品可以表明各车间、班组出产或投入该产品的任务数量）的方法 ◆ 各班组在计划期应完成的出产量和投入量是各班组期末与期初的出产累计号之差和投入累计号之差	◆ 一般应用于成批生产的企业
滚动计划法	◆ 在每次制订计划时，根据计划执行情况和存在的问题，将原计划期按照顺序向前推进一段时间的方法 ◆ 比如，某班组的月生产计划是按周细化和分解的，第一周生产作业结束后，根据这一周的计划执行情况，特别是存在的问题，对以后的计划进行调整；从第二周开始，再制订出四周的生产计划，以此类推	◆ 适用于所有生产企业
物料需求计划法	◆ 物料需求计划法即根据市场对产品的需求，确定生产产品所需的部件、零件与原材料等的物料需求计划，并以此安排生产，实现既压缩库存又保证所需物料的计划方法 ◆ 物料需求计划的核心是确定净需求，净需求计算公式如下：T 期间净需求 = T 期间总需求 – T 期间计划存货 + 安全存货	◆ 主要用于中小批量生产企业
生产周期图表法	◆ 生产周期图表法根据预先制定的产品生产周期进度表和合同规定的交货期限，在生产能力核算平衡的基础上，沿反工艺顺序编制生产周期图表，依次确定产品或零部件在各生产环节的投入和产出时间，明确各种产品的生产周期 ◆ 根据生产周期标准和各项订货要求的交货日期，规定各车间、班组的投入产出任务	◆ 适用于单件小批量生产企业

（四）张贴作业计划

编制完成的作业计划，应该用表格的方式简明、扼要地展示出来，尽可能浓缩在一张纸上，张贴在班组生产现场醒目的位置，使班组员工一目了然，便于执行和控制。作业计划表格应根据班组的实际情况设计，以下为某公司某班组作业计划表示例，供读者参考，如表2-4所示。

表2-4　班组____月生产作业计划表

审核：　　　　　　　　　　　　　　　　　　　　　　　本月份预定工作日____天

生产批号	产品名称	产品数量	原料名称	原料数量	制造班组	制造日程		需要工时	移交班组
						开始	结束		
配合单位工时					预计生产目标				
准备组					产值				
质检组					总工时				
包装组					每工时产值				

二、计划执行控制

作业计划执行控制关系到作业计划的落实和生产目标任务的实现，以及质量的保证等大问题。一般而言，班组作业计划执行控制可在计划执行前、计划执行中、计划执行后三个阶段开展，具体如下。

（一）计划执行前控制

事后管理越多，造成非生产性的活动就越多，班组长就越忙碌。所以，班组长应在计划执行前集思广益，充分沟通，调动班组成员的积极性，让班组成员明白计划执行事项。班组长常用的计划执行前的控制方法如图2-4所示。

37

预防会	吹风会	讨论会
◎ 班组长应做好预防性工作，变事后管理为事前管理，减少失误和纠错次数，节约人力和时间成本	◎ 班组长应让班组成员明确班组计划管理的重要性、计划执行方法、绩效考核办法等，使班组员工对工作计划有全面、准确的认识	◎ 班组长可以集中所有班组员工的智慧，调动其积极性、主动性，减少计划执行的人为障碍，增强员工完成计划的信心与决心

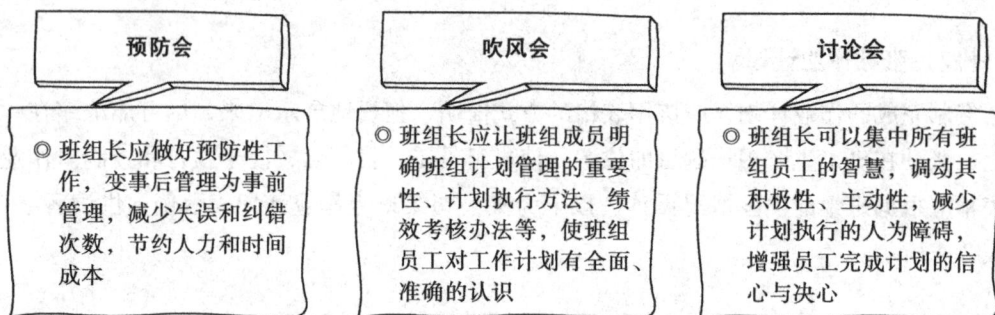

图 2-4 计划执行前的控制方法

（二）计划执行中控制

计划执行中控制是计划执行控制的重点。计划执行中控制事项主要包括以下八项。

1. 日常监督与临时抽查相结合

计划落实过程中，班组员工往往一开始认真、积极，到了中期渐渐懈怠、消极，到了最后只能草草了事。因此，班组长要把平时监督与关键抽查相结合，用最少的时间和精力控制员工完成计划的进度和质量，从而保证作业计划顺利完成。

2. 确保产品质量

班组长必须树立质量意识，制定与执行产品质量标准相关的制度和规范，并促使班组员工遵守质量标准和质量保障的生产制度和规范。在确保质量方面，班组长除了监督执行制度与标准外，还需掌握确保产品质量的一些技巧和方法，具体如图 2-5 所示。

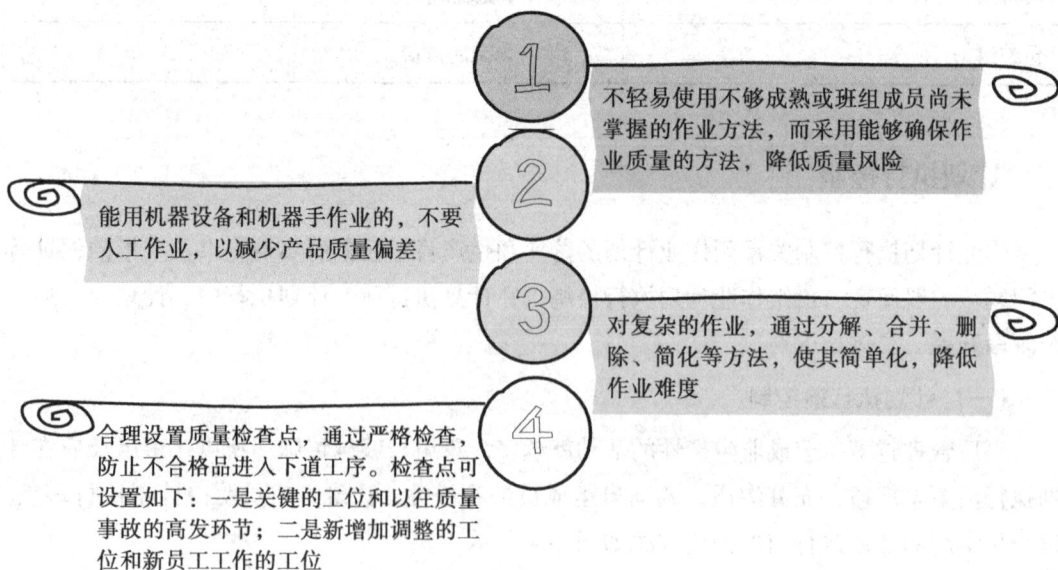

1 不轻易使用不够成熟或班组成员尚未掌握的作业方法，而采用能够确保作业质量的方法，降低质量风险

2 能用机器设备和机器手作业的，不要人工作业，以减少产品质量偏差

3 对复杂的作业，通过分解、合并、删除、简化等方法，使其简单化，降低作业难度

4 合理设置质量检查点，通过严格检查，防止不合格品进入下道工序。检查点可设置如下：一是关键的工位和以往质量事故的高发环节；二是新增加调整的工位和新员工工作的工位

图 2-5 确保产品质量的技巧和方法

3. 降低成本

在班组计划执行中，消除浪费，剔除过度的资源消耗，是降低成本的最佳方法。班组长可通过以下措施降低班组成本。

（1）改进产品的制造和运送方法，减少或者消除不合格产品，降低次品的返修费用，缩短交货期以及减少单位产品耗用的资源等。

（2）通过改善活动，提高生产力，减少生产线上的人数，这样不仅可以降低成本，也有助于改善质量。因为人数减少了，错误的发生次数也会降低。

（3）通过评选作业，流程再造等方式缩短生产线。

（4）减少机器的停机时间。

4. 确保交货期

车间之间、班组之间一般都存在着配套、协调、平衡发展的问题，如上线完不成，下线生产就无法进行。因此，保质保量按时交货，是计划执行控制的核心问题。班组长应对影响交期的主要因素进行分析，并关注各项因素的变化情况，按变化情况及时调整作业计划，减少预备时间，保证班组按交期完成任务。

5. 以人为本

班组长应时刻留心班组员工的身体、思想变化，积极与员工沟通，扮演好教练和管理者的角色，帮助其克服困难，调整心态，顺利完成目标。

6. 随时随地培训

班组长多数是企业里的业务骨干，精通本班组的操作流程和核心技能，所以应善于利用自身特长，提高班组员工生产水平，从而保证目标执行中的进度和质量。班组培训可以专门抽出时间集中进行，也可以在车间现场随时给班组员工传授相关知识、经验和技能。

7. 计划透明化

计划执行的过程也是克服困难和障碍的过程。班组长应将班组计划及每位班组员工的日生产计划透明化，时时提醒，人人监督。

这儿有咱班本周每位成员的任务计划，大家都来看一下，相互监督着。

8. 赏罚分明

班组长应将"严"和"细"贯穿到生产中的每一个细节，精细管理，严格执行。没有完成当天任务的，必须给予相应惩罚；超额完成的，则应及时奖励，以最大限度地提高班组员工的生产积极性。班组长执行公开、公正的考核体系，还能增强班组员工的责任感和荣誉感，促使其奋力拼搏，为达成班组目标而努力。

（三）计划执行后控制

班组长是企业管理中的执行者、参与者和管理者，应做好计划执行的经验总结与吸取教训，为企业的改善工作提供更好的建议。具体来说，班组长应要求班组员工在完成目标计划后及时总结、梳理个人的经验教训，而后加以汇总、筛选，最终形成系统化、成熟化的操作细则，为班组下次更快、更好地完成计划目标夯实基础。

三、计划变更处理

作业计划变更是指因市场需求、生产条件及其他因素的变化而进行的变更。通常作业计划变更应符合变更条件，遵守变更程序。

（一）明确作业计划变更条件

为保证生产的稳定性，一般情况下作业计划不允许随意变更，但是出现以下条件之一时，允许变更作业计划，使作业计划与生产实际相符。具体变更条件如图2-6所示。

条件1	客户要求追加或减少订单
条件2	客户要求取消订单
条件3	客户要求变更交期
条件4	客户有其他要求，导致作业计划必须变更
条件5	因技术问题延误生产
条件6	因物资短缺，预计将发生较长时间停工
条件7	因品质问题尚未解决而延迟生产时间
条件8	因其他因素必须对计划进行调整

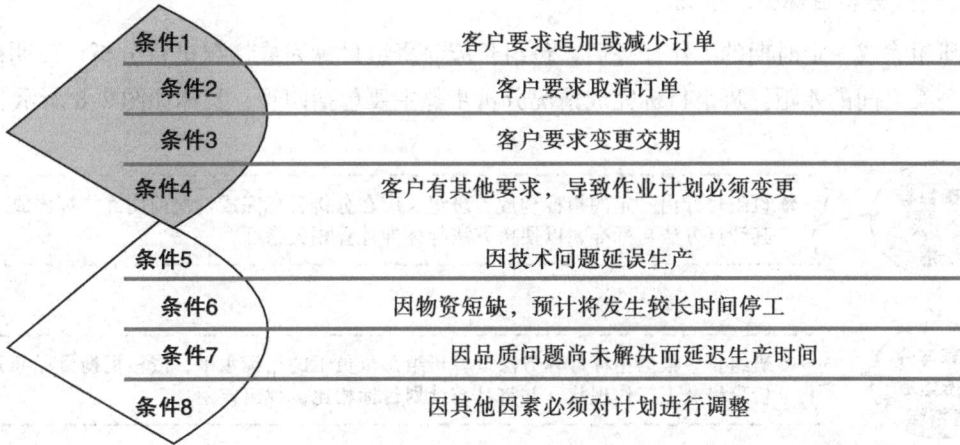

图2-6 作业计划变更条件

（二）掌握作业计划变更程序

作业计划变更有一定的程序要求，班组长应掌握并遵守作业计划变更程序。当计划变更条件出现时，班组长应按程序要求及时提出变更申请，及时变更作业计划。作业计划变更程序主要包括三步，具体如图2-7所示。

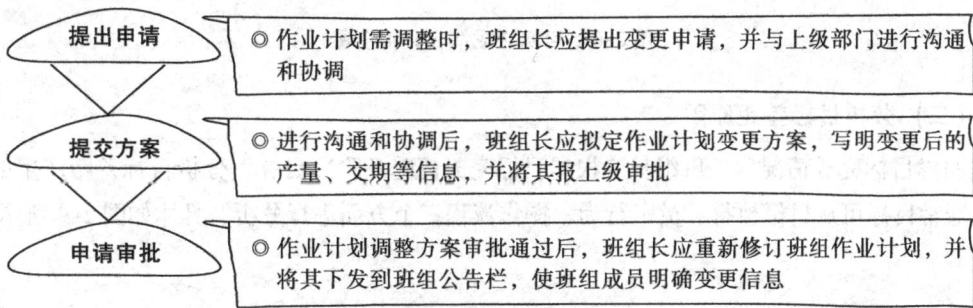

提出申请	◎ 作业计划需调整时，班组长应提出变更申请，并与上级部门进行沟通和协调
提交方案	◎ 进行沟通和协调后，班组长应拟定作业计划变更方案，写明变更后的产量、交期等信息，并将其报上级审批
申请审批	◎ 作业计划调整方案审批通过后，班组长应重新修订班组作业计划，并将其下发到班组公告栏，使班组成员明确变更信息

图2-7 作业计划变更程序

四、目标差距分析

班组是企业全部工作最终的落脚点。班组目标完成情况与企业生产任务完成情况息息相关。在班组作业计划执行一段时间后，班组长应对班组目标完成情况、班组目标差距进行分析，找出产生差距的原因，并采取针对性的措施，减小差距，保证班组目标的顺利实现。

（一）分析目标完成情况

班组完成一定时期的工作任务后，班组长应对班组目标完成情况进行分析，以明确目标与现实之间的差距。班组目标完成情况分析步骤主要包括四步，具体如图 2-8 所示。

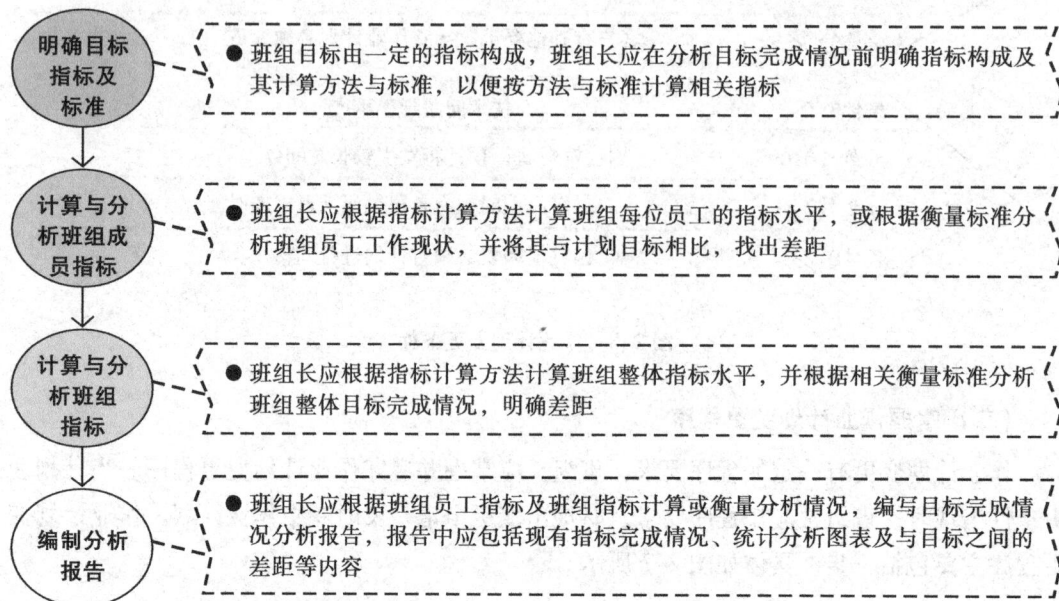

明确目标指标及标准
- 班组目标由一定的指标构成，班组长应在分析目标完成情况前明确指标构成及其计算方法与标准，以便按方法与标准计算相关指标

计算与分析班组成员指标
- 班组长应根据指标计算方法计算班组每位员工的指标水平，或根据衡量标准分析班组员工工作现状，并将其与计划目标相比，找出差距

计算与分析班组指标
- 班组长应根据指标计算方法计算班组整体指标水平，并根据相关衡量标准分析班组整体目标完成情况，明确差距

编制分析报告
- 班组长应根据班组员工指标及班组指标计算或衡量分析情况，编写目标完成情况分析报告，报告中应包括现有指标完成情况、统计分析图表及与目标之间的差距等内容

图 2-8　目标完成情况分析步骤

（二）分析目标差距原因

明确目标完成情况后，班组长应根据目标完成情况及阶段目标，分析目标差距产生的原因。通常目标可从目标执行、员工行为、操作流程三个方面进行分析，具体如图 2-9 所示。

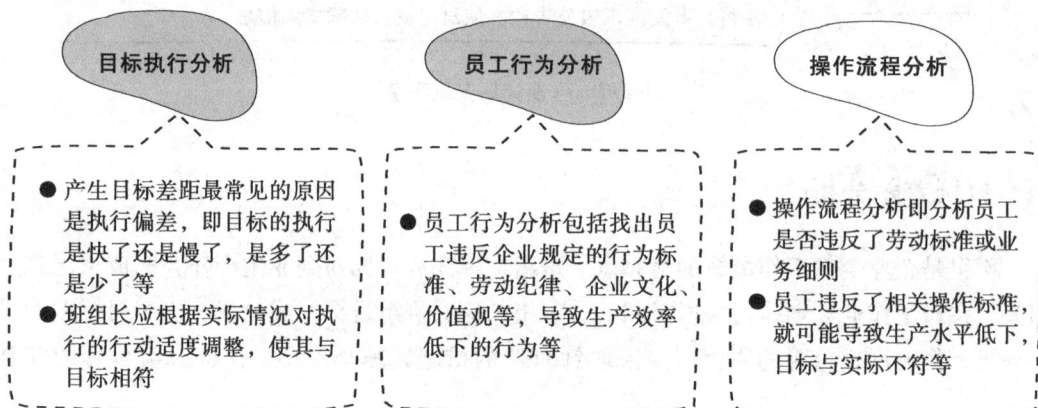

目标执行分析
- 产生目标差距最常见的原因是执行偏差，即目标的执行是快了还是慢了，是多了还是少了等
- 班组长应根据实际情况对执行的行动适度调整，使其与目标相符

员工行为分析
- 员工行为分析包括找出员工违反企业规定的行为标准、劳动纪律、企业文化、价值观等，导致生产效率低下的行为等

操作流程分析
- 操作流程分析即分析员工是否违反了劳动标准或业务细则
- 员工违反了相关操作标准，就可能导致生产水平低下，目标与实际不符等

图 2-9　目标差距原因分析

（三）提出消除差距对策

明确目标差距原因后，班组长应根据原因提出消除差距的对策，以确保班组目标的实现。

1. 明确消除差距对策的基本要求

消除差距的对策应及时、准确、经济、灵活等，具体要求如图2-10所示。

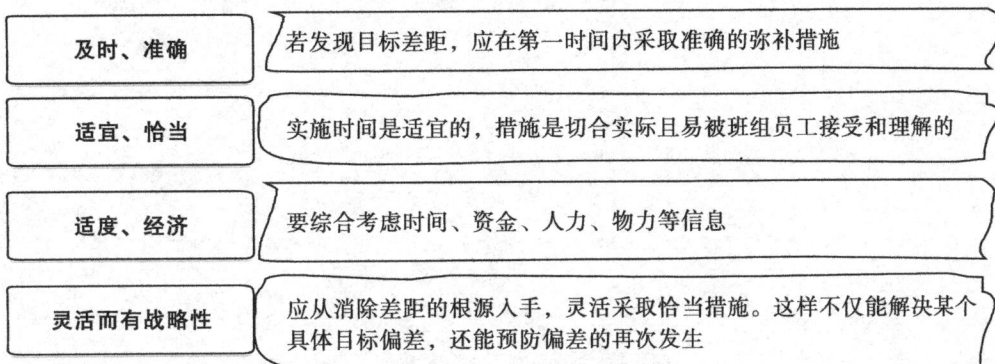

及时、准确	若发现目标差距，应在第一时间内采取准确的弥补措施
适宜、恰当	实施时间是适宜的，措施是切合实际且易被班组员工接受和理解的
适度、经济	要综合考虑时间、资金、人力、物力等信息
灵活而有战略性	应从消除差距的根源入手，灵活采取恰当措施。这样不仅能解决某个具体目标偏差，还能预防偏差的再次发生

图2-10 消除差距对策的基本要求

2. 掌握消除差距的对策

常见的消除目标与实际之间差距的对策主要有以下几种。

（1）对目标执行过程进行严格控制，发现执行偏差，立即分析原因并及时采取处理措施。

（2）完善生产作业流程，加强生产检查与监督，严格执行流程。

（3）对班组员工进行企业文化、规章制度、流程方法等方面的培训，提高班组员工的操作技能，增强班组员工目标管理意识。

（4）建立完善的考核制度并严格执行，奖惩分明。

第三章

工作布置与督导

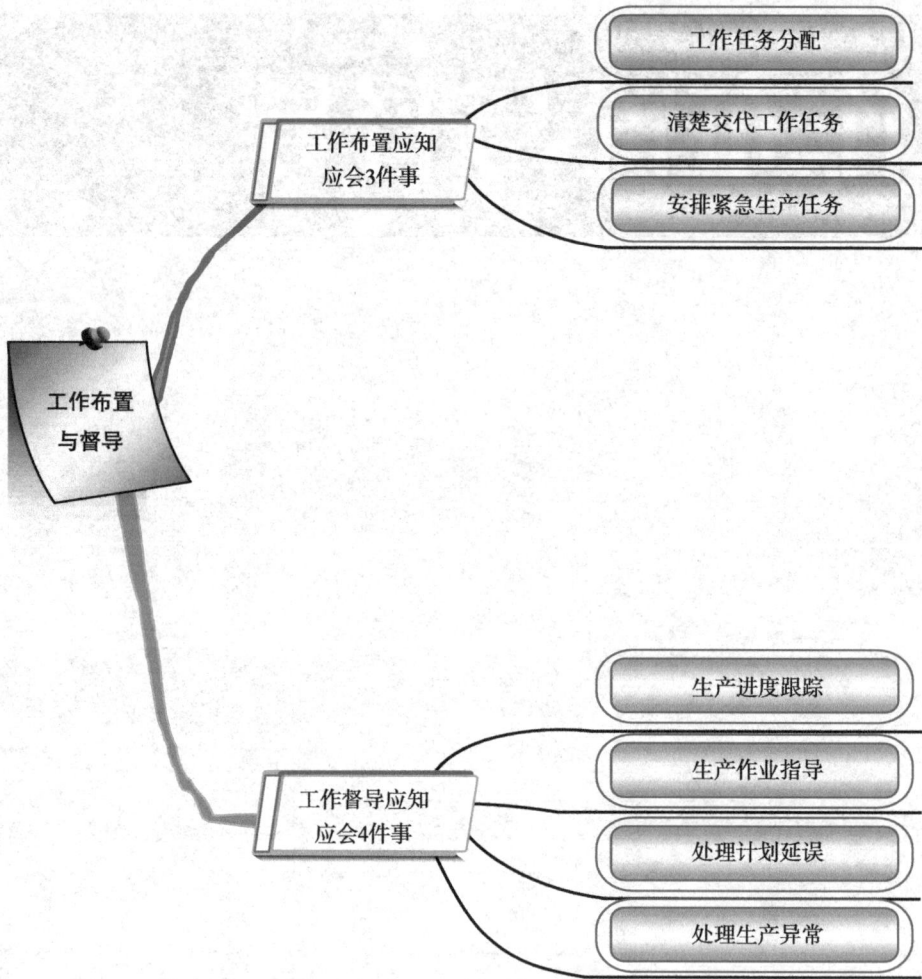

第一节　工作布置应知应会3件事

一、工作任务分配

工作任务分配，即根据班组的生产计划，结合班组员工的特点，为班组员工具体分派工作任务，并做好生产准备的过程。工作任务分配是班组长的重要工作内容之一，合理分配班组工作任务，有利于充分发挥班组员工的特长与能力，提高班组员工的工作积极性，保证班组作业计划的完成，保证班组目标的实现。

（一）明确工作任务分配应考虑的因素

通常，班组长分配工作任务前应对班组员工、班组工作、班组环境等因素进行分析，并综合考虑以上因素后配置班组人员，分配工作任务，具体说明如表3-1所示。

表3-1　工作任务分配应考虑的因素

因素	具体说明	
班组员工	◆ 考虑班组员工的工作能力（能不能胜任） ◆ 考虑班组员工的体力、个性、年龄、经历、性格、爱好等（任务适不适合他） ◆ 考虑班组员工的工作态度（有没有责任心、进取心） ◆ 考虑班组员工的工作意愿（愿不愿意干这项工作）	
班组工作	◆ 工作要达到什么标准，有什么具体要求 ◆ 难度大不大，难点在哪里 ◆ 任务重要程度如何	◆ 工作量有多大 ◆ 工作紧急程度，要求什么时候完成
班组环境	◆ 其他人会怎样想 ◆ 你将提供哪些支持	◆ 其他人将如何分配 ◆ 对工作环境、资源配置有哪些要求

（二）掌握工作任务分配要求

根据企业生产特点的不同，班组长可以从交货期和生产效率两个方面进行生产任务分配，具体如下。

1. 以交货期为重点进行分配

根据不同顾客提出的交货期要求，妥善安排各种产品的作业顺序，以确保按期交货。优先安排那些临近交货期、工作量大或违约责任大的生产任务，这是工作任务分配的基本原则，也是提高企业信誉的重要措施。

2. 以提高生产效率为重点分配任务

将工作、加工方法相同的产品集中起来分配作业任务,以提高生产效率和设备运转率。

（三）工作任务分配的准备

工作任务分配的准备是工作任务分配的前提,班组长在具体分配工作任务前应准备好技术资料、生产工具、物料等,并安排好工作顺序,具体如图 3-1 所示。

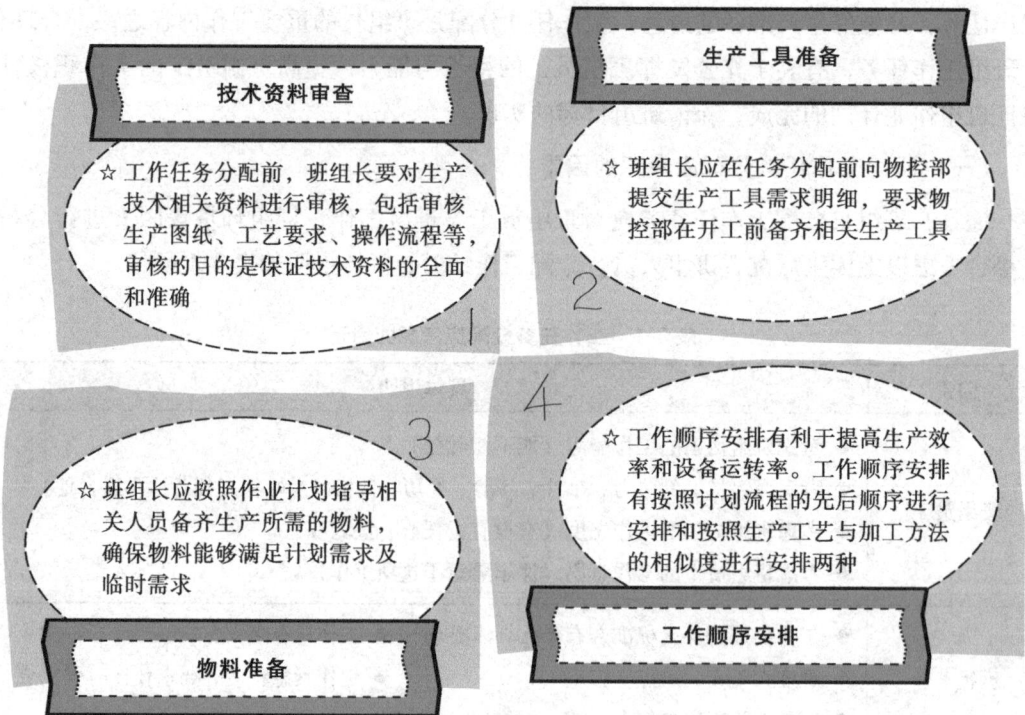

技术资料审查

☆工作任务分配前,班组长要对生产技术相关资料进行审核,包括审核生产图纸、工艺要求、操作流程等,审核的目的是保证技术资料的全面和准确

生产工具准备

☆班组长应在任务分配前向物控部提交生产工具需求明细,要求物控部在开工前备齐相关生产工具

☆班组长应按照作业计划指导相关人员备齐生产所需的物料,确保物料能够满足计划需求及临时需求

物料准备

☆工作顺序安排有利于提高生产效率和设备运转率。工作顺序安排有按照计划流程的先后顺序进行安排和按照生产工艺与加工方法的相似度进行安排两种

工作顺序安排

图 3-1　工作任务分配的准备事项

（四）进行生产派工

1. 生产派工的方式

生产派工是按照安排好的工作顺序,通过某种简单易行的方式,向班组员工下达作业指令。生产派工由于车间、工段、班组的生产类型不同,而有不同的方式,常见的主要有标准派工法、定期派工法、临时派工法三种,具体如表 3-2 所示。

表3-2　生产派工方式

方式	具体说明	适用情形
标准派工法	◆ 在大批量生产的工段、班组里，每一个工作地和每一个员工执行的工序比较少，而且是固定重复的。在这种情况下，生产派工可以通过编制标准计划的方式来实现 ◆ 标准计划，又称标准指标图表，它是把制品在各个工作地的加工次序、期限和数量等全部制成标准，并固定下来的一种计划图表。可用它指导各工作地的日常生产活动，而不必再经常地分派生产任务 ◆ 当月产量任务有调整时，派工的主要任务是对每日产量任务作适当的调整	◆ 适用于大批量生产的工段和班组
定期派工法	◆ 班组长根据月度的班组作业计划在较短的时期内（旬、周等）定期为每个工作地分派工作任务 ◆ 派工时，要保证重点，分清轻重缓急，既要保证关键产品的生产进度，又要注意关键设备的充分负荷	◆ 适用于成批生产和比较稳定的单件小批量生产
临时派工法	◆ 临时派工法的特点是根据生产任务和准备工作的情况及各工作地的负荷情况，随时把任务下达给工作地 ◆ 采用临时派工法时，任务分配箱是帮助班组长进行工作的有效工具，它能够帮助班组长有秩序地完成每个派工过程，并随时了解各个工作地的任务分配情况、准备情况和工作进度等	◆ 适用于单件小批量生产

2. 生产派工的工具

通常班组长通过派工单的形式向班组员工发布派工指令。派工单又称工票，或作业传票等，是最基本的生产凭证之一，它除了有开始作业、发料、搬运、检验等生产指令的作用以外，还具有控制在制品数量、检查生产进度的作用。

常见的派工单形式有加工路线单、单工序派工单、传票卡等，具体如表3-3所示。企业应该选择符合自己生产特点的派工单形式，建立健全派工单运行的制度，并培训、教育、监督员工认真地执行。

表3-3 派工单形式

形式	具体说明
加工路线单	◆ 加工路线单又称长票、跟单、工件移动单等,它是以零部件为单位综合地发布指令,指导员工根据既定的工艺路线依次进行加工的一种派工单 ◆ 加工路线单与零件一起转移,各道工序共享一张生产指令
单工序派工单	◆ 单工序派工单又称短票、工序票等,它以工序为单位,一序一单 ◆ 单工序派工单的优点是周转时间短,使用比较灵活,可以像使用卡片那样,按不同要求进行分组、汇总和分析。其缺点是一序一单,工作量较大
传票卡	◆ 为了保证各工序之间的衔接,班组可以采用"传票卡"这种凭证作为辅助工具。传票卡也称作"看板",是一张张的卡片,班组相关人员应预先填好制品的名称、材质、重量、加工地点、运送地点、工位器具及容量等项目 ◆ 每张传票卡固定代表一定数量的制品,例如一张一件或一张十件等。传票卡需随同实物一起流转

表3-4 为某公司生产派工单示例,供读者参考。

表3-4 生产派工单示例

部门: 　　　　派工号: 　　　　日期:____年__月__日

产品名称		产品编号		产品类别	
生产班组		材料规格		在制品数量	
计划完成数量		实际完成数量		单件工时	
计划完成日期		实际完成日期		总工时	
合格品数量		废品数量		操作者	
备注					

班组长: 　　　　　　　　　　检验员:

二、清楚交代工作任务

清楚交代工作任务即将任务的背景、达成的结果、要求范围、完成时间等向班组员工交代清楚,使班组员工明确任务完成要求、成果,以及任务未完成的影响、后果等,提高班组员工参与意识,以便其按时完成分配的工作任务。为清楚交代工作任务,班组长应按照以下步骤向班组员工进行交代,具体如图3-2所示。

简单介绍任务的背景	● 班组长分配工作任务前，应简单介绍任务的背景，如"小张，请帮我将咱班上月的成本消耗情况统计一下，下周调度会我要向车间主任汇报"
说明需要的结果	● 需要的结果即任务完成的形式，班组长分配工作任务时要对任务的结果进行详细说明。如"要将全班成本总消耗和个人成本总消耗按原材料、工具、辅料分类统计出来。你看，能不能做成表格的形式"
限定要求范围	● 要求范围即对工作任务完成情况的要求，一般包括内容要求、形式要求等，如"你只需将统计结果给我，成本分析我自己来做就可以了"
限定完成时间	● 完成时间即任务完成期限，对完成时间进行规定与说明，有利于班组员工制订任务计划，安排任务进度，有利于班组长对班组工作进行控制。如"周五下班前给我，有问题吗"
征询下属意见	● 征询下属意见，有利于集思广益，完善工作分配，有利于得到下属的理解与支持，同时有利于了解任务执行情况，提前采取措施预防问题。班组长可采取以下方式进行询问，如"大家对这项工作还有什么建议"、"××日之前能完成吗"等

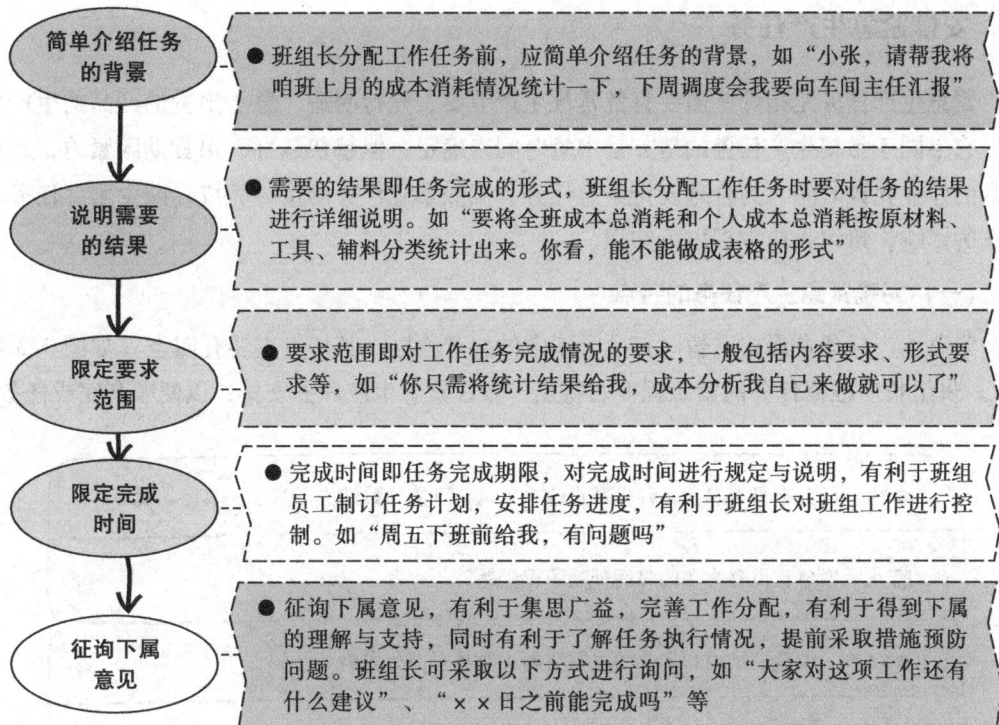

图 3-2　交代工作任务步骤

三、安排紧急生产任务

紧急生产任务是指那些需要打乱常规生产节奏、先行制造、急于出货的产品的生产任务。它不同于常规生产任务的地方是出货时间未确定，但越快越好；出货期限紧迫，超出正常的作业允许时间。为合理安排紧急任务，确保紧急任务的按时完成，减少紧急任务对工作的影响，班组长应掌握以下知识。

（一）明确紧急生产任务的特点

紧急生产任务在形式上暂时打乱了正常的生产秩序，其特点主要有四点（如图 3-3 所示）。班组长应根据任务的紧急程度及特点，做好紧急生产任务安排，以便顺利完成任务。

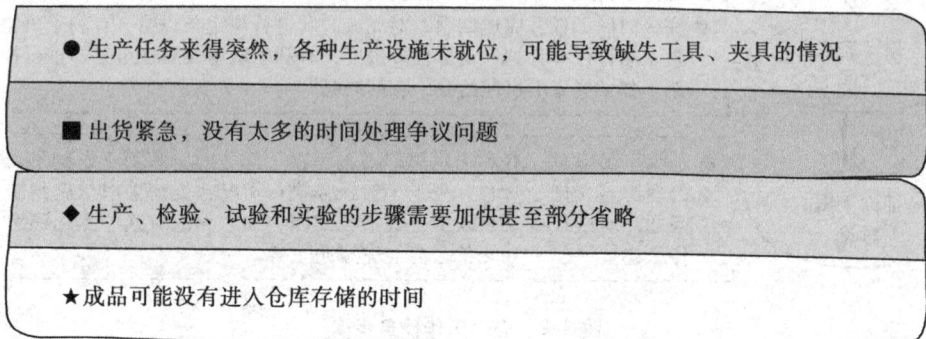

● 生产任务来得突然，各种生产设施未就位，可能导致缺失工具、夹具的情况

■ 出货紧急，没有太多的时间处理争议问题

◆ 生产、检验、试验和实验的步骤需要加快甚至部分省略

★ 成品可能没有进入仓库存储的时间

图3-3　紧急生产任务的特点

（二）评估紧急生产任务

企业接到紧急生产任务后，班组长应配合有关领导对紧急生产任务的金额、时间和相关因素进行统计分析。通过分析，结合过去的订单生产数据，对紧急生产任务进行综合评估，做出紧急生产任务接受与否的决定。紧急生产任务分析评估示意图如图 3-4 所示。

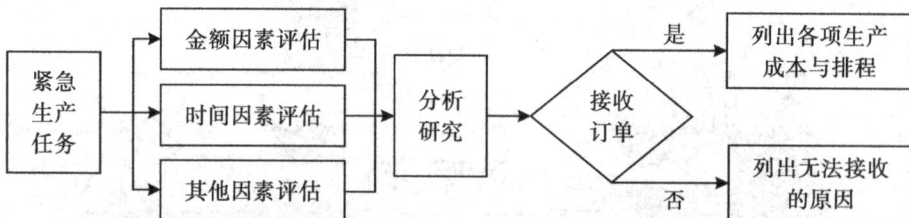

图3-4　紧急生产任务评估示意图

（三）制订紧急生产作业计划

接受紧急生产任务后，班组长应调整原作业计划，合理分配班组资源，制订紧急生产

作业计划。紧急生产作业计划的制订策略主要包括六种，具体如表3-5所示。

表3-5 紧急生产作业计划制订策略

原生产计划调整方式	紧急生产作业计划	
	制订策略	策略说明
保持不变	混合生产	◆ 结合内外资源，提高生产能力。增加生产员工人数和工作时间，进行紧急任务生产
	外包生产	◆ 将部分或全部的紧急生产任务外包给其他企业生产，做好质量控制工作，确保按时交货
	外购组装	◆ 外购紧急生产任务需要的部分或全部零部件，组装成成品，以确保按时交货
暂停	自制生产	◆ 利用企业自身的生产能力，增加生产员工人数和工作时间，进行紧急任务生产，确保按时交货
延迟	自制生产	◆ 利用企业自身的生产能力，增加生产员工人数和工作时间，进行紧急任务生产，确保按时交货
利用库存	利用库存	◆ 调出库存成品，减少原计划或紧急生产任务工作量，确保按时交货

（四）实施与控制紧急生产作业计划

紧急生产作业计划制订后，班组长应组织实施紧急生产作业计划，并对作业计划进行控制，使生产进度和质量与计划相符，减少生产偏差。

1. 生产进度控制

紧急生产任务进度控制主要是对生产产量和生产期限进行控制，目的是保质、保量、按期完成。其控制步骤如下。

（1）班组长从生产现场采集相关生产进度和生产质量数据。

（2）班组长将采集到的数据与进度计划和质量标准进行对比。

（3）根据对比结果分析偏差产生的原因，并采取针对性的措施。

（4）班组长应将进度、质量数据报上级部门，使上级部门明确紧急生产任务完成情况。

2. 生产偏差控制

紧急生产任务面临的偏差主要表现为产量不足，进度落后，质量不达标等。班组长应掌握生产偏差控制方法，如在计划中预先留有余地、使延迟恢复正常、减少生产延迟等，并主导或配合有关人员做好偏差的控制工作。具体如表3-6所示。

表 3-6　紧急生产偏差控制方法

方法	具体措施
在计划中预先留有余地	◆ 保持一定量的在制品、原材料和成品库存 ◆ 备有可替换的生产设备 ◆ 备有后备人员，留出机动时间 ◆ 关键工序留出一定余力 ◆ 在设备利用率或生产定额方面留有余地 ◆ 安排短周期的生产进度，减少在制品占用量
使延迟恢复正常	◆ 合理调整作业分配，抽调其他环节的人力、物力支持重要环节 ◆ 改变作业先后顺序，将交货期余地较大的作业推后 ◆ 安排加班与外协，向其他班组或车间求援 ◆ 返修加工不合格工件
减少生产延迟	◆ 改进操作方法或改进工具、夹具 ◆ 加强质量控制，减少废品、次品的产生 ◆ 加强设备维护保养，加强原材料、零部件的验收 ◆ 后一道工序生产人员要加强对上一道工序生产制品的质量检验 ◆ 加强工位及器具管理，采用标准化和数量固定化的先进工位与器具

第二节　工作督导应知应会 4 件事

一、生产进度跟踪

生产进度跟踪是指班组长对月度、周生产计划或生产订单完成情况的跟踪，以及对班组能否按时、按质、按量交付产品的跟踪与控制。生产进度跟踪不但可以使班组长掌握准确、及时的生产进度信息，还能保证生产计划在规定时间内顺利完成。

（一）选择生产进度跟踪形式

生产进度跟踪形式主要有现场作业直接通报、现场巡视、生产日报系统三种，具体如图 3-5 所示。班组长在生产中应根据班组实际及生产需要，选择其中一种或综合使用二至三种进度跟踪形式，加强对班组生产进度的管理和控制。

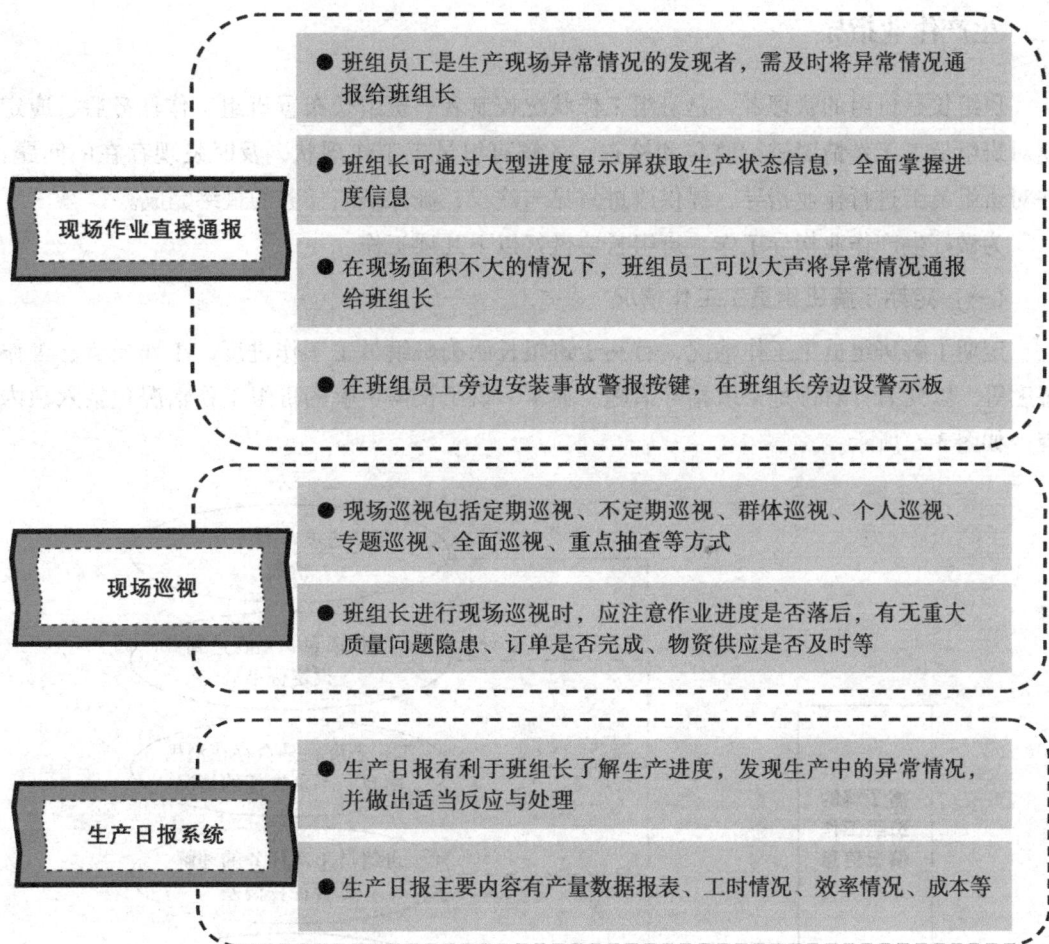

图 3-5　生产进度跟踪形式

现场作业直接通报
- 班组员工是生产现场异常情况的发现者，需及时将异常情况通报给班组长
- 班组长可通过大型进度显示屏获取生产状态信息，全面掌握进度信息
- 在现场面积不大的情况下，班组员工可以大声将异常情况通报给班组长
- 在班组员工旁边安装事故警报按键，在班组长旁边设警示板

现场巡视
- 现场巡视包括定期巡视、不定期巡视、群体巡视、个人巡视、专题巡视、全面巡视、重点抽查等方式
- 班组长进行现场巡视时，应注意作业进度是否落后，有无重大质量问题隐患、订单是否完成、物资供应是否及时等

生产日报系统
- 生产日报有利于班组长了解生产进度，发现生产中的异常情况，并做出适当反应与处理
- 生产日报主要内容有产量数据报表、工时情况、效率情况、成本等

（二）明确进度跟踪注意事项

班组长对生产进度进行跟踪时应注意以下两大事项。

1. 做好调度日工作

班组长要根据当日作业计划和作业指标图表做好调度日工作，必要时可召集班组调度会，了解前一日的生产状况以及当班任务。

2. 做好生产计划完成情况预报

班组长要掌握生产动态、生产发展趋势、生产规律等资料，将实际生产计划与目标计划进行对比，做好是否完成生产任务的预测。

二、生产作业指导

班组长是班组的管理者，是班组工作状况控制者。班组长布置班组工作任务后，应定期对班组员工工作情况进行监督和检查，了解班组员工工作现状，及时发现存在的问题，并对班组员工进行作业指导，提供改进意见与建议，确保班组任务的最终完成。

为做好生产作业指导工作，班组长应做好以下几项工作。

（一）定期了解班组员工工作情况

定期了解班组员工工作情况，有利于班组长明确班组员工工作进度、工作质量、工作态度等，以便有针对性地采取指导措施。通常，班组长需了解的班组工作情况包括六项内容，如图3-6所示。

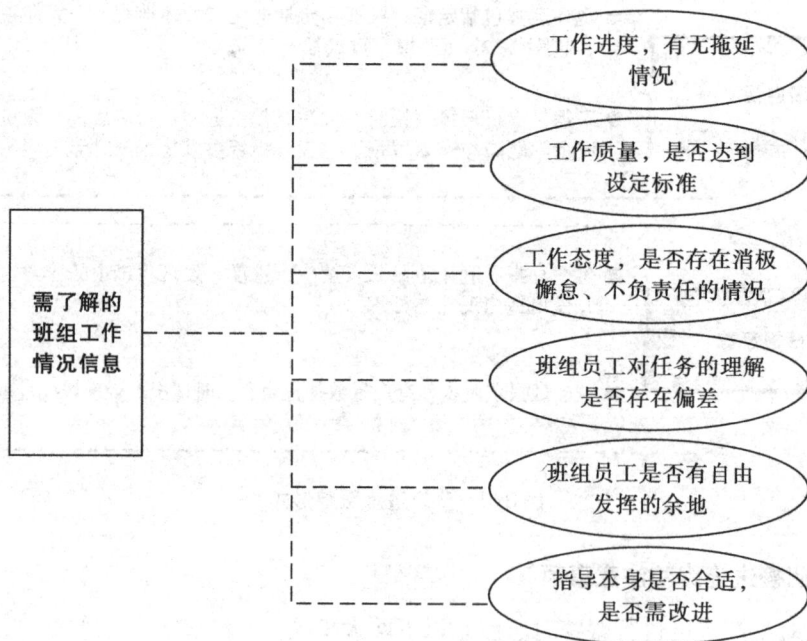

图3-6 需了解的班组工作情况信息

一般来说，班组长了解班组员工工作情况的主要方式有日常巡检，查看工作报表，听取下属的工作汇报，进行问卷考核等。

（二）对比计划与实际

班组长了解班组员工工作现状后，应将班组工作现状或个人工作现状与工作计划、工作标准或工作要求等进行比较，明确现状与计划目标之间的差距，找出存在的问题，并分析问题产生的原因。

（三）作出评价并确定指导重点

班组长比较计划与实际后，应对班组工作进行评价，并针对问题提出适当的改进意见。在评价时，应注意以下四点事项，具体如图3-7所示。

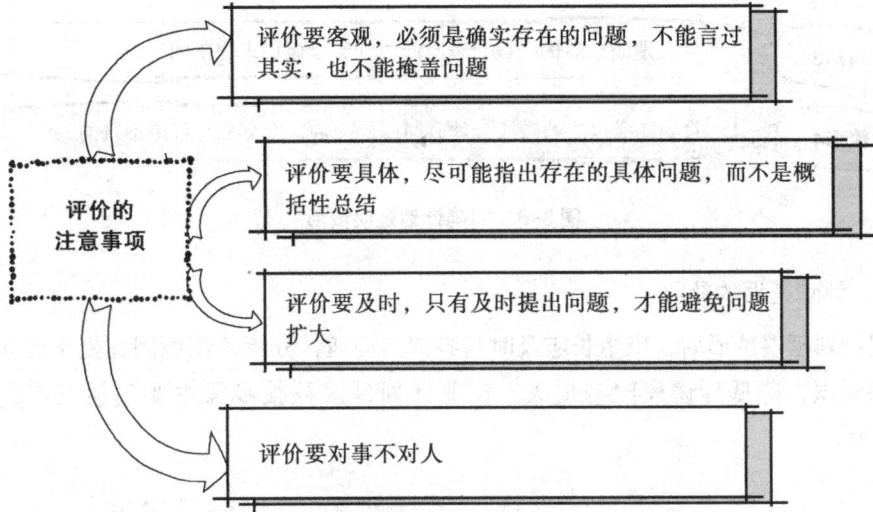

图3-7　评价的注意事项

（四）把握好指导的"度"

班组长要根据具体情况，把握好指导的"度"，过与不及都不好。能力强的应给予更多的信任，能力差的应给予更多的帮助；多授权老员工，多帮助新员工；自制能力强的可更多放手，拖沓懒怠的就应加强督导。

（五）以激励为主进行指导

指导的最终目标是要培养班组员工的自主管理能力。班组长在指导时应注意以激励为主，进行正向的指导，并提出发展建议，切忌影响班组士气和工作效率。

三、处理计划延误

为保证企业生产经营的正常进行，降低作业计划延误带来的风险，班组长应明确计划延误情形，并时刻关注订单、交货期变化，及时提出计划延误补救措施，及时对计划延误进行处理。

（一）明确计划延误情形

班组作业计划延误的情形主要包括四种，具体如图3-8所示。

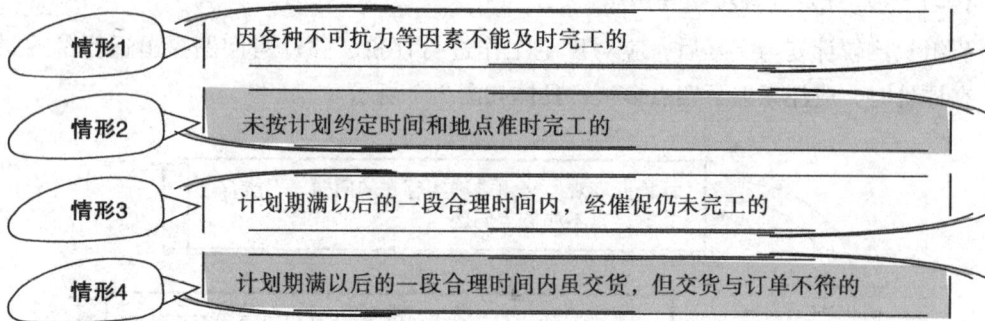

情形1 ── 因各种不可抗力等因素不能及时完工的

情形2 ── 未按计划约定时间和地点准时完工的

情形3 ── 计划期满以后的一段合理时间内，经催促仍未完工的

情形4 ── 计划期满以后的一段合理时间内虽交货，但交货与订单不符的

图 3-8　明确计划延误情形

（二）计划延误的补救

出现计划延误情形后，班组长应及时与各部门沟通，分析延误原因，提出延误补救措施，处理延误，降低延误风险与损失。作业计划延误补救步骤主要包括五步，具体如图 3-9 所示。

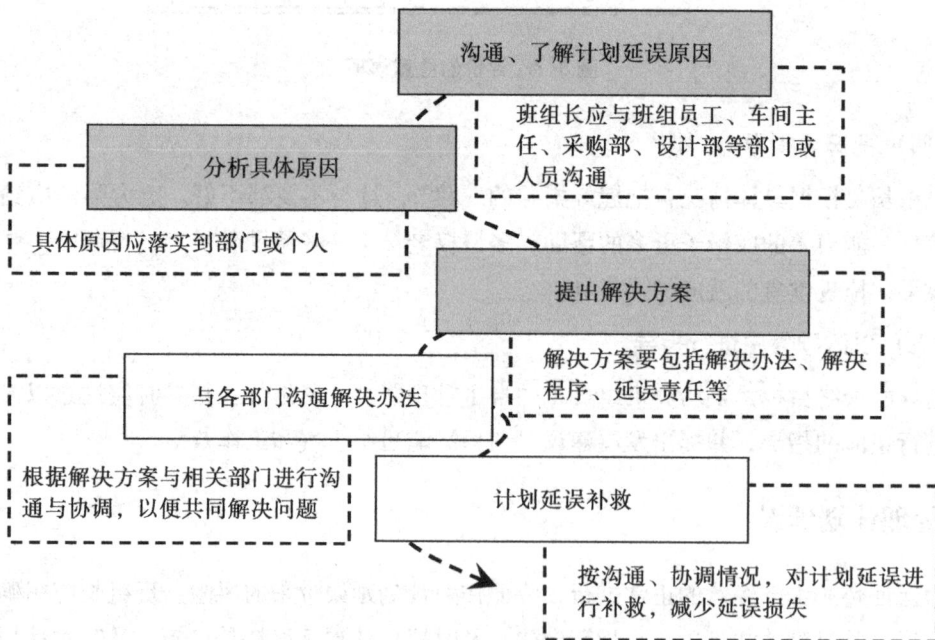

沟通、了解计划延误原因
班组长应与班组员工、车间主任、采购部、设计部等部门或人员沟通

分析具体原因
具体原因应落实到部门或个人

提出解决方案
解决方案要包括解决办法、解决程序、延误责任等

与各部门沟通解决办法
根据解决方案与相关部门进行沟通与协调，以便共同解决问题

计划延误补救
按沟通、协调情况，对计划延误进行补救，减少延误损失

图 3-9　计划延误的补救步骤

（三）计划延误处理

计划延误可根据延误原因，在设计、采购、生产、销售四个方面提出处理措施。具体处理对策如表 3-7 所示。

表 3-7 计划延误处理对策

责任部门	原因	处理对策
设计部	◆ 出图计划迟延后，后序工作的安排也跟着迟延 ◆ 图纸不齐全，使材料、零件的准备存在缺失，影响计划进度 ◆ 突然更改、修订设计，导致生产混乱 ◆ 图纸编号混乱，导致库存、计划、生产混乱	◆ 编制设计工作的日程进度管理表，对日常工作进行进度控制 ◆ 当无法如期提供正式、齐全的设计图纸（资料）时，可预先编制初期生产所需要的图纸（资料），以便及时准备材料等，防止生产延迟 ◆ 对设计图纸（资料）的审核应认真负责，尽量避免中途更改、修订 ◆ 推进设计的标准化，共用零件的标准化、规格化，减少设计的工作量
采购部	◆ 所采购的材料、零件，未及时到厂，导致生产延误 ◆ 物料计划不完善，需要的物料不够，不需要的物料库存较多 ◆ 外协的产品品质不良率高，数量不足	◆ 采用 ABC 分析法，进行重点管理 ◆ 以统计方式调查供应商、外协厂商不良品发生状况，确定重点管制供应商 ◆ 优化企业采购流程，并严格按流程实施采购
生产部	◆ 工序、负荷计划的不完备 ◆ 报告制度、日报系统不完善，因而无法掌控作业现场的实况 ◆ 工艺不成熟，品质管理欠缺，不良品多，致使进度落后 ◆ 生产信息不流畅	◆ 加强岗位、工序作业的规范化，制订作业指导书等，确保作业品质 ◆ 计划下达后，及时与仓库联系，及时上报缺料清单 ◆ 实行班组生产日报表 ◆ 班组实行早会汇报制度（汇报昨日的生产进度、材料状况、是否有返工等现象），生产系统实行周会制度，令其信息流畅
销售部	◆ 频频变更订单 ◆ 随意应承客户的交期，造成后续期限极为紧迫 ◆ 无法把握市场需求，无法订立明确的销售预定计划 ◆ 临时增加或紧急订单多	◆ 定期召开产销协调会议，促进产销一体化 ◆ 生产部应定期编制订货余额表、生产进度表、基准日程表等给销售部，以便销售部确定最适当的交货日期 ◆ 加强销售人员的培训，提高工作技能和业务能力 ◆ 销售部应编制 3～6 个月的需求预测表，为中期生产计划提供参考 ◆ 对客户在中途提出订单更改要求，要有明确记录，并让客户确认

四、处理生产异常

生产异常是指造成班组停工或生产进度延迟等的情形。班组长及时对生产异常进行处理，可减少异常损失，提高生产效率。生产异常处理程序主要包括两步，具体如下所示。

（一）明确异常类型

班组常见生产异常类型主要包括计划异常、物料异常、设备异常、品质异常和技术异常五种，具体说明如图3-10所示。

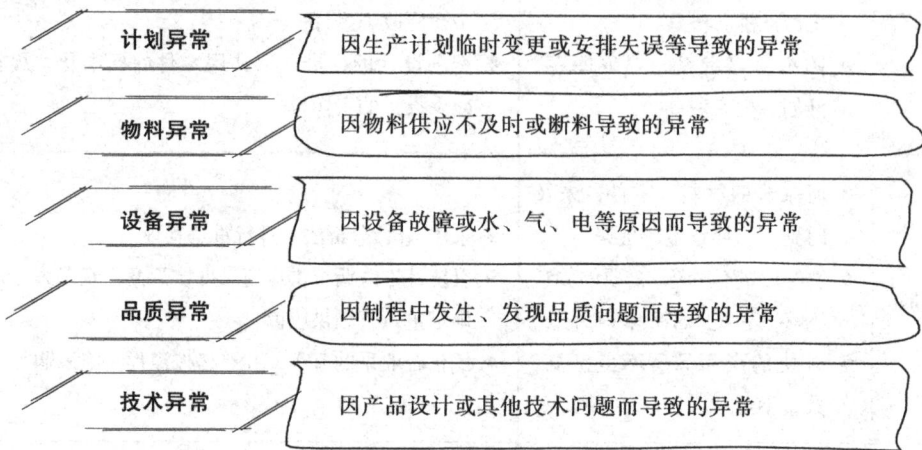

计划异常	因生产计划临时变更或安排失误等导致的异常
物料异常	因物料供应不及时或断料导致的异常
设备异常	因设备故障或水、气、电等原因而导致的异常
品质异常	因制程中发生、发现品质问题而导致的异常
技术异常	因产品设计或其他技术问题而导致的异常

图3-10 班组生产异常类型

（二）进行异常处理

班组发生生产异常后，班组长应将异常上报，并及时召集相关部门商讨处理对策，处理异常，具体程序如下。

1. 异常上报

当生产过程中发生异常时，班组长应及时将问题上报给主管领导。上报的内容应包括在制产品信息、问题发生班组、问题发生时间、问题描述、问题影响、已采取的临时措施等。

2. 异常处理

（1）异常情况上报后，班组长应立即邀请技术开发部或相关责任部门前来研讨对策，对策确定后，将对策上报主管领导审批。

（2）主管领导审批后，班组长应及时组织实施相关对策，以防止异常情况蔓延或损失的扩大。

（3）异常排除后，班组长需填写"生产异常报告单"，并交上级领导确认。

（4）上级领导确认后，班组长应将"生产异常报告单"的其中一份留存班组，其余三份交上级部门。

表3-8为某公司"生产异常报告单"示例，供读者参考。

表3-8　生产异常报告单

生产批号		生产产品		异常发生班组	
发生日期		异常起止时间			
责任部门到场时间	品管部	技术开发部	生产部	采购部	设备部
异常描述					
停工人数		影响度		异常工时	
紧急对策					
填表部门	主管：		审核：		填表：
责任部门分析对策					
责任部门	主管：		审核：		填表：
会签					

第四章

班组物料管理

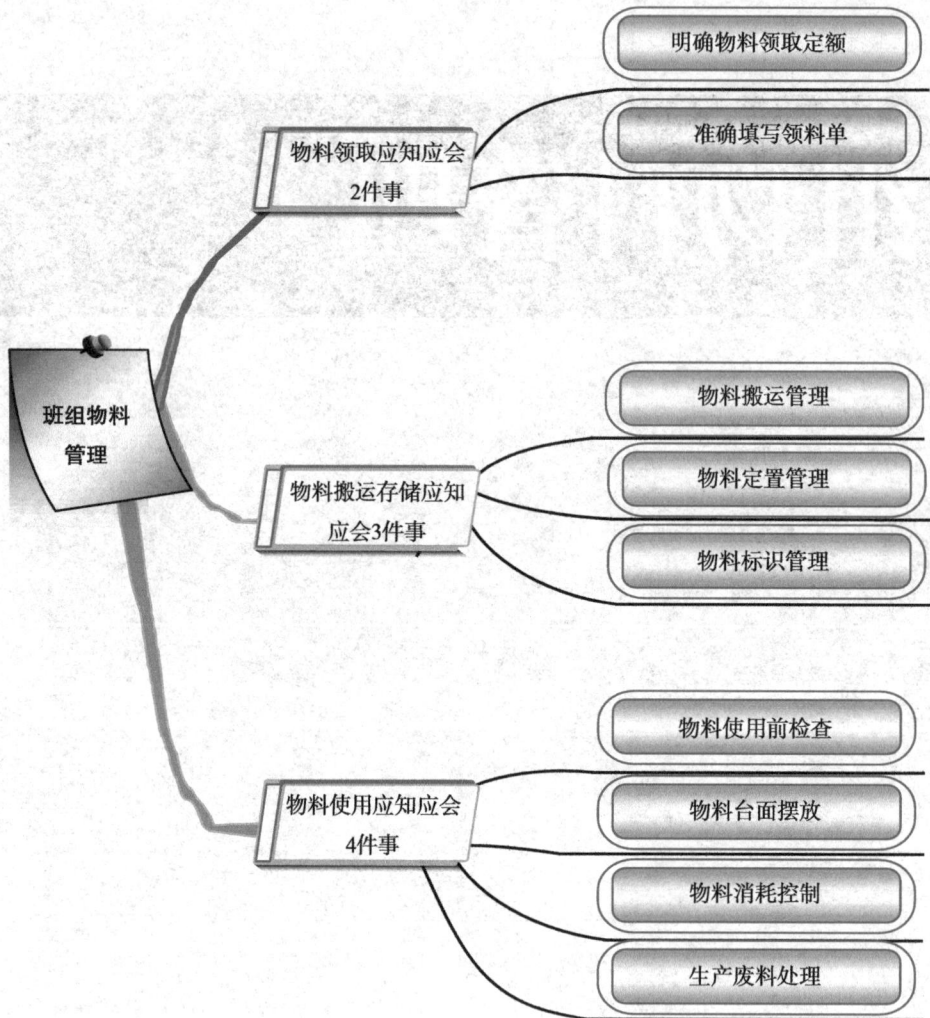

班组物料管理

物料领取应知应会2件事
- 明确物料领取定额
- 准确填写领料单

物料搬运存储应知应会3件事
- 物料搬运管理
- 物料定置管理
- 物料标识管理

物料使用应知应会4件事
- 物料使用前检查
- 物料台面摆放
- 物料消耗控制
- 生产废料处理

第一节　物料领取应知应会2件事

一、明确物料领取定额

物料领取定额是在一定的生产和技术条件下，使用现有的设备和材料生产单位产品所领用的物料的数量。物料定额领取是进行物料消耗控制的重要手段。科学合理的物料领用定额可以有效控制物料数量和质量，降低库存成本，从源头上杜绝物料的浪费。班组长明确物料领取定额应明确物料定额种类，掌握物料定额计算方法，具体如下。

（一）明确物料定额种类

班组物料定额可以分为数量定额、价值定额、单项定额和综合定额四类，具体如下。

1. 数量定额

数量定额是指在单位时间及范围内，对不同物料的使用量按照其合适的计量单位进行数量限制的方法。企业使用数量定额时，需首先明确数量定额的适用范围，然后根据定额需要确定合适的定额单位，以保证物料数量定额结果的准确、有效。物料数量定额的适用范围如图4-1所示。

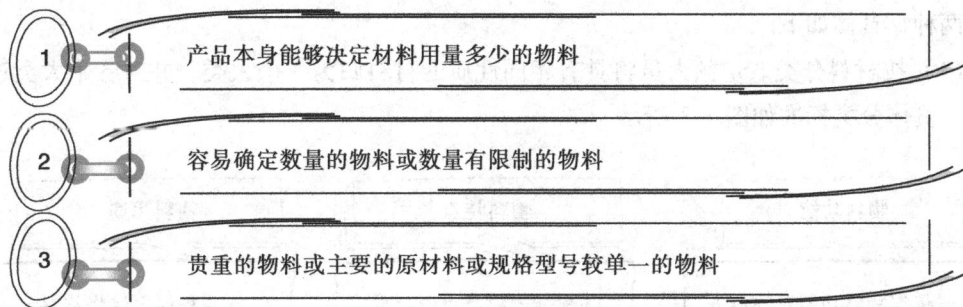

1　产品本身能够决定材料用量多少的物料

2　容易确定数量的物料或数量有限制的物料

3　贵重的物料或主要的原材料或规格型号较单一的物料

图4-1　数量定额适用范围

2. 价值定额

价值定额就是根据物料的价值大小，测算物料的总金额，并通过总金额的限制确定定额的方法，其特点如下所示。

（1）价值定额能够以统一的价值大小确定物料定额，从而增加不同物料的可比性，确保物料定额准确。

（2）价值定额简化了复杂物料的计算，同时能够有效解决混合物料的定额确定问题。

（3）价值定额适用于单价稳定的物料的定额。

3. 单项定额

单项定额是只针对某一项物料确定定额的方法，比如，单一的原材料定额、辅料定额。单项定额可为班组发送材料提供依据，同时可以用于分析、核算实际消耗与定额消耗的差异。单项定额的示例如图4-2所示。

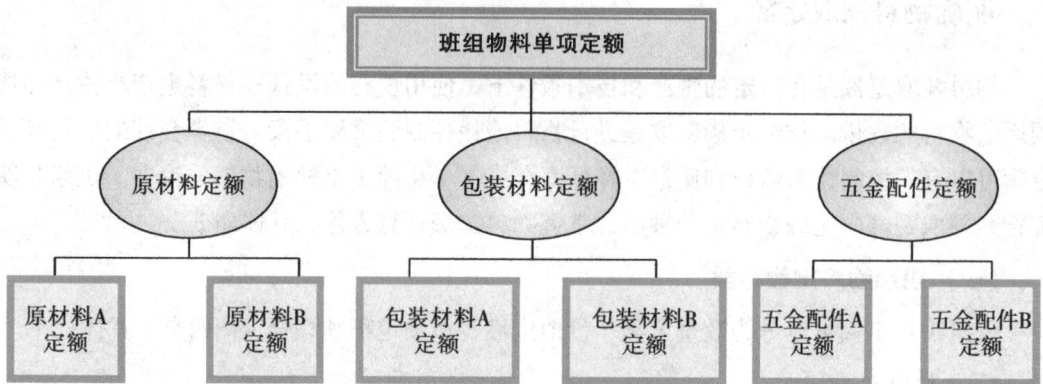

图4-2 单项定额示例图

4. 综合定额

综合定额是以材料大类或班组为单位对企业各类物料进行定额的方法，适用于数量大、价值低的物料或是对生产影响较小的物料的定额，其分类方式有按材料分类和按班组分类两种，具体如下。

（1）按材料分类。定额人员将具有相同性质的材料归为一个大类，并对各个大类进行定额，具体分类标准如图4-3所示。

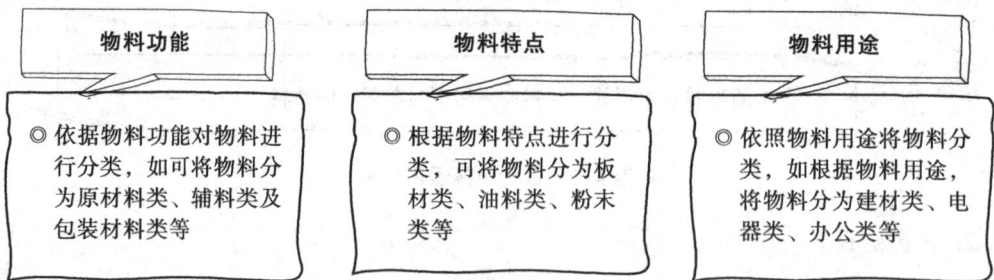

图4-3 物料定额分类标准

（2）按班组分类。按班组分类就是对某一班组的所有物料进行统一定额，规定班组某一时期的物料耗用总额目标，并根据此目标对班组物料的使用情况进行控制，具体示例如表4-1所示。

表 4-1　按班组分类的物料定额控制表

部门名称	××车间						
物料名称		车间物料定额					
物料一		5000 吨					
物料二		3500 吨					
物料三		3000 吨					
总计		11500 吨					
××车间物料分配控制情况							
物料名称 班组名称	物料一		物料二		物料三		物料 总额
	物料比例	物料定额	物料比例	物料定额	物料比例	物料定额	
班组一	45%	2250 吨	35%	1225 吨	30%	900 吨	4375 吨
班组二	35%	1750 吨	55%	1925 吨	30%	900 吨	4575 吨
班组三	20%	1000 吨	10%	350 吨	40%	1200 吨	2550 吨
总计	100%	5000 吨	100%	3500 吨	100%	3000 吨	11500 吨

（二）明确物料定额方法

班组长明确物料定额类型后，应掌握物料定额方法，并按方法要求计算定额水平。企业常见物料定额方法主要有四种，具体说明如下。

1. 经验判断法

经验判断法是班组长根据自己的经验判断，依靠经验对物料的消耗量进行确定的一种定性分析和定量分析相结合的方法。经验判断法的特点是简单方便，易于操作。运用该方法要求班组长对产品设计、工艺技术、设备操作、物料特性等有深入了解。经验判断法适用于缺乏历史资料的情况，其具体计算步骤如图 4-4 所示。

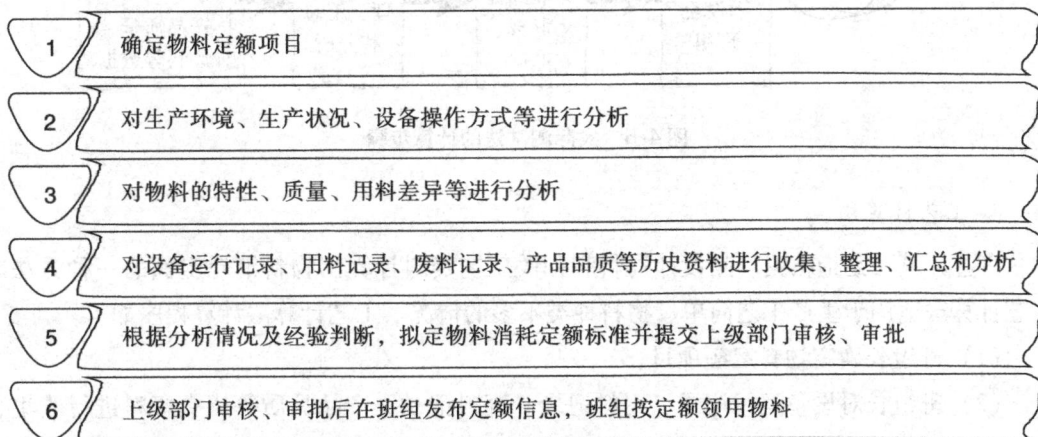

1	确定物料定额项目
2	对生产环境、生产状况、设备操作方式等进行分析
3	对物料的特性、质量、用料差异等进行分析
4	对设备运行记录、用料记录、废料记录、产品品质等历史资料进行收集、整理、汇总和分析
5	根据分析情况及经验判断，拟定物料消耗定额标准并提交上级部门审核、审批
6	上级部门审核、审批后在班组发布定额信息，班组按定额领用物料

图 4-4　经验判断法的计算步骤

2. 统计分析法

统计分析法是指对各种生产统计数据进行分析、整理、归纳和总结，推算出物料消耗定额的一种方法。统计分析法对历史统计数据的完整性和准确性要求高，适用于历史资料丰富的情况。统计分析法的计算步骤包括五步，具体如下。

（1）班组长确定物料定额项目。

（2）班组长对设备运行记录、用料记录、废料记录、产品品质等历史资料进行收集、整理、汇总和分析。

（3）班组长根据收集的信息进行物料消耗计算。

（4）班组长根据分析情况拟定物料消耗定额标准并提交审核、审批。

（5）审批通过后，物料消耗定额标准下放到班组执行。

3. 实际测试法

实际测试法是指对生产现场物料的耗用量进行测试，根据测试结果确定物料定额指标的一种方法，适用于物料投入和产品产出数量容易与非测试阶段的数量分开的设备和工艺。实际测试法的具体计算步骤包括八步，具体如图4-5所示。

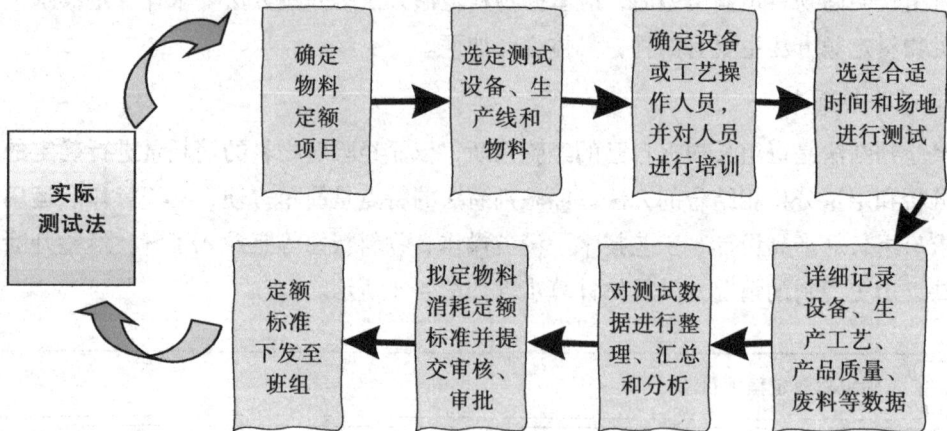

图4-5 实际测试法的计算步骤

4. 工艺计算法

工艺计算法是指根据产品设计资料和相关工艺资料计算出物料消耗定额的一种方法。工艺计算法适用于生产工艺简单、物料种类不多的情况。工艺计算法计算程序如下。

（1）班组长确定物料定额项目。

（2）班组长对设备运行记录、用料记录、废料记录、产品品质等历史资料进行收集、整理、汇总。

（3）班组长根据生产工艺特点对物料在每一阶段的耗用量进行计算。

（4）估计正常的物料损耗量。

（5）计算出物料耗用总量。

（6）班组长拟定物料消耗定额标准并提交审核、审批。

（7）审核、审批后下发至班组，班组按定额领用物料。

二、准确填写领料单

领料单是由领用物料的人员（简称领料人员）根据所需领用物料的数量填写的单据。领料单是领料人员领用物料的依据，同时也是库存管理人员发放物料的依据。为确保领料单准确、规范地填写，班组长必须掌握以下知识。

（一）明确领料单的内容

班组长填写或审核领料单前，应明确领料单的内容。通常，生产领料单应包括以下十项内容，具体如图4-6所示。

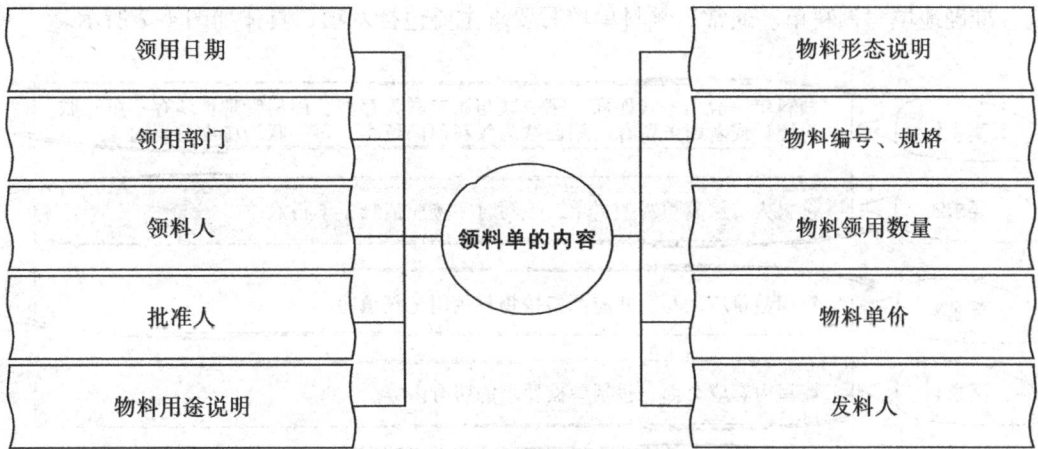

图4-6 领料单的内容

表4-2为某公司的班组领料单示例，供读者参考。

表4-2 班组领料单示例

制造单号：   领用日期：___年__月__日

领料班组		班组编号	
领 料 人		批 准 人	
物料用途说明			
物料形态说明	□原材料　□辅助材料　□半成品　□成品　□不良品　□其他		

（续表）

物料编号	品名规格	申领数量	实发量	不足量	单价	发料人	备注
领料说明	□ 未超领料 □ 废品过多超用 □ 次品过多超用	发料记录			□ 如数发料 □ 欠拨 □ 欠拨后已补足		
复 核	生产部经理	领料人签收					
	物料仓库主管						
	财务部						

（二）掌握领料单填写要求

明确领料单内容信息后，班组长应掌握领料单填写要求，以便指导领料人员按要求规范、准确地填写领料单。通常，领料单填写要求主要包括八项，具体如图4-7所示。

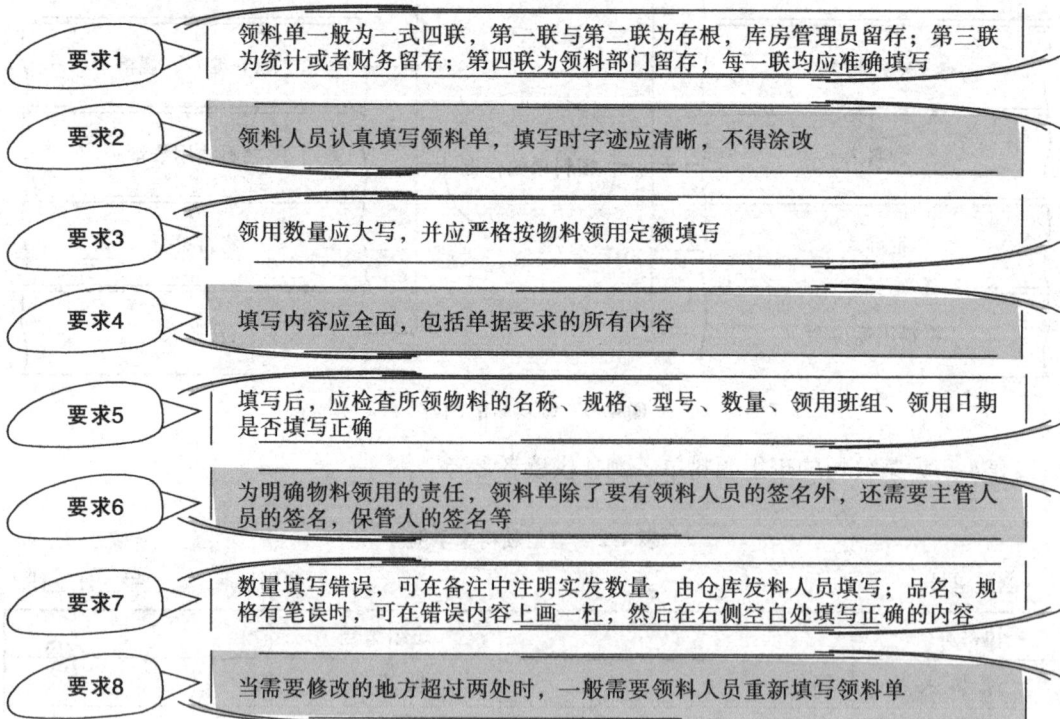

要求1 领料单一般为一式四联，第一联与第二联为存根，库房管理员留存；第三联为统计或者财务留存；第四联为领料部门留存，每一联均应准确填写

要求2 领料人员认真填写领料单，填写时字迹应清晰，不得涂改

要求3 领用数量应大写，并应严格按物料领用定额填写

要求4 填写内容应全面，包括单据要求的所有内容

要求5 填写后，应检查所领物料的名称、规格、型号、数量、领用班组、领用日期是否填写正确

要求6 为明确物料领用的责任，领料单除了要有领料人员的签名外，还需要主管人员的签名，保管人的签名等

要求7 数量填写错误，可在备注中注明实发数量，由仓库发料人员填写；品名、规格有笔误时，可在错误内容上画一杠，然后在右侧空白处填写正确的内容

要求8 当需要修改的地方超过两处时，一般需要领料人员重新填写领料单

图4-7 领料单填写要求

第二节 物料搬运存储应知应会 3 件事

一、物料搬运管理

物料搬运是指在同一场所范畴内进行的、以改变物料存放状态和空间位置为主要目标的活动。在此过程中，如果选择的搬运方法不当，就可能使物料受到损坏，因此，班组长一定要做好物料搬运管理工作。

（一）明确物料搬运原则

明确物料搬运原则可为物料搬运工作提供指导，有利于提高搬运效率，减少搬运过程中物料的损坏或丢失。通常，物料搬运原则主要有省力化、尽量减少搬运次数、提高搬运活性、利用重力、机械化作业、保持流程畅通和单元货载七项原则，具体如图4-8所示。

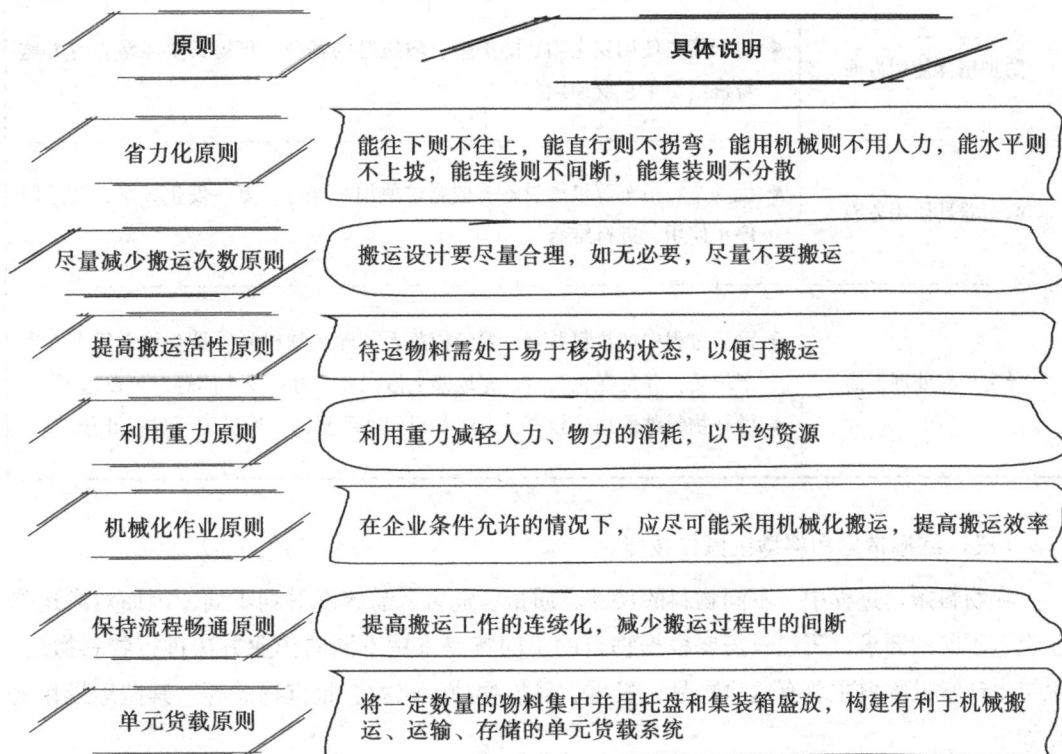

原则	具体说明
省力化原则	能往下则不往上，能直行则不拐弯，能用机械则不用人力，能水平则不上坡，能连续则不间断，能集装则不分散
尽量减少搬运次数原则	搬运设计要尽量合理，如无必要，尽量不要搬运
提高搬运活性原则	待运物料需处于易于移动的状态，以便于搬运
利用重力原则	利用重力减轻人力、物力的消耗，以节约资源
机械化作业原则	在企业条件允许的情况下，应尽可能采用机械化搬运，提高搬运效率
保持流程畅通原则	提高搬运工作的连续化，减少搬运过程中的间断
单元货载原则	将一定数量的物料集中并用托盘和集装箱盛放，构建有利于机械搬运、运输、存储的单元货载系统

图4-8 物料搬运原则

（二）掌握物料搬运要求

为了防止物料搬运环节出现问题而导致产品质量出现差错，班组长在组织物料搬运作业时要遵循以下五个方面的要求，具体如表4-3所示。

表4-3 物料搬运要求

要求事项	具体要求
工具使用方面	◆ 对于较轻的物品，可采用人工搬运、堆放的办法 ◆ 对于较重物品，则要借助吊车、起重机等机械设备，否则容易造成工伤或物品损坏
堆放高度方面	◆ 要明确静态和动态两种堆放高度。静态堆放高度是指码放后不动的允许高度；动态堆放高度是指搬运时的堆放高度 ◆ 物品堆放过高，则容易摇晃、倾倒，造成不必要的损坏；另外，由于重力的关系，堆放过高还容易使下层的物料受压变形
防护用具使用方面	◆ 对于需要使用安全帽、防护带、耐压鞋的场合，班组长要经常教育并监督班组员工正确使用
搬运器具使用方面	◆ 机动车、吊车等机械设备需按要求使用和保养，万一发生异常，要立即停止使用，进行维修
异常物料处理方面	◆ 搬运过程中如物料跌落，要经相关人员确认物料品质没有异常后进入生产现场，并且在包装卡、完成票上做记号，万一发生问题时可以追溯 ◆ 做好物料跌落预防教育，班组长对知情不报的下属员工可进行处分

（三）掌握常见物料搬运操作技能

在物料搬运过程中，不同物料的尺寸、质量、危害、易碎度等均不同，因而对搬运作业也有不同的要求。班组长需要根据物料的不同特点采用不同的作业方法进行物料搬运。班组生产常见物料主要有危险物品，贵重、易损物品，超大、超重物品等。其搬运操作要点如下。

1. 危险物品的搬运

危险物品是指存在安全隐患的物料，主要包括危险品、剧毒品、腐蚀品、放射性物品等。危险物品的搬运要点如表4-4所示。

表 4-4 危险物品的搬运要点

项目	具体说明
爆炸品的搬运	◆ 爆炸品搬运前，应检查危险品的包装是否完整、坚固，使用的搬运工具是否适合及良好等 ◆ 爆炸品装卸车时，应详细检查各车辆、车厢的卫生及温湿度情况，且必须保证装卸车的清洁与干燥 ◆ 装卸物料时散落的粉粒状爆炸物，要及时用水湿润，再用锯末或棉絮等物品将其吸收，并将吸收物妥善处理 ◆ 搬运的物料交接时，要手对手、肩靠肩，交接牢靠
氧化剂的搬运	◆ 装车前应将车门打开，并彻底通风 ◆ 物料装车时，应将车内清扫干净，不得残留酸类、硫化物和磷化物等 ◆ 搬运后，应将散落在车厢或地面上的粉状、颗粒状氧化物撒上沙土后及时清理干净
压缩气体和液化气体的搬运	◆ 搬运器具、搬运用的手套、防护服等不得沾有油污及其他危险物品，以防引起爆炸 ◆ 在搬运压缩气体和液化气体钢瓶时，应使用专用的搬运器具，禁止肩扛或滚动 ◆ 装有压缩气体和液化气体的钢瓶应平卧堆放，禁止在日光下直射暴晒
剧毒品的搬运	◆ 在搬运剧毒品前需做好通风处理 ◆ 搬运时应穿好防护用具，搬运后应及时沐浴 ◆ 搬运后需对搬运过程中使用过的防护用具、工具等进行集中洗涤并消毒 ◆ 班组长应适当安排搬运人员休息，避免长时间工作。在搬运中如发现有人出现头晕、恶心等现象时，应立即要求其停止搬运，并及时处理
腐蚀性物料的搬运	◆ 在搬运前应准备充足的清洁冷水，以便人身、车辆、工具等受到腐蚀时可以及时得到冲洗 ◆ 搬运腐蚀性物料时，需将散落在车内或地面的腐蚀品用沙土覆盖或海绵吸收后，再用清水冲洗干净 ◆ 装卸石灰时，应在石灰上放置垫板，不得在雨中搬运石灰，严禁将干、湿石灰混装一起进行搬运
放射性物料的搬运	◆ 在搬运放射性物料前，班组长应进行检查和鉴定，以确认是否可以搬运，并确定装卸方法和搬运时间 ◆ 搬运前需严格按照企业的相关规定做好防护工作 ◆ 搬运完成后需立即将防护用品交回专门的保管场所，不得随意存放防护用品

2. 贵重、易损物品的搬运

贵重、易损物品是指价值高且容易损坏的物品，包括精细的玉器、瓷器、艺术品、精密机械、仪表、易碎的玻璃器具等。搬运时应遵循但不限于以下四点要求。

（1）严格按包装标志堆垛，装卸。

（2）监督员工遵守各种搬运要求。

（3）盛装器皿应符合物品特性，必要时要专用。

（4）小心谨慎，轻拿轻放，严禁碰撞、撞击、拖拉、翻滚、挤压、抛扔和剧烈震动。

3. 超大、超重物品的搬运

超大、超重物品一般是根据人力方便装卸及搬运的质量和体积来界定的。例如，单件物品质量超过50kg，或单件物品体积超过 $0.5m^3$，都可以算作超大、超重物品。超大、超重物品的搬运要求如图4-9所示。

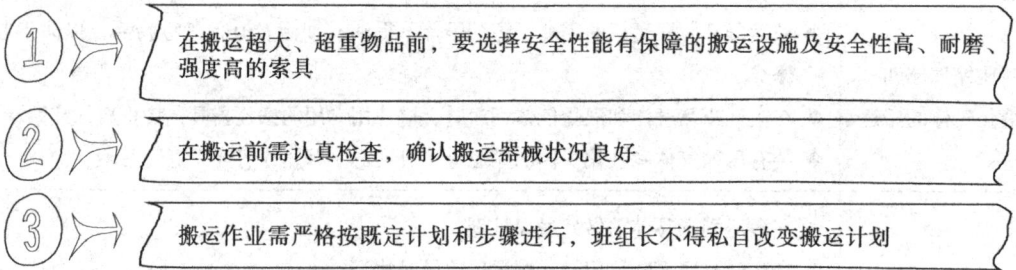

① 在搬运超大、超重物品前，要选择安全性能有保障的搬运设施及安全性高、耐磨、强度高的索具

② 在搬运前需认真检查，确认搬运器械状况良好

③ 搬运作业需严格按既定计划和步骤进行，班组长不得私自改变搬运计划

图4-9 超大、超重物品的搬运要求

二、物料定置管理

物料定置是根据人、物、场所科学配置的原则将物料存放在特定区域的活动。班组物料定置管理，有利于充分利用工作空间，使生产现场整齐有序，保证班组生产有序进行。物料定置管理内容如下。

（一）划分物料放置区域

班组长应组织物料员对班组物料实行定置管理，在生产现场规划出专门区域放置物料，并根据物料类型和特点划分为若干子区域，每个区域之间应留有相应的通道和明显的分界线。生产现场物料放置区域划分可参考表4-5。

表4-5　物料放置区域划分

区域名称	用途	相关说明
合格材料区	用来放置即将投入生产的合格物料	——
不合格材料区	用来放置作业中发生或发现的不良品	——
辅助材料区	用来放置周转、加工等辅助工序用的物料	——
半成品放置区	用来放置或转移半成品、零部件等	在半成品区域内，同一产品放置在同一区域，工序相同的产品集中放在该区域的统一区域内并设置清楚的工序记录卡，每板贴一张记录卡
成品待检区	用来放置未检验的产品	在成品区域，同一客户的产品放在一个小区并按品种分开，进入成品区以前，要检查每板贴的工序记录卡是否记录完整，并按板的序列号依次摆放，做到摆放整齐、标识清楚明显、记录完整
合格成品暂存区	用来放置检验合格的、等待入库的产品	

（二）按"三定"原则放置物料

物料放置区域划分后，班组长应组织班组员工根据定品、定位、定量的"三定"原则放置物料，保证物料品质完好的同时确保物料放置位置合理，取用方便。"三定"原则的具体说明如图4-10所示。

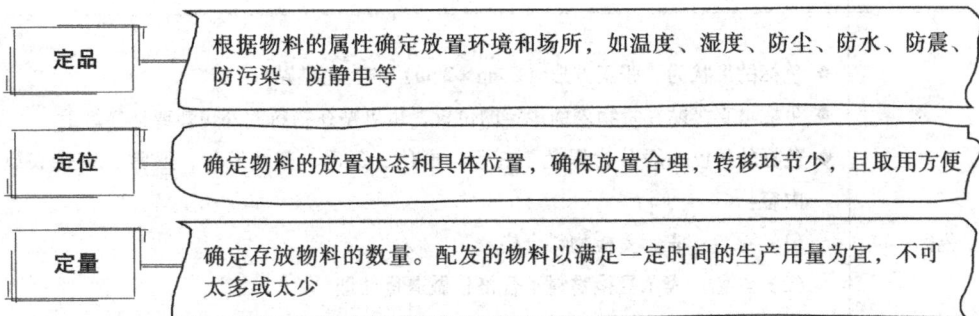

定品	根据物料的属性确定放置环境和场所，如温度、湿度、防尘、防水、防震、防污染、防静电等
定位	确定物料的放置状态和具体位置，确保放置合理，转移环节少，且取用方便
定量	确定存放物料的数量。配发的物料以满足一定时间的生产用量为宜，不可太多或太少

图4-10　按"三定"原则放置物料

三、物料标识管理

物料标识是区分物料的主要依据之一，是物料分类管理的重要方法。物料标识管理的目的是对物料进行有效区分，确保物料在生产过程中不被误用、混用，使生产进程顺利而有效地进行。

（一）明确物料标识分类

企业常见的物料标识物主要包括标识牌、标签以及色标三类，其详细介绍如表4-6所示。班组长在班组生产管理中应根据企业标识管理规定及物料特点，选择合适的标识类型。

表4-6　物料标识分类

类型	说明
标识牌	◆ 标识牌是由木板或金属片做成的小方牌，应按物料属性将相应的标识牌悬挂在物料的外包装上 ◆ 根据企业标识需要，分为"原料"牌、"半成品"牌、"成品"牌、"废品"牌、"维修品"牌等 ◆ 标识牌主要适用于大型物料或成批物料的标识
标签	◆ 标签又称"箱头纸"，是一张标签纸，具体使用要求如下： （1）使用标签时应将物料的品名、规格、材质、来源、工单号、数量、颜色、日期等内容填写完整 （2）标签应贴在货物外包装箱的醒目处 ◆ 标签主要适用于装箱物料和堆码管制的物料
色标	◆ 色标的形状为一张正方形（2 cm×2cm）的有色粘贴纸 ◆ 色标可直接贴在货物表面规定的位置，也可贴在物料的外包装或标签纸上 ◆ 色标的颜色一般分为绿色、红色、橙色、黄色、蓝色五种，通常分别代表以下内容： （1）绿色：表示受检物料合格 （2）红色：表示受检物料不合格且做退货处理 （3）橙色：表示受检物料不合格且做特采处理 （4）黄色：表示受检物料不合格但做加工或挑选使用 （5）蓝色：表示受检物料无法确定是否不合格，表示"待处理"

班组常见的物料标识牌、物料标签的示例如图4-11、图4-12所示。

(半)成品材料标识牌

简图		
品 名		产地
规格型号		检验状态
使用部位		报告编号

图4-11 物料标识牌

物料标签

供 应 商：_____
料 号：_____
品 名：_____
规 格：_____
版本／版次：_____
数 量：_____
入 库 日 期：_____

图4-12 物料标签

（二）掌握物料标识的使用

物料标识使用主要包括以下四步。

（1）物料堆放后，班组员工应对物料进行分类。

（2）班组员工应将分类的物料放在指定区域。

（3）班组员工应按照企业物料标识类型，将相应标识悬挂或粘贴在各区域物料的外包装上。

（4）班组员工应对物料标识进行检查，确保无错标情形出现。

第三节 物料使用应知应会4件事

一、物料使用前检查

为判定物料投入生产前的质量，预防不合格、不正确的物料投入使用，班组长需督促、指导班组员工在使用物料前对物料进行检查，确保投入使用的物料是经检查合格的。

（一）明确物料检查项目

为落实物料使用前检查，班组长需明确物料使用前检查的项目，以便指导班组员工按项目要求进行检查。物料使用前检查的项目主要包括物料到位情况检查与物料质量检查，如表4-7所示。

表4-7 物料检查项目

项目	检查内容	
物料到位情况检查	◆ 新产品所需的物料和配件 ◆ 定做的配件 ◆ 采用计划限定数量的物料和配件	◆ 进口物料和配件 ◆ 特殊要求的物料和配件 ◆ 贵重的物料和配件

（续表）

项目	检查内容	
物料质量检查	◆ 物料是否表里如一	◆ 物料各部位品质是否一致
	◆ 物料质量是否与生产产品要求的质量一致	
	◆ 该质量等级的物料能否实现产品的使用功能	◆ 物料有无人为或自然损坏现象等

（二）选择物料检查方法

班组长应指导各工序操作人员根据物料检查项目及物料的性质，选择不同的检查方法进行物料检查。常见的物料检查方法说明如下。

1. 物料到位情况检查

物料到位情况包括各类物料到位情况与到位数量，物料到位检查的方法主要为核对和清点。物料使用前，各工序操作人员应根据物料定额，对到位物料的类型与数量进行核对与清点，确保到位物料的种类、数量与定额要求相符。

2. 物料质量检查

物料质量检查的方法主要有四种，各工序操作人员应根据物料质量要求，选择合适的检查方法。具体如图4-13所示。

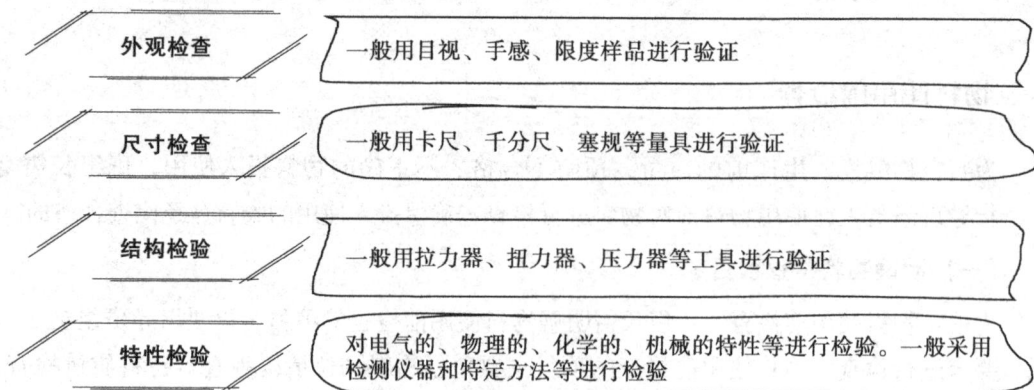

外观检查	一般用目视、手感、限度样品进行验证
尺寸检查	一般用卡尺、千分尺、塞规等量具进行验证
结构检验	一般用拉力器、扭力器、压力器等工具进行验证
特性检验	对电气的、物理的、化学的、机械的特性等进行检验。一般采用检测仪器和特定方法等进行检验

图4-13 物料质量检查方法

（三）物料检查结果处理

物料检查结果有物料合格与不合格两种，班组长应明确两种结果的处理方法。具体处理办法如下。

1. 合格物料的处理

班组员工应在检查合格的物料标签上标识"通过"的符号，并投入生产使用。

2. 不合格物料的处理

如检查的物料不合格，班组员工应在检查不合格的物料标签上标识"未通过"的符号，并根据以下要求进行处理。

（1）检查出的不合格物料需单独存放在检查不合格区。

（2）通知物料管理部门或相关人员对不合格物料进行处理，或将不合格物料退回仓库。

（3）在特殊情况下，如不合格物料符合特别采用条件，班组长需提出特别采用申请，并依据不合格品的特别采用标准进行使用。

二、物料台面摆放

物料台面摆放是指对物料摆放在作业台上的状态的管理。作业台是生产产品的主战场，所有的生产活动都是在作业台完成的，产品的品质、成本、交货期都是在作业台通过作业人员的手，一步一步实现的。因此，班组长应加强对作业台物料摆放的管理。

（一）明确物料摆放的错误做法

当班组员工或生产现场出现以下情况时，班组长应向全班组明确其错误之处，并采取措施加以纠正。具体如图 4-14 所示。

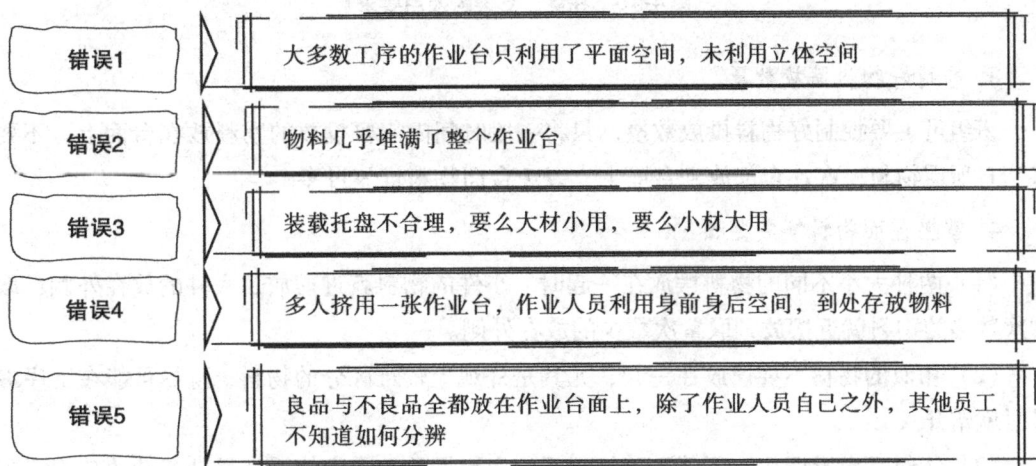

错误1	大多数工序的作业台只利用了平面空间，未利用立体空间
错误2	物料几乎堆满了整个作业台
错误3	装载托盘不合理，要么大材小用，要么小材大用
错误4	多人挤用一张作业台，作业人员利用身前身后空间，到处存放物料
错误5	良品与不良品全都放在作业台面上，除了作业人员自己之外，其他员工不知道如何分辨

图 4-14　物料摆放的错误做法

（二）按台面摆放要求摆放物料

班组长明确物料台面摆放的错误做法后，应掌握物料台面摆放要求，并按要求摆放物料。物料台面摆放要求主要有五点，具体如下。

1. 不将外包装物品摆放在作业台面

作业台本身就不大，只适合摆放一些物料、夹具、小型设备。若把物料连同外包装物品，如纸箱、木箱、发泡盒、吸塑箱等，一起放在台面上的话，会占用台面面积，甚至产生各种粉尘。

2. 使用合适的托盒、支架

班组长应组织班组员工按以下四项要求使用托盒、支架，具体如图4-15所示。

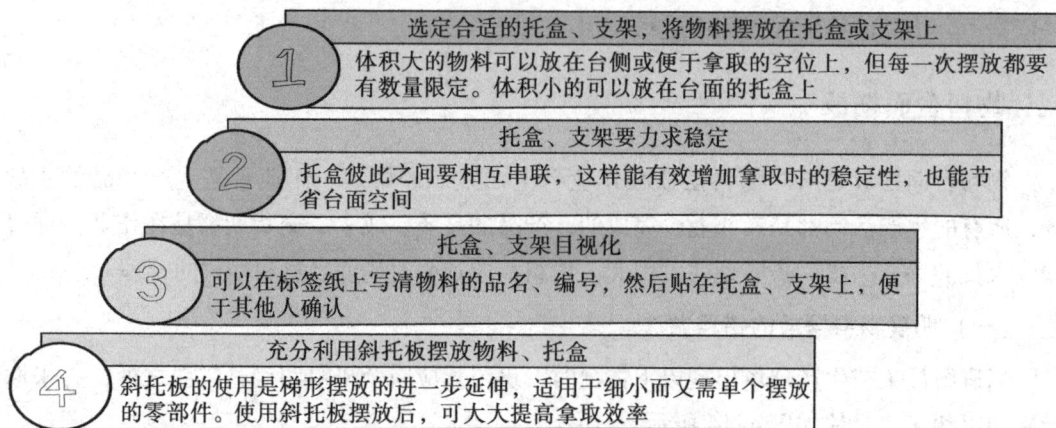

1	选定合适的托盒、支架，将物料摆放在托盒或支架上 体积大的物料可以放在台侧或便于拿取的空位上，但每一次摆放都要有数量限定。体积小的可以放在台面的托盒上
2	托盒、支架要力求稳定 托盒彼此之间要相互串联，这样能有效增加拿取时的稳定性，也能节省台面空间
3	托盒、支架目视化 可以在标签纸上写清物料的品名、编号，然后贴在托盒、支架上，便于其他人确认
4	充分利用斜托板摆放物料、托盒 斜托板的使用是梯形摆放的进一步延伸，适用于细小而又需单个摆放的零部件。使用斜托板摆放后，可大大提高拿取效率

图4-15　托盒、支架的使用要求

3. 控制好物料摆放数量

班组员工要控制好物料投放数量，只将一段时间内需要投放的物料放在台面上，不要将当日所需物料一次性全部放到台面上，以免台面物料堆放过多。

4. 掌握台面物料摆放要领

（1）两种大小不同的物料摆放在一起时，小件的物料就近摆放，大件的放在外侧；取拿次数多的物料就近摆放，取拿次数少的放在外侧。

（2）相似的物料不要摆放在一起，尤其是外观上较难区分的物料，应尽可能在工序编号时就错开。

（3）物料呈扇形摆放，可营造阶梯空间。扇形摆放符合人体手臂最佳移动的范围，来回取拿时不易产生疲劳。

5. 及时清理台面

（1）及时清理暂时摆放在台面上的不良物料，不让不良物料在作业台面上过夜。

（2）及时清理堆积物件。物件堆积不仅会造成台面混乱，还会引发作业不良现象。当堆积物件达到一定数量后，班组长应及时组织人员清理。

作业台面上要保持整洁，把多余物品都拿掉。

三、物料消耗控制

班组长对物料消耗进行控制，有利于减少物料浪费，降低物料使用支出，促使班组员工做好"科学投料、量体裁衣、正确画线"，从而降低生产成本。班组长在生产中应掌握物料消耗控制方法，并根据生产特点及成本目标等，采用一种或综合使用几种方法进行物料消耗控制。常见物料消耗控制方法主要有五种，具体如下。

（一）上线物料管理

班组长对上线物料进行管理时应注意四点要求，具体如图4-16所示。

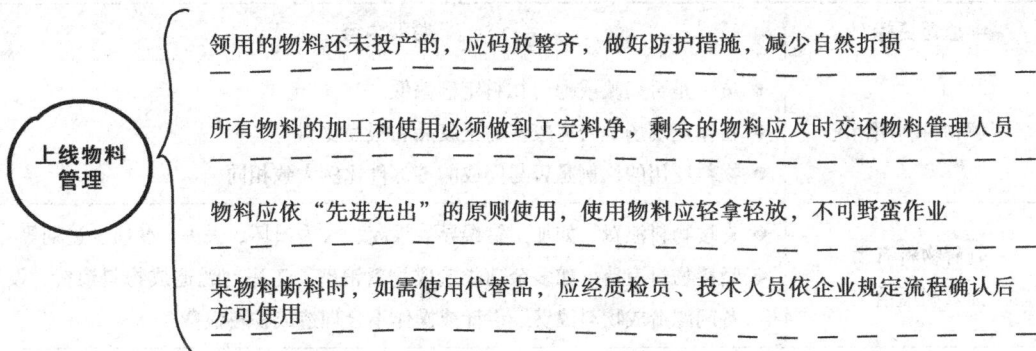

上线物料管理

领用的物料还未投产的，应码放整齐，做好防护措施，减少自然折损

所有物料的加工和使用必须做到工完料净，剩余的物料应及时交还物料管理人员

物料应依"先进先出"的原则使用，使用物料应轻拿轻放，不可野蛮作业

某物料断料时，如需使用代替品，应经质检员、技术人员依企业规定流程确认后方可使用

图4-16　上线物料管理

（二）落实定额管理

班组长应组织班组员工严格按物料领取定额领料，进行定额管理。超用限额部分需提出申请，经上级部门批准后方可领用。

（三）进行物料耗用登记

班组长需组织做好物料耗用登记，以便清楚地了解各个订单或产品的物料利用情况。

（四）做好退料及物料回收工作

班组长应组织班组员工及时清理班组加工剩余物料，或办理退料手续，不得形成账外料。同时，班组长应组织回收边角料和废料，具体回收说明如图4-17所示。

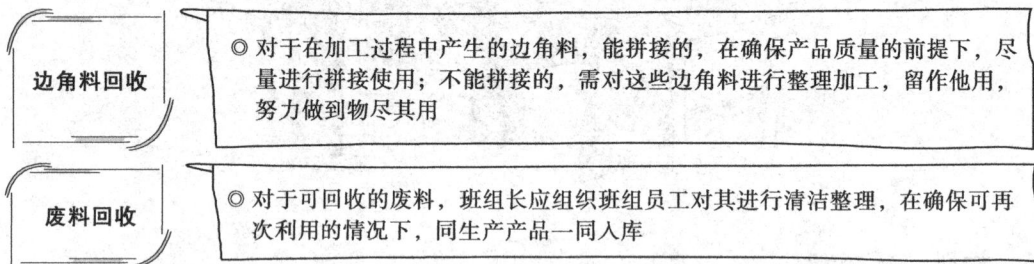

边角料回收	◎ 对于在加工过程中产生的边角料，能拼接的，在确保产品质量的前提下，尽量进行拼接使用；不能拼接的，需对这些边角料进行整理加工，留作他用，努力做到物尽其用
废料回收	◎ 对于可回收的废料，班组长应组织班组员工对其进行清洁整理，在确保可再次利用的情况下，同生产产品一同入库

图4-17 物料回收

（五）物料使用监督

为了加强物料控制力度，班组长应对班组物料使用进行监督，防止班组员工在物料使用过程中违反物料使用规定，制止物料浪费，及时发现有可能造成物料损失的隐患。

物料使用监督检查的主要目标和内容如表4-8所示。

表4-8 物料使用监督检查的主要目标与内容

监督目标	监督内容
了解物料利用情况	◆ 员工是否反映或抱怨物料定额偏低 ◆ 在作业现场是否有较多的报废品和报废物料 ◆ 物料耗用的比例是否与完成的零部件比例大致相同
查看物料有无无效利用情况	◆ 直接物料浪费，如加工错误导致报废、人为损坏、丢失、变质、过期等 ◆ 间接物料浪费，如多余功能造成物料浪费、工序问题造成物料浪费、设备问题造成物料浪费、设计或操作不合理造成物料浪费
了解有无物料挪用和替代现象	◆ 所选的替代物料质量与所需物料有什么不同，对产品影响如何 ◆ 有无替代的必要性，替代后对其他产品影响如何 ◆ 替代物料的利用率如何
检查新物料使用情况	◆ 新物料的性能是否稳定，是否适合产品生产需要 ◆ 新物料利用率如何，成本在什么范围之内 ◆ 新物料是否是最佳选择，有无更好的物料可使用

四、生产废料处理

废料是指报废的物料,经过长期使用后,已失去原有功能而本身无可用价值的物料。班组长对生产废料进行处理,可减少资金积压,节约存储空间,实现物尽其用。生产废料处理程序如下。

(一) 明确废料处理方法

废料种类不同,其处理方法也不同。班组废料应根据废料种类及废弃程序,采取不同方法进行处理。常见的班组废料处理方法主要有十种,如图4-18所示。

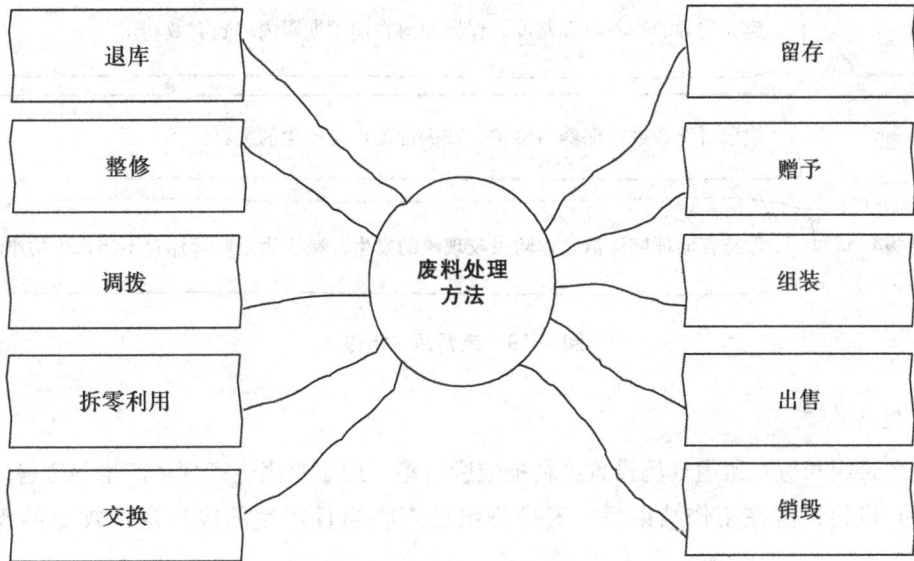

图4-18　废料处理方法

(二) 掌握废料处理程序

班组长对废料进行处理前,应首先对废料进行确认,分析废料产生原因,制定废料预防措施,然后对废料进行整理,编制废料处理方案,最后对废料进行处理,编制"废料处理报告单"。具体来说,班组废料处理程序如下所示。

1. 确认废料

班组长在物料检查过程中,应组织班组员工确认、统计废料,编制废料明细表。

2. 分析废料产生原因

班组长在确认废料后,需分析废料产生的原因。废料产生的原因主要包括以下三个方面。

（1）物料长期没有使用，陈腐不堪而失去使用价值。

（2）机械设备报废后拆解的零部件。

（3）因裁剪产生的边角料。

3. 制定废料预防措施

班组长需根据废料产生的原因，制定废料预防措施，常见废料预防措施如图 4-19 所示。

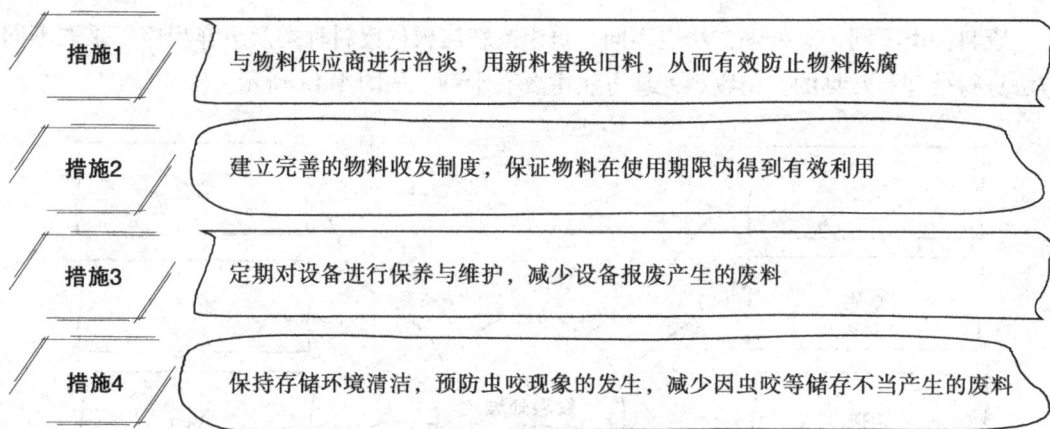

措施1	与物料供应商进行洽谈，用新料替换旧料，从而有效防止物料陈腐
措施2	建立完善的物料收发制度，保证物料在使用期限内得到有效利用
措施3	定期对设备进行保养与维护，减少设备报废产生的废料
措施4	保持存储环境清洁，预防虫咬现象的发生，减少因虫咬等储存不当产生的废料

图 4-19　废料预防措施

4. 废料整理

（1）班组长应在班组现场设置废料桶或废料箱，用于收集生产现场产生的废料。

（2）班组长需在工作结束后，安排班组员工将当日产生的废料送往规定的废料存放处。

5. 编制废料处理方案

班组长需根据废料性质编制废料处理方案，并将其报上级部门审核及审批。废料处理方案应包括处理时间、处理方法、处理后的价值分析等内容。

6. 进行废料处理

班组长需根据审批的方案，选择合适的处理方法对废料进行处理。

7. 编制"废料处理报告单"

处理完毕后，班组长应填写"废料处理报告单"提交上级领导审核及审批。"废料处理报告单"示例如表 4-9 所示。

表 4-9　废料处理报告单

编号：　　　　　　　　　　　　　　　　　　　　　　　　日期：＿＿＿年＿月＿日

物料编号		物料名称		数量	
处理方式	□ 废弃　　　□ 出售　　　□ 转作他用　　　□ 改造				
处理说明					
损失分析	① 账面价值				
	② 处理收入				
	③ 处理支出				
	④ 损失金额或价值				

审核人：　　　　　　　　　　　　　　　　　　废料处理人：

第五章

班组设备与工具管理

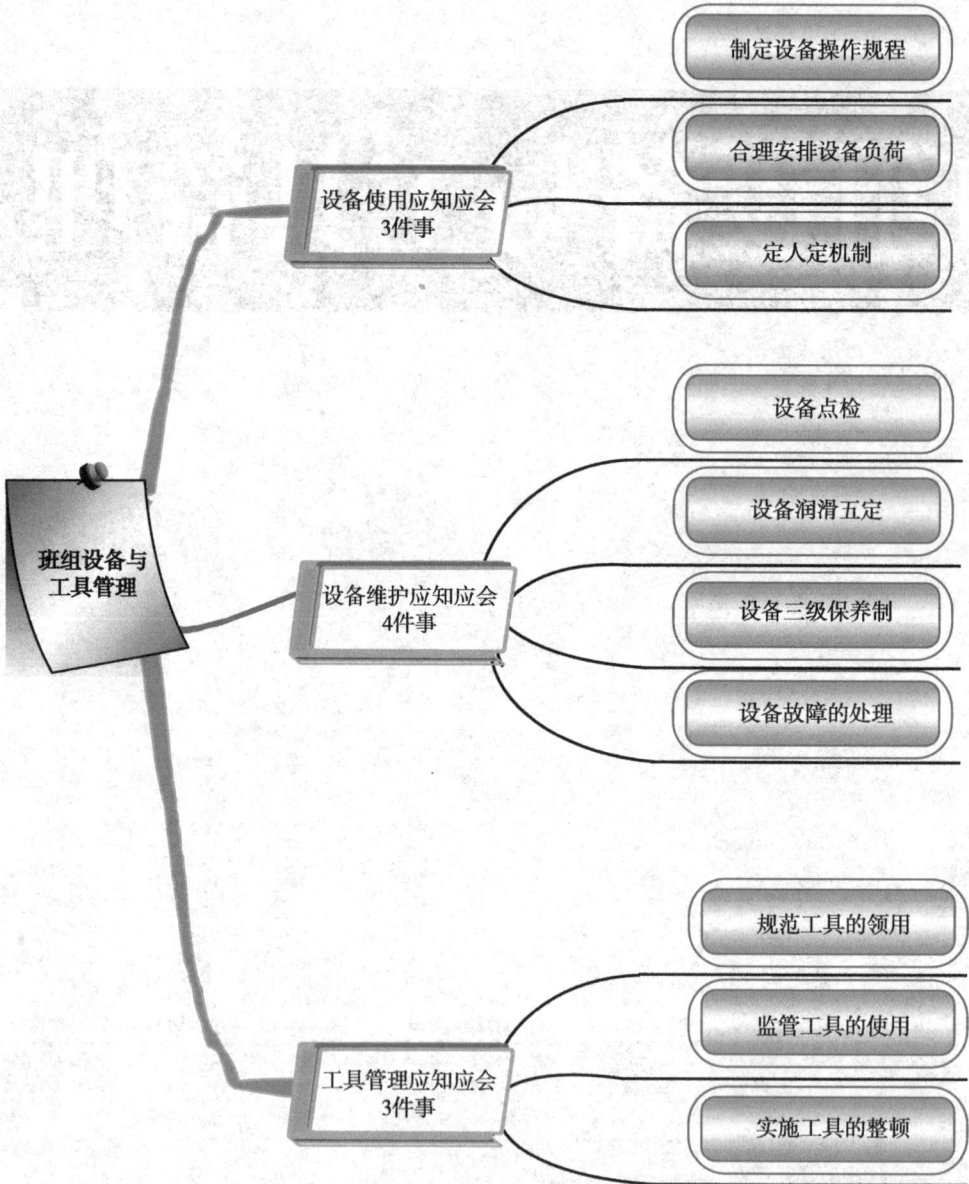

第一节　设备使用应知应会 3 件事

一、制定设备操作规程

企业设备操作规程是用以规范设备操作人员正确操作设备的文件。班组长在制定设备操作规程时，需以班组设备的运行特点及安全运行的要求为依据，保证操作规程的合理性。

（一）设备操作规程内容

班组长制定设备操作规程，首先需确定设备操作规程的内容构成。班组设备规程一般需要包括但不限于以下六部分内容，具体如图5-1所示。

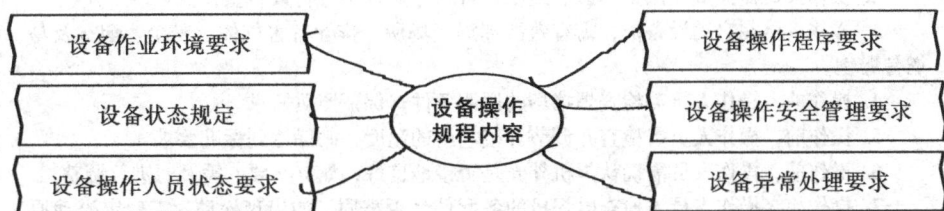

图5-1　设备操作规程内容

（二）设备操作规程制定程序

班组长在确定设备操作规程的内容构成后，需按以下程序开展操作规程的制定工作。

（1）班组长首先需组织收集设备操作相关信息资料，并对收集的信息资料进行分析，以确定设备安全操作要项，如图5-2所示。

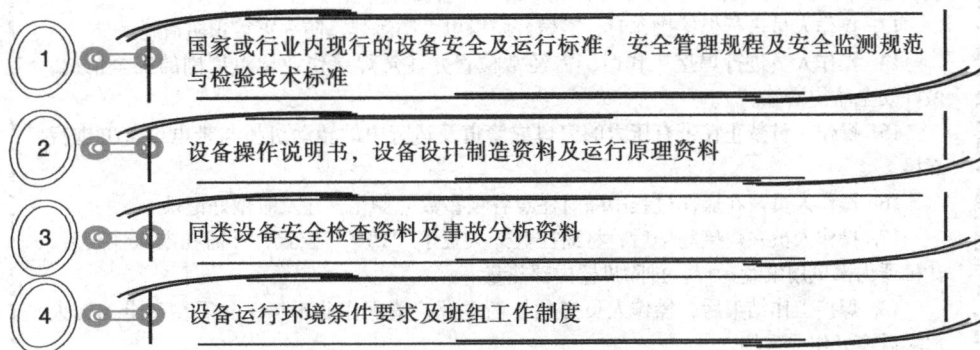

1　国家或行业内现行的设备安全及运行标准，安全管理规程及安全监测规范与检验技术标准

2　设备操作说明书，设备设计制造资料及运行原理资料

3　同类设备安全检查资料及事故分析资料

4　设备运行环境条件要求及班组工作制度

图5-2　设备操作信息资料类别

（2）班组长需根据上述分析确定的安全操作要项，选择合适的编写格式进行设备操作规程的编写工作。设备操作规程编写格式分为完全形式和简化形式两类，各自的特点如表5-1所示。

表5-1　设备操作规程编写格式类型说明一览表

格式类型	格式构成	格式适用范围
完全形式	总则＋相关术语及标准介绍＋操作安全要求	同类别设备的操作规程
简化形式	操作安全要求	具体的设备的操作规程

下面是某企业简化形式的设备操作规程示例，供读者参考。

逆变电焊机操作规程

1. 操作人员应具有上岗合格证，并掌握触电急救等必要的急救措施。
2. 操作人员需穿戴专用工作服、绝缘鞋进入作业现场进行设备操作。
3. 操作人员在启动设备前，需有效清理焊接场所，排除有害气体、粉尘、烟雾及易燃易爆物。
4. 操作前，操作人员需检查焊接场的照明条件，保证照明需求。
5. 操作前，操作人员需检查并调节焊接场所的温度，确保达到标准要求。
6. 操作前，操作人员需确认焊机外壳是否接地良好，如有必要，需及时进行调整。
7. 操作前，操作人员需检查电焊机的各配件是否牢固，如出现松动，需确定松动原因后进行固定。
8. 操作前，操作人员检查连接安装情况，要求电极接正（＋），工件接负（－），并在后面面板上连接遥控盒。
9. 操作前，操作人员需合理选择焊接功率，并需根据实际情况进行粗调。
10. 操作前，操作人员应将热引弧开关置于"OFF"位置，工艺方式开关置于"TIG-AUTU"位置。
11. 操作前，操作人员需向上合自动开关至"ON"位置，运转风扇。
12. 操作前，操作人员需在遥控盒选择合理功率细调，并将开关置于"ON"的位置，予以送气，高压脉冲引弧器提供高压脉冲，引弧焊接。
13. 操作人员进行焊接操作时，需做好防触电、防爆炸、防火灾等预防措施。
14. 操作人员进行焊接工作时，需经常检查并注意焊接作业地点周围的安全情况，做好安全防护措施。
15. 操作人员禁止在带有压力的窗口或管道及运行中的转动机械与带电设备上进行焊接。
16. 操作人员需在操作过程中随时注意各项参数的变化，并及时做好记录。
17. 操作人员在焊接完毕后，将遥控盒开关置于"OFF"位置，并需在电弧熄灭后，让机器内部风扇继续运行，排除机器内部热量。
18. 焊接工作结束后，操作人员必须切断电源，清理作业现场，并需在确定无失火危险后离开作业现场。

二、合理安排设备负荷

班组长需根据班组生产任务完成所需的设备总量及设备标准生产能力，合理安排设备

负荷，防止设备出现超负荷运行的情况，同时确保班组生产任务的完成。班组长需按以下程序开展设备负荷安排。

（一）确定设备需求

设备需求即班组为完成生产任务所需的设备总量。班组长在确定设备需求时，需根据班组实际作业时间及计划时间确定，具体的计算公式如下所示。

$$设备需求量 = \frac{总实际作业时间}{生产计划时间}$$

其中，总标准作业时间、总实际作业时间可通过以下计算公式确定。

（1）总标准作业时间＝生产量×（单位标准准备时间＋单位标准作业时间）＋所需批次×每批次标准准备时间

$$（2）总实际作业时间 = \frac{总标准作业时间}{组织效率 \times 作业人员效率 \times 设备运行效率}$$

（二）安排设备负荷量

班组长在确认设备需求后，需进行生产任务安排。安排生产任务时，首先需考虑设备的负荷率，具体计算公式如下所示。

$$设备负荷率 = \frac{设备实际生产量}{设备标准生产能力} \times 100\%$$

在一般企业设备管理标准中，设备负荷率应不超过100%。因此，班组长在分配生产任务时，需结合设备标准生产能力，合理安排设备的生产负荷量，以保证设备负荷率达到管理标准，从而确保设备的正常运行，同时确保生产任务的完成。

三、定人定机制

定人定机制即固定操作人员操作固定设备，以确保企业中的生产设备由专人操作，从而增强设备操作的规范性。

班组长推行定人定机制需按规定的程序展开，以保证定人定机制的切实执行，如图5-3所示。

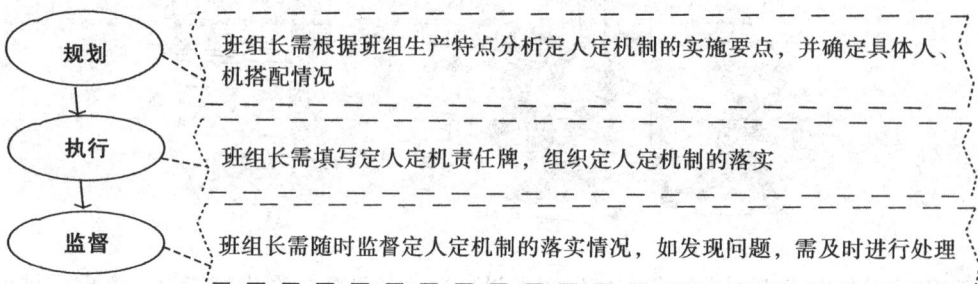

规划	班组长需根据班组生产特点分析定人定机制的实施要点，并确定具体人、机搭配情况
执行	班组长需填写定人定机责任牌，组织定人定机制的落实
监督	班组长需随时监督定人定机制的落实情况，如发现问题，需及时进行处理

图5-3　定人定机制实施程序

班组长在推行定人定机制时，需掌握以下实施要点，如图5-4所示。

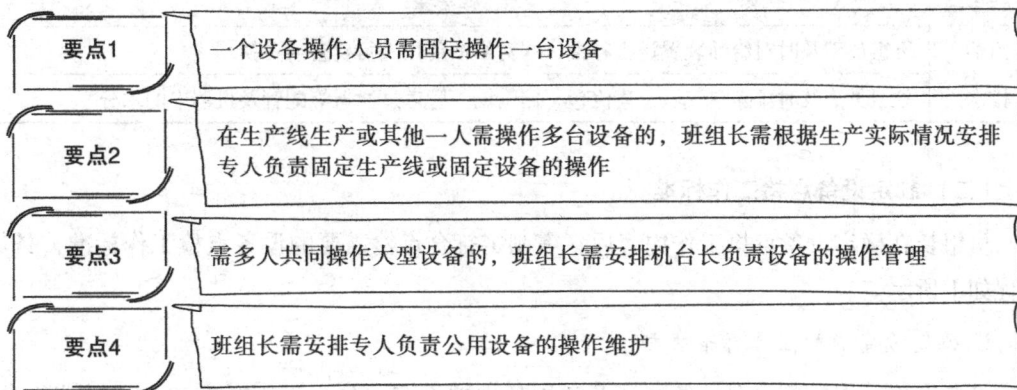

要点1	一个设备操作人员需固定操作一台设备
要点2	在生产线生产或其他一人需操作多台设备的，班组长需根据生产实际情况安排专人负责固定生产线或固定设备的操作
要点3	需多人共同操作大型设备的，班组长需安排机台长负责设备的操作管理
要点4	班组长需安排专人负责公用设备的操作维护

图5-4 定人定机制实施要点

第二节 设备维护应知应会4件事

一、设备点检

设备点检是为了维持班组生产设备的原有性能，通过班组人员的视、听、嗅、味、触五感或简单的仪器工具，按照预先设定的周期，对设备上的规定关键部位进行的检查。通过设备点检，班组人员能够准确地掌握设备的技术状况信息，从而能够及时发现设备的缺陷、隐患及劣化部位，并及时进行有效的处理，确保生产顺利进行。

（一）确定设备点检工作内容

班组长需根据设备点检的实际需要，确定设备点检的工作内容。设备点检内容一般包括但不限于检查、修理、调整、清扫、给油、排水六项工作，具体如表5-2所示。

表5-2 设备点检工作内容一览表

工作事项	工作要求
检查	班组员工依靠五感进行检查，主要检查设备的振动、异声、湿度、压力、裂纹、电路损伤、腐蚀、异味、泄漏等内容
修理	班组员工及时对设备上的指针、熔丝、销、油封、螺栓等小零件进行修理与更换
调整	班组员工及时紧固和调整设备上的弹簧、皮带、螺栓、制动器、液压装置、电器开关及限位器等
清扫	班组员工对设备进行非解体清扫，同时对设备运行涉及的隧道、地沟、工作台等进行清扫

工作事项	工作要求
给油	班组员工及时对给油装置进行补油，并对给油部位进行检查或更换
排水	班组员工及时排除空气缸、集汽包、储气罐、管道过滤器等配管及机器中的水分

（二）制定设备点检工作标准

班组长在确定设备点检工作内容后，需制定符合点检需要的设备点检工作标准，具体过程如下所示。

1. 确定设备点检工作标准类型

设备点检工作标准根据设备特征及使用条件的不同，分为通用标准和专用标准两类，具体如表5-3所示。

表5-3　设备点检工作标准类别一览表

类别名称	类别说明
通用标准	◎ 指同类型或同规格设备在相同的使用条件下实行点检的通用标准，适用于电气设备和仪表设备的点检作业
专用标准	◎ 指对工艺与运转有特殊要求或工作环境特殊的非标设备的点检作业标准，一般适用于机械设备

2. 明确设备点检工作标准内容

设备点检工作标准是班组人员进行设备点检工作的依据与基础，其具体包括四项内容，如图5-5所示。

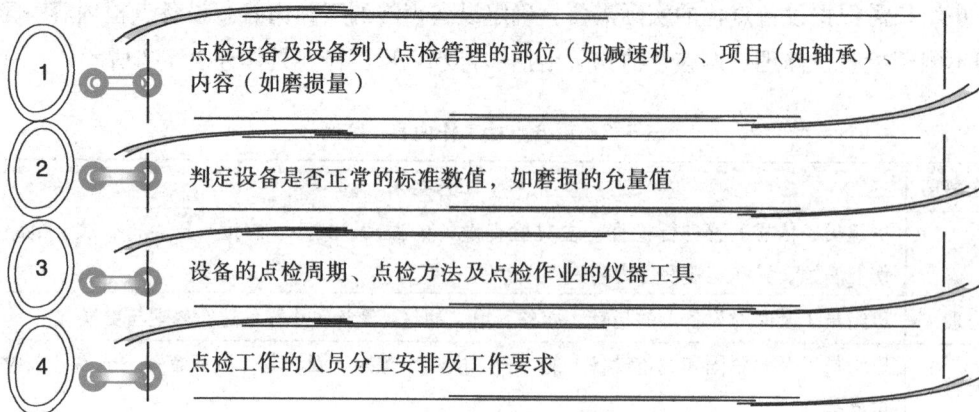

1　点检设备及设备列入点检管理的部位（如减速机）、项目（如轴承）、内容（如磨损量）

2　判定设备是否正常的标准数值，如磨损的允量值

3　设备的点检周期、点检方法及点检作业的仪器工具

4　点检工作的人员分工安排及工作要求

图5-5　设备点检工作标准内容

3. 编制设备点检工作标准

班组长应根据图5-6所示的资料信息编制点检标准并试运行，并需在使用的半年至一年中，根据点检实施效果及班组员工点检技能提高情况，定期修改和完善。

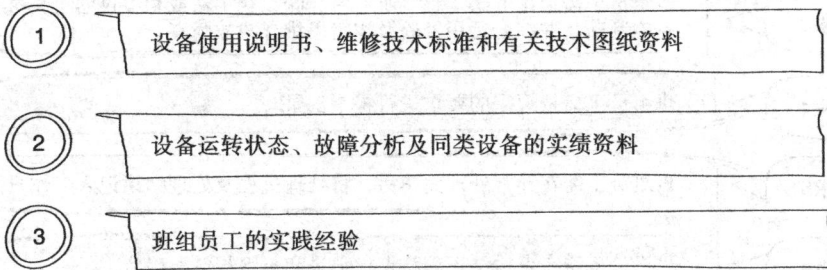

① 设备使用说明书、维修技术标准和有关技术图纸资料

② 设备运转状态、故障分析及同类设备的实绩资料

③ 班组员工的实践经验

图 5-6　设备点检工作标准编制依据

（三）设备点检实施

班组长需根据点检工作内容与点检工作标准编制点检计划，并组织点检计划的实施，具体程序如下所示。

1. 制订点检计划

班组长需根据班组生产及设备使用的实际情况，制订设备点检计划。设备点检计划需包括但不限于图5-7所示四项内容。

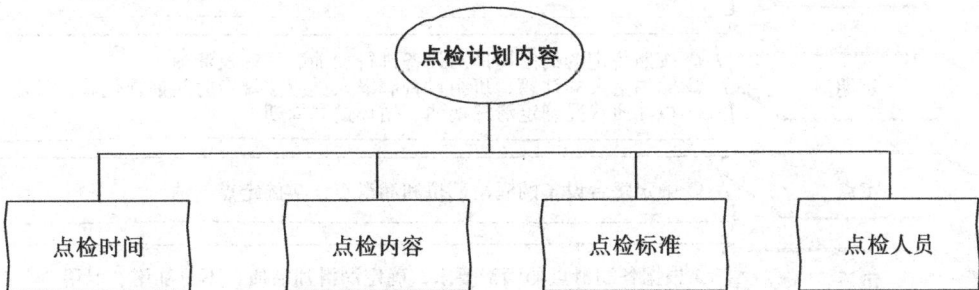

点检计划内容

| 点检时间 | 点检内容 | 点检标准 | 点检人员 |

图 5-7　点检计划内容

2. 实施点检计划

班组长需组织班组员工进行设备点检，具体要求如图5-8所示。

要求1	班组员工需按照点检计划内容逐项进行检验，并逐项确定
要求2	班组员工需按照设定好的点检路线依次进行停机点检、设备运转中点检及重点部位检查
要求3	班组员工需运用五感（视、听、嗅、味、触）法或相关仪器工具进行点检判断，并综合运用经验及逻辑思维寻找故障点
要求4	班组员工需按规定的要求进行检查记录
要求5	班组员工需在异常处理完毕后，将处理过程及处理结果记入工作日志
要求6	班组员工需在点检结束后将点检记录交班组长签字确认

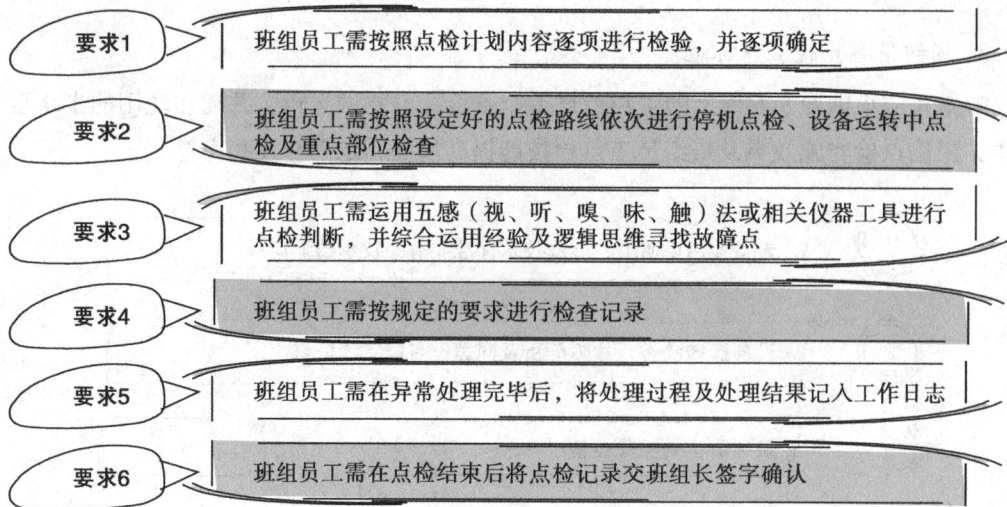

图5-8　设备点检要求

二、设备润滑五定

设备润滑五定是对设备润滑工作从润滑实施人员、实施时间及润滑要求等方面进行的详细安排。五定，即定人、定期、定点、定质、定量，具体内容如图5-9所示。

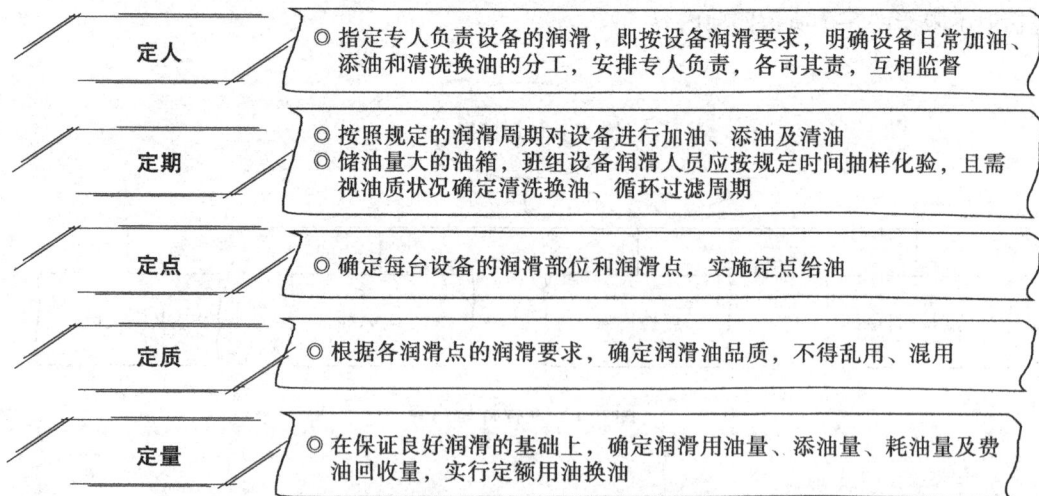

定人	◎ 指定专人负责设备的润滑，即按设备润滑要求，明确设备日常加油、添油和清洗换油的分工，安排专人负责，各司其责，互相监督
定期	◎ 按照规定的润滑周期对设备进行加油、添油及清油 ◎ 储油量大的油箱，班组设备润滑人员应按规定时间抽样化验，且需视油质状况确定清洗换油、循环过滤周期
定点	◎ 确定每台设备的润滑部位和润滑点，实施定点给油
定质	◎ 根据各润滑点的润滑要求，确定润滑油品质，不得乱用、混用
定量	◎ 在保证良好润滑的基础上，确定润滑用油量、添油量、耗油量及费油回收量，实行定额用油换油

图5-9　设备润滑五定要求

为落实设备润滑五定管理工作，班组长可根据实际情况制定并使用五定润滑卡。图5-10为某公司生产班组渣浆泵的五定润滑卡示例，供参考。

渣浆泵五定润滑卡

设备名称	渣浆泵				
序号	定人	定期	定点	定质	定量
1	王×× （操作工）	每班检查	油箱轴承	L-AN46 机械油	油线 ±2mm
2	刘×× （电工）	90 天/次	电机轴承	2 号锂基脂	轴承空间 2/3
备注	◎ "操作工"润滑点为 1 位置 ◎ "电工"润滑点为 2 位置				

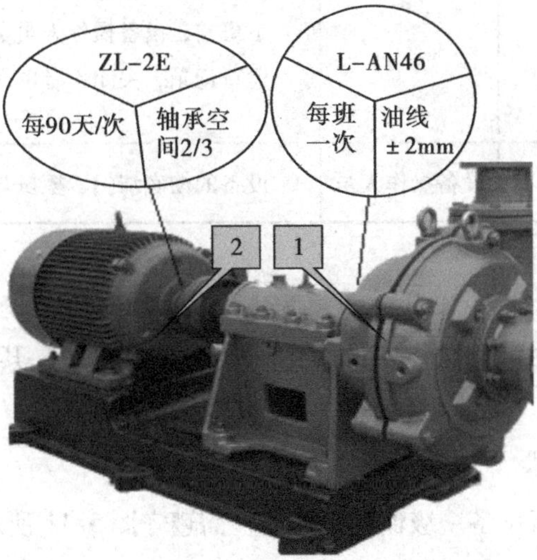

图 5-10　五定润滑卡示例

三、设备三级保养制

设备三级保养制是将设备维护保养工作根据工作量的大小及难易程度，分为日常保养、一级保养和二级保养的设备维护保养制度。设备三级保养制将设备专业维修与群管群修有效结合，充分发挥设备操作人员的积极性，实现设备全面保养维护。班组长应掌握设备日常保养、一级保养的要点，了解设备二级保养的相关内容。

（一）设备日常保养

设备日常保养是设备保养的基础，其以预防性保养为主，即设备操作人员需按照设备维护保养计划及相关规定，定期进行保养，有效预防设备相关事故的发生，从而确保班组生产任务的顺利完成。根据设备保养周期，设备日常保养分为日保养和周保养两类，具体如表5-4所示。

表5-4　设备日常保养类别

保养类别	保养周期	保养人员	保养内容
日保养	每天	设备操作人员	◎ 上班前，设备操作人员需对设备各部位进行检查，并按规定加润滑油，确定无异常后，进行设备空转，确定运转正常后，进行作业 ◎ 下班前，设备操作人员需清洁擦拭设备，填写设备运行记录，关闭设备电源，清扫作业现场
周保养	每周	设备操作人员	◎ 设备的彻底清扫、擦拭与涂油

（二）设备一级保养

设备一级保养执行由设备操作人员为主，维修人员协助，其保养周期原则上为一个季度。

1. 设备一级保养要求

设备操作人员在进行设备一级保养工作时，需遵守图5-11所示的要求。

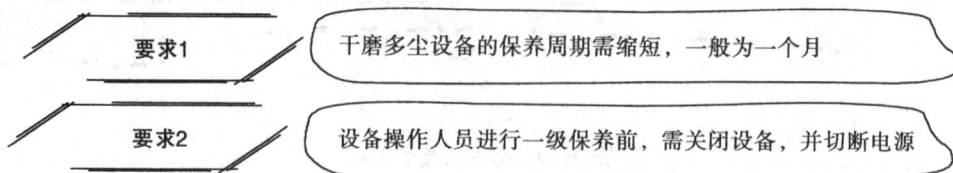

要求1	干磨多尘设备的保养周期需缩短，一般为一个月
要求2	设备操作人员进行一级保养前，需关闭设备，并切断电源

图5-11　设备一级保养实施要求

2. 设备一级保养内容

具体保养内容如图5-12所示。

1	拆卸指定部件、箱盖及防尘罩，进行彻底清洗
2	疏通油路，清洗过滤器，更换油线、油毡、滤油器及润滑油等
3	补齐手柄、手球、螺丝、螺帽、油嘴等机件，保证设备完整
4	紧固设备松动部位，调整设备的配合间隙，更换个别损件及密封件
5	清洗导轨及各滑动面，清除毛刺与划痕

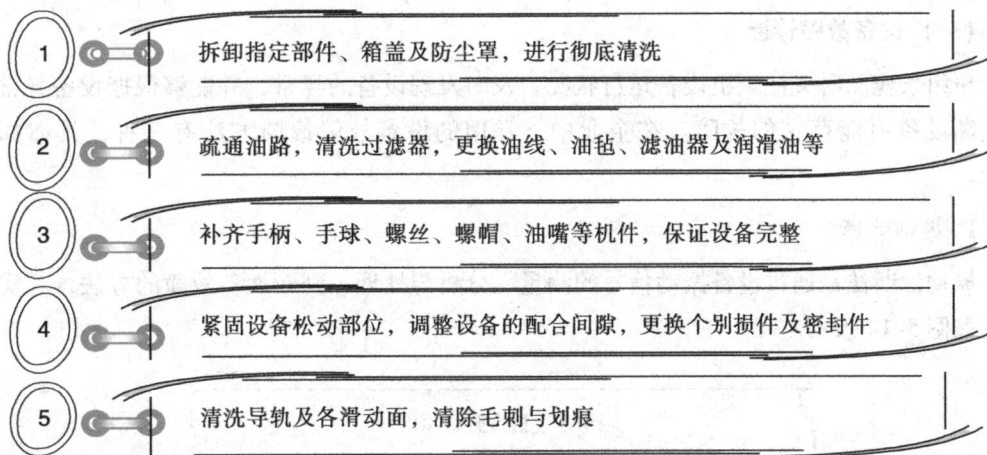

图 5-12　设备一级保养内容

（三）设备二级保养

设备二级保养主要以设备维修人员实施为主，设备操作人员需进行协助，其保养周期原则上为半年一次，可以根据企业生产的实际情况在生产淡季进行。设备二级保养的具体保养内容需包括但不限于图 5-13 所示的四项内容。

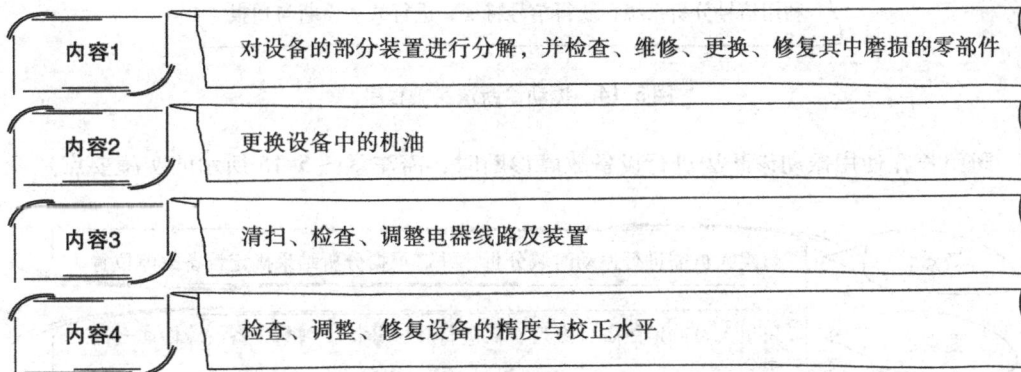

内容1	对设备的部分装置进行分解，并检查、维修、更换、修复其中磨损的零部件
内容2	更换设备中的机油
内容3	清扫、检查、调整电器线路及装置
内容4	检查、调整、修复设备的精度与校正水平

图 5-13　设备二级保养内容

四、设备故障的处理

在生产过程中，班组长需密切关注生产设备的状态，从而准确、及时地识别设备存在的故障，并能够进行合理的分析，准确判定故障原因，有效处理设备故障，确保生产安全。

（一）设备故障诊断

班组长应随时关注班组设备运行状况，及时发现设备的异常，并能够根据设备异常准确判断设备可能存在的故障。在企业中，常用的设备故障诊断方法有三种，具体如下所示。

1. 振动诊断法

振动诊断法是通过设备振动信号的测量、分析与处理，判断设备故障的方法，其实施过程如图5-14所示。

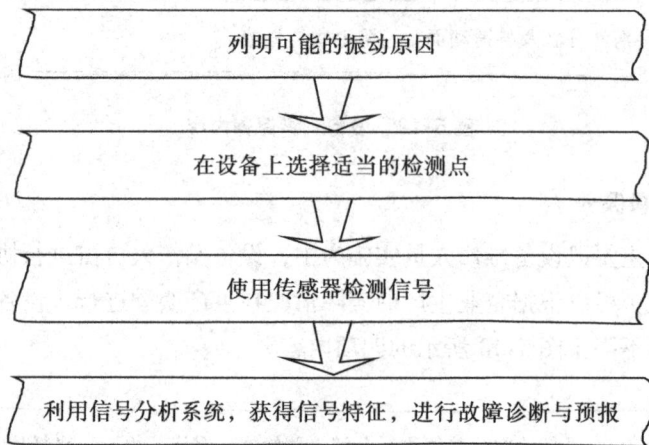

列明可能的振动原因

在设备上选择适当的检测点

使用传感器检测信号

利用信号分析系统，获得信号特征，进行故障诊断与预报

图5-14　振动诊断法实施程序

班组长在使用振动诊断法进行设备故障诊断时，需注意图5-15所示的实施要点。

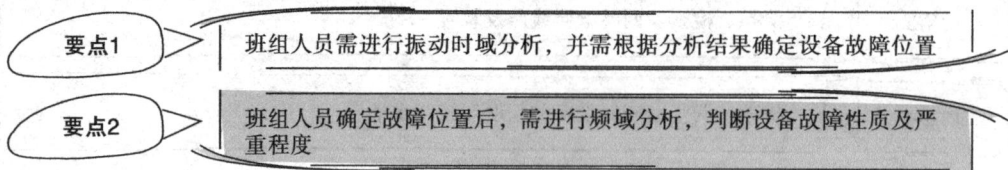

要点1　班组人员需进行振动时域分析，并需根据分析结果确定设备故障位置

要点2　班组人员确定故障位置后，需进行频域分析，判断设备故障性质及严重程度

图5-15　振动诊断法实施要点

2. 声学诊断法

声学诊断法即通过设备噪声信号分析，识别噪声源，并以此诊断设备故障的方法。企业中常用的声学诊断法有超声波检测法、声发射检测法和噪音检测法三种，具体内容如表5-5所示。

表5-5　声学诊断法类别

方法类别	方法说明
超声波检测法	◎ 是利用超声波检测仪向设备发射超声波，并接收、分析反射波，以确定设备故障的方法，适用于检测设备零部件的缺陷
声发射检测法	◎ 是利用设备金属材料在内外力作用下弹性波信号，诊断设备故障的方法，适用于诊断设备裂缝
噪音检测法	◎ 是利用检测设备噪音信号的声压与声强辨别噪声源诊断设备故障的方法

3. 油液分析技术诊断法

油液分析技术诊断法是通过分析油液所携带的设备工况信息，诊断设备故障的方法。油液分析技术诊断法主要适用于液压设备的故障诊断，其通过对如图5-16所示的内容进行分析，确定设备磨损状态、磨损部位及磨损机理。

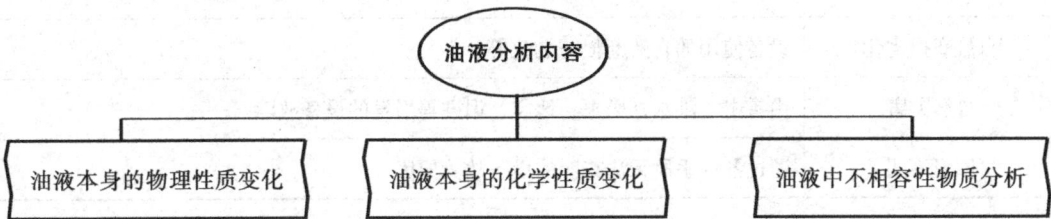

图5-16　油液分析内容

（二）设备故障分析

班组长确定设备故障后，需对设备故障进行分析，确定故障产生的原因，找出故障的变化规律，控制和防止故障的发生。班组长在进行故障分析工作时要把握如图5-17所示的分析要点，以确保分析结果的准确性。

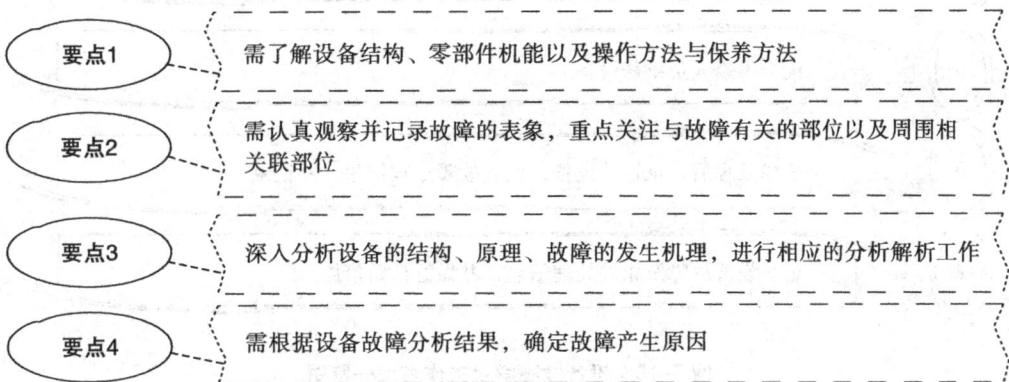

要点1　需了解设备结构、零部件机能以及操作方法与保养方法

要点2　需认真观察并记录故障的表象，重点关注与故障有关的部位以及周围相关联部位

要点3　深入分析设备的结构、原理、故障的发生机理，进行相应的分析解析工作

要点4　需根据设备故障分析结果，确定故障产生原因

图5-17　设备故障分析要点

企业中，班组设备常见故障产生的原因有九类，具体如表5-6所示。

表5-6 设备故障原因类型一览表

类别	示例说明
设计不科学	设备的设计尺寸、零部件的配合及材料选择不合理等
制造不合理	设备零部件加工、铸锻、热处理、装配等不合理
安装存在问题	设备的安装基础、垫铁、地脚螺栓、水平、防震等存在问题
操作不当	操作人员操作技术不熟练或违规操作设备或超负荷使用设备等
润滑不良	不及时润滑、油质不合格、油量不足或超量、油的牌号种类错误、加油点堵塞、自动润滑系统工作不正常等
修理质量问题	修理、调整、装配不合格，备件、配件不合格，局部改进不合格等
自然磨损劣化	设备使用的自然磨损与老化等
自然灾害	由雷击、洪水、暴雨、地震、塌方等引发的设备故障
原因不明	通过各种手段无法查明的设备故障原因

（三）设备故障解决

确定设备故障产生的原因后，班组人员需协助设备维修人员维修设备，解决设备故障，具体工作事项如图5-18所示。

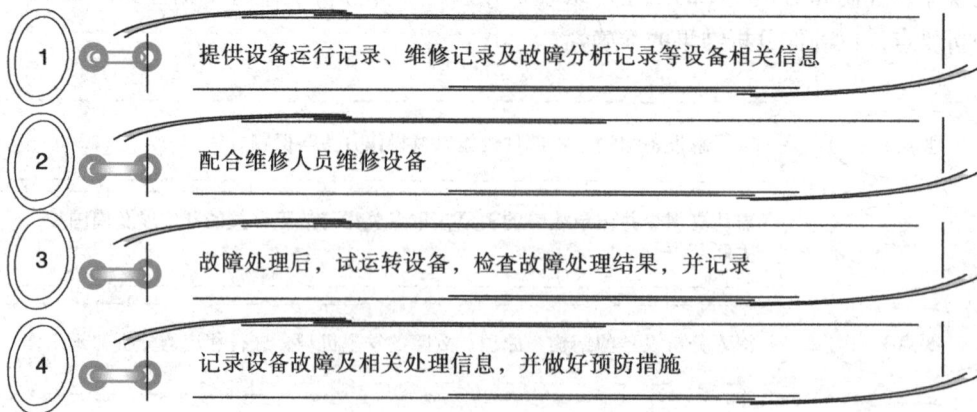

1. 提供设备运行记录、维修记录及故障分析记录等设备相关信息
2. 配合维修人员维修设备
3. 故障处理后，试运转设备，检查故障处理结果，并记录
4. 记录设备故障及相关处理信息，并做好预防措施

图5-18 设备故障解决工作事项一览图

第三节　工具管理应知应会 3 件事

一、规范工具的领用

在企业中，生产工具的领用分为临时借用与长期领用两种情况。班组长需对各类情况下的工具领用工作进行规范监督，确保生产工具合理、及时领用。

1. 工具临时借用规范

工具临时借用是指班组员工在生产或维护保养设备时需临时使用相关工具，从而向相关部门短期借用的行为，且其借用时间一般不超过企业的相关规定。班组员工需临时借用相关工具时，需按照图 5-19 所示的程序借用。

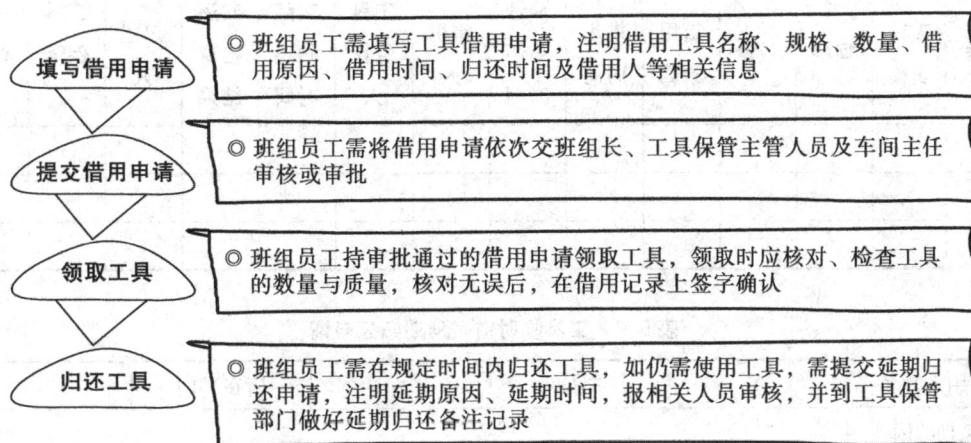

```
填写借用申请   ◎ 班组员工需填写工具借用申请，注明借用工具名称、规格、数量、借
                 用原因、借用时间、归还时间及借用人等相关信息

提交借用申请   ◎ 班组员工需将借用申请依次交班组长、工具保管主管人员及车间主任
                 审核或审批

领取工具      ◎ 班组员工持审批通过的借用申请领取工具，领取时应核对、检查工具
                 的数量与质量，核对无误后，在借用记录上签字确认

归还工具      ◎ 班组员工需在规定时间内归还工具，如仍需使用工具，需提交延期归
                 还申请，注明延期原因、延期时间，报相关人员审核，并到工具保管
                 部门做好延期归还备注记录
```

图 5-19　工具临时借用程序

为规范工具临时借用管理工作，班组长需提前设计好工具临时借用的相关表单。表 5-7、表 5-8、表 5-9 为工具临时借用相关管理表单的示例，供读者参考。

表 5-7　工具临时借用申请

借用人姓名		岗位		所在部门	
借用原因					
工具名称	规格	数量	借用时间	预计归还时间	备注

（续表）

班组长 审核意见	签名：＿＿＿＿＿＿ 日期：＿＿年＿月＿日
工具保管主管 审核意见	签名：＿＿＿＿＿＿ 日期：＿＿年＿月＿日
车间主任 审批意见	签名：＿＿＿＿＿＿ 日期：＿＿年＿月＿日

表5-8　工具临时借用记录

序号	工具 名称	规格	数量	借用 原因	借用 时间	预计 归还 时间	借用 人	工具 保管 人	实际 归还 时间	归还 检查 结果	归还 人	工具 保管 人	备注

表5-9　工具临时借用延期归还申请

借用人姓名		岗位		所在部门	
延期原因					
延期归还工具名称		借用时间	预计归还时间	延期归还时间	备注

班组长 审核意见	签名：＿＿＿＿＿＿ 日期：＿＿年＿月＿日
工具保管主管 审核意见	签名：＿＿＿＿＿＿ 日期：＿＿年＿月＿日
车间主任 审批意见	签名：＿＿＿＿＿＿ 日期：＿＿年＿月＿日

2. 工具长期领用规范

工具长期领用是指班组员工因生产作业需长期使用相关工具，而到相关部门领用的行为。班组员工需按图5-20所示程序领用相关工具。

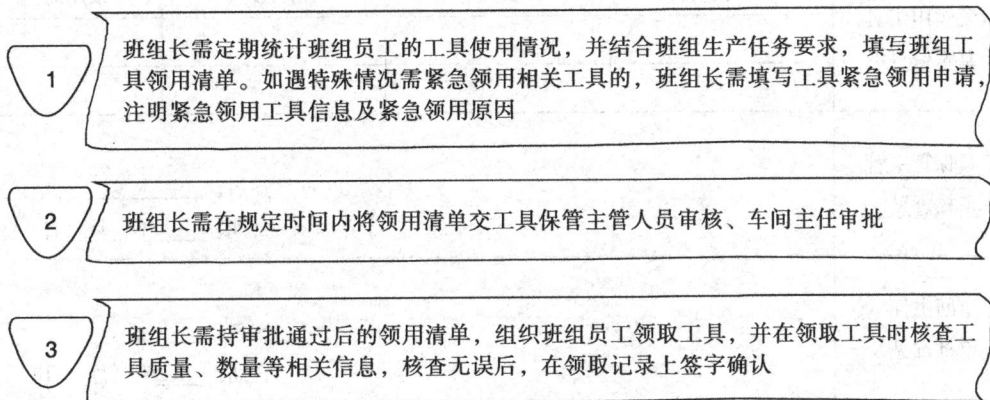

1	班组长需定期统计班组员工的工具使用情况，并结合班组生产任务要求，填写班组工具领用清单。如遇特殊情况需紧急领用相关工具的，班组长需填写工具紧急领用申请，注明紧急领用工具信息及紧急领用原因
2	班组长需在规定时间内将领用清单交工具保管主管人员审核、车间主任审批
3	班组长需持审批通过后的领用清单，组织班组员工领取工具，并在领取工具时核查工具质量、数量等相关信息，核查无误后，在领取记录上签字确认

图5-20　工具长期领用程序

为规范工具长期领用管理工作，班组长需提前设计好工具长期借用的相关表单。表5-10、表5-11、表5-12为工具长期领用相关管理表单的设计示例，供读者参考。

表5-10　班组工具领用清单

日期：＿＿年＿月＿日

班组名称		所属车间		班组长	
序号	工具名称	规格	数量	领取时间	备注
工具保管主管审核意见				签名：＿＿＿＿＿＿ 日期：＿＿年＿月＿日	
车间主任审批意见				签名：＿＿＿＿＿＿ 日期：＿＿年＿月＿日	

表 5-11　班组工具紧急领用申请

员工名称		所属车间		班组长	
紧急领用原因说明					
紧急领用工具 基本信息	工具名称	工具规格		领用数量	领用时间
工具保管主管 审核意见	签名：_____ 日期：___年_月_日				
车间主任 审批意见	签名：_____ 日期：___年_月_日				
备注	紧急领用适用于节假日或夜间遇检修和紧急事件需紧急领取工具，又无法联系到部门负责人签字时				

表 5-12　工具长期领用记录

序号	班组 名称	工具 名称	规格	数量	领取 时间	领取人	工具保管人	备注

二、监管工具的使用

班组长需监管班组员工的工具使用情况，确保班组员工能够规范使用工具，从而保证工具使用寿命。班组长在监管工具使用情况时，需完成以下工作。

（一）监管工具使用情况

班组长对班组员工的工具使用情况进行监管，具体监管内容如图 5-21 所示。

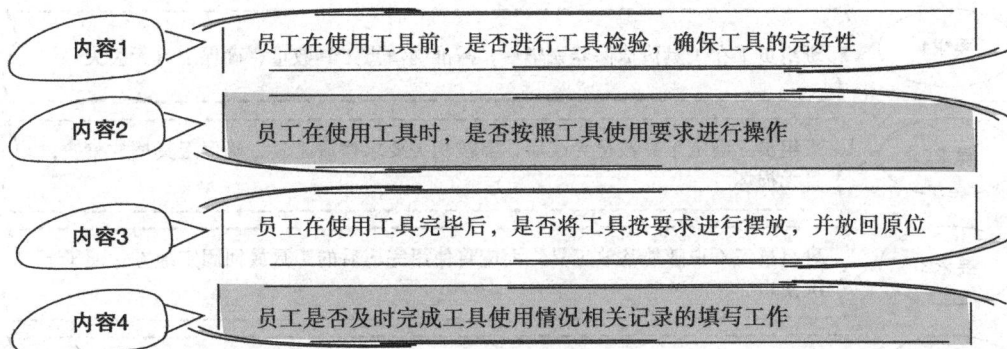

图 5-21　工具使用监管内容

内容1　员工在使用工具前，是否进行工具检验，确保工具的完好性

内容2　员工在使用工具时，是否按照工具使用要求进行操作

内容3　员工在使用工具完毕后，是否将工具按要求进行摆放，并放回原位

内容4　员工是否及时完成工具使用情况相关记录的填写工作

如班组员工不能按照工具使用规范使用工具进行生产作业，班组长需及时制止并纠正班组员工的违规操作行为，以确保工具使用的规范性与安全性。

（二）监管工具维护情况

班组长需对班组员工工具维护工作的实施情况进行监管，确保工具得到有效的维护。班组长需对以下工具维护实施情况进行监管。

1. 工具清洁保养

班组员工需及时、合理地进行工具的清洁保养工作，具体要求如图 5-22 所示。

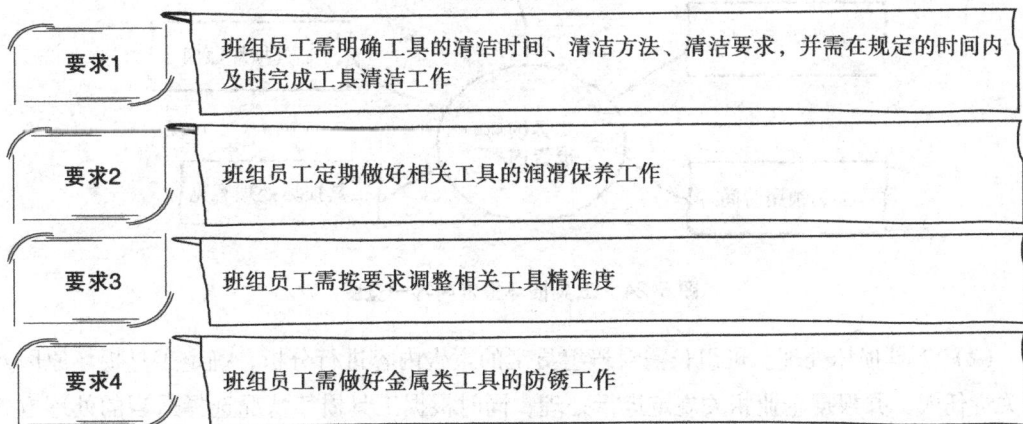

要求1　班组员工需明确工具的清洁时间、清洁方法、清洁要求，并需在规定的时间内及时完成工具清洁工作

要求2　班组员工定期做好相关工具的润滑保养工作

要求3　班组员工需按要求调整相关工具精准度

要求4　班组员工需做好金属类工具的防锈工作

图 5-22　工具清洁保养要求一览图

2. 工具保管

班组员工需按图 5-23 所示的要求保管工具，确保工具完好无损。

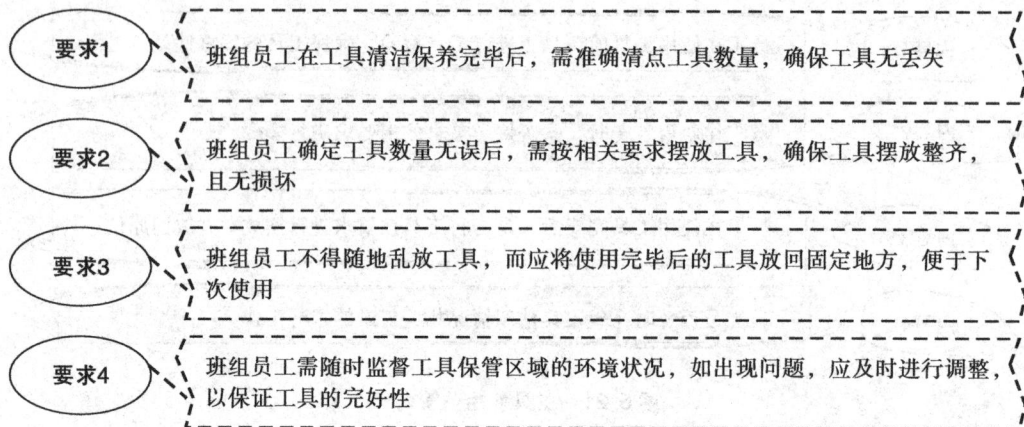

要求1　班组员工在工具清洁保养完毕后，需准确清点工具数量，确保工具无丢失

要求2　班组员工确定工具数量无误后，需按相关要求摆放工具，确保工具摆放整齐，且无损坏

要求3　班组员工不得随地乱放工具，而应将使用完毕后的工具放回固定地方，便于下次使用

要求4　班组员工需随时监督工具保管区域的环境状况，如出现问题，应及时进行调整，以保证工具的完好性

图5-23　工具保管要求一览图

3. 工具损坏处理

当工具出现损坏时，班组人员需按以下要求处理。

（1）上报工具损坏情况。工具损坏时，班组员工需及时将工具的损坏情况上报班组长，具体上报内容需包括但不限于图5-24所示的内容。

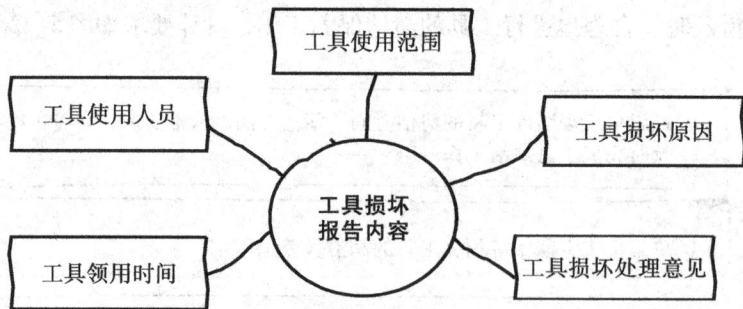

图5-24　工具损坏报告内容一览图

（2）工具损坏处理。班组长需对班组员工的报告内容进行分析，确定工具损坏原因及相关责任人，并根据企业相关规定进行处理，同时根据工具损坏情况选择适当的处理方式对损坏的工具进行处理。企业中常见的工具损坏处理方式如表5-13所示。

表 5-13　工具损坏处理方式一览表

处理方式类别	适用情形	处理程序
维修	◎ 工具损坏不严重，可进行维修恢复	◎ 班组长需确定班组内部工具维修需求，并填写工具维修申请报工具维修相关部门 ◎ 工具维修相关部门根据申请内容进行工具维修 ◎ 工具维修完毕后，班组长需组织班组员工检查工具维修情况，确定符合使用要求后方可使用 ◎ 班组长应做好工具维修记录
更新	◎ 工具损坏严重，难以进行维修恢复 ◎ 工具维修成本高于更新成本	◎ 班组长需确定班组内部工具更新需求，填写工具更新申请，并附工具维修相关记录报工具保管主管人员、车间主任审核审批 ◎ 工具保管主管人员及车间主任需根据企业的相关规定进行审核审批 ◎ 审批通过后，班组长需持审批通过的更新申请领取新工具，退回旧的工具，并做好工具更新记录

三、实施工具的整顿

（一）工具整顿实施

班组员工在使用各类工具进行生产时，班组长需根据工具的使用情况及时组织其进行工具整顿。具体来说，班组长应明确如图 5-25 所示的工具整顿要求。

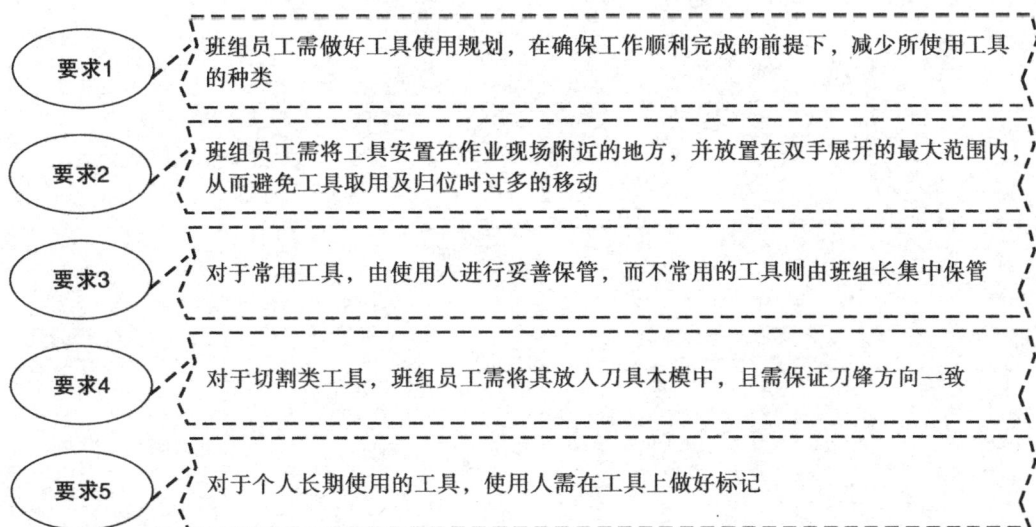

要求1　班组员工需做好工具使用规划，在确保工作顺利完成的前提下，减少所使用工具的种类

要求2　班组员工需将工具安置在作业现场附近的地方，并放置在双手展开的最大范围内，从而避免工具取用及归位时过多的移动

要求3　对于常用工具，由使用人进行妥善保管，而不常用的工具则由班组长集中保管

要求4　对于切割类工具，班组员工需将其放入刀具木模中，且需保证刀锋方向一致

要求5　对于个人长期使用的工具，使用人需在工具上做好标记

图 5-25　工具整顿实施要求

（二）工具整顿监管

班组长需对员工工具整顿的实施情况进行监督与管理，以保证工具整顿工作的落实，其具体要求如图5-26所示。

1. 班组长需对员工工具整顿工作进行检查，发现不符合要求的情况，应及时要求员工改正、完善

2. 对于公用工具，班组长需根据各类工具的形状及摆放要求，勾画工具摆放时的正确轮廓，且要求班组员工按照勾画出的工具摆放轮廓摆放工具

3. 对于生产所需的模具，班组长需根据班组生产特点及模具的使用要求，设定模具摆放位置，并进行编号，做好标识

图5-26 工具整顿监管要求

第六章

班组成本管理

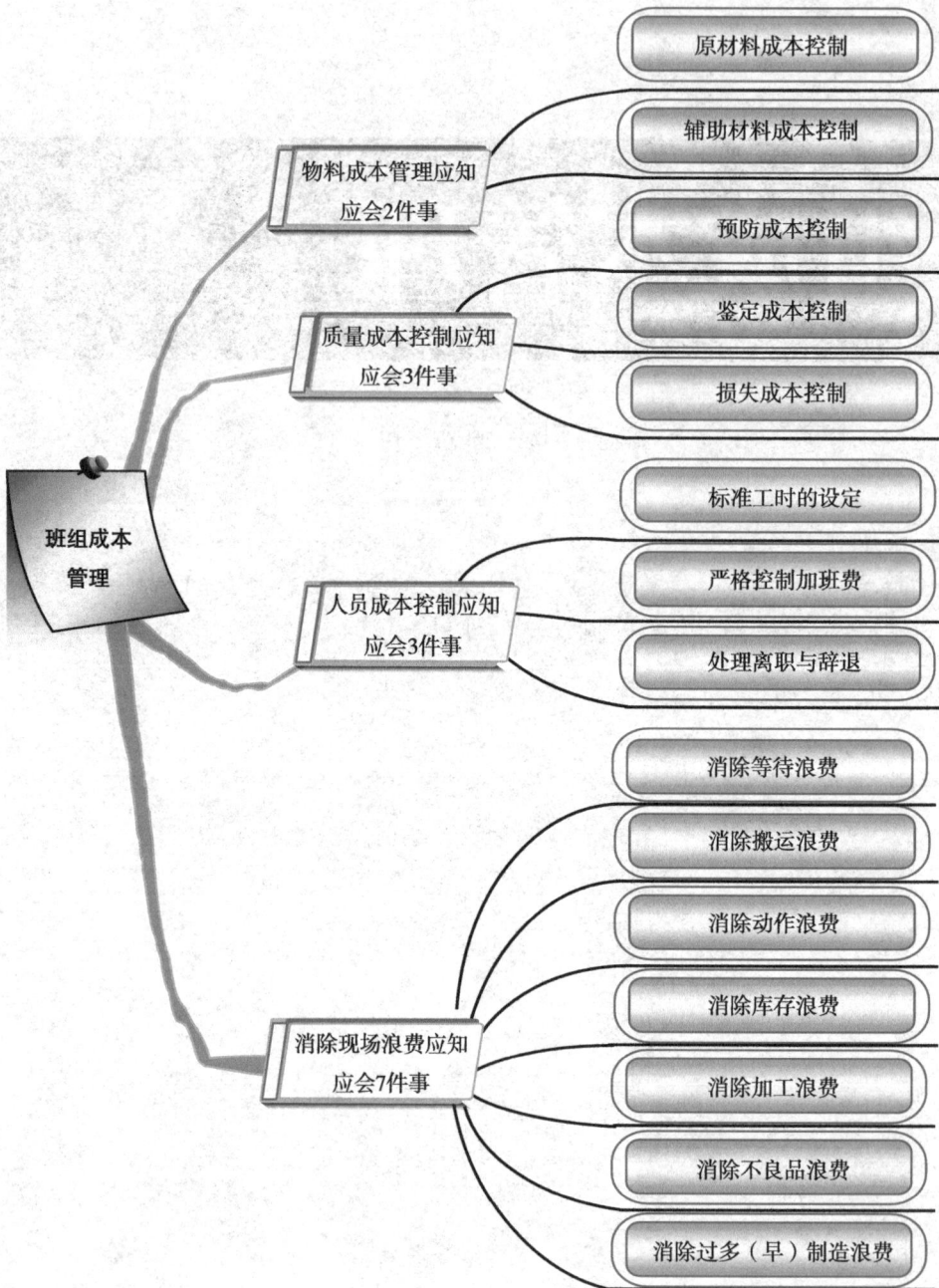

第一节 物料成本管理应知应会 2 件事

一、原材料成本控制

原材料是班组生产产品所耗用的并构成产品实体的生产物料，原材料成本是生产成本最主要的组成部分。

（一）原材料成本的构成

原材料成本由消耗量及采购价格决定，其中原材料消耗量又由工艺性消耗与非工艺性消耗两部分组成。具体如图 6-1 所示。

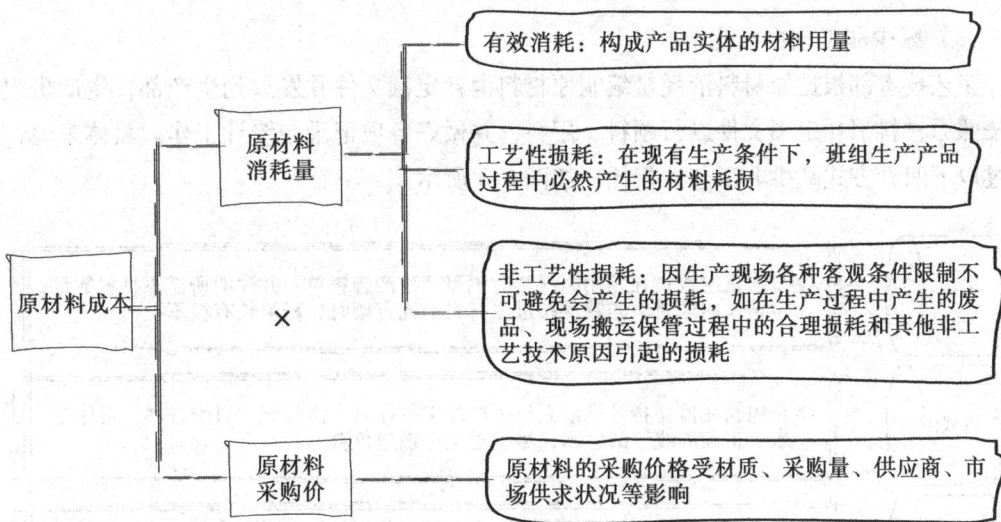

图 6-1 原材料成本的构成图

（二）原材料成本的控制方法

1. 减少原材料消耗量

（1）减少有效消耗

有效消耗是由设计直接决定的，因此，优化设计可以从源头减少有效损耗。对于班组长来说，在产品研发设计阶段，就应针对产品定位、产品原材料等，充分提出自己的建议。

（2）减少工艺性损耗

工艺性损耗无法根除，但是可以通过工艺技术调整、改良等实现损耗的最小化。班组长根据自己的工作经验，可向工艺技术部提出工艺技术调整或改良的建议。工艺技术部负责对企业现有产品进行结构分析，并以满足功能、降低成本为目标，对产品工艺不合理之处或可改进之处进行改进，具体改进方式包括四种，具体如图6-2所示。

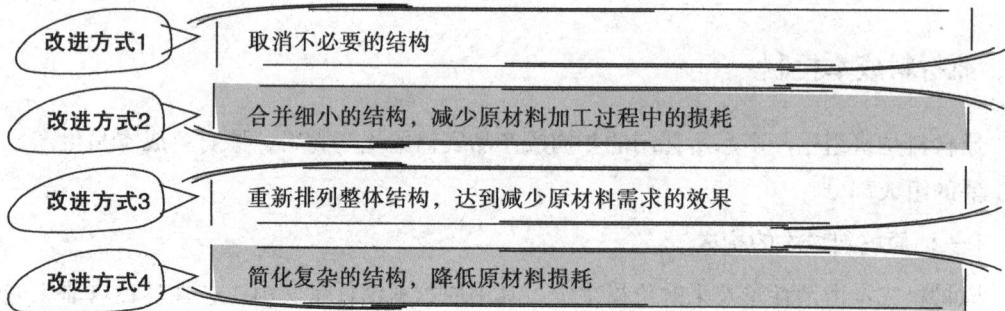

改进方式1	取消不必要的结构
改进方式2	合并细小的结构，减少原材料加工过程中的损耗
改进方式3	重新排列整体结构，达到减少原材料需求的效果
改进方式4	简化复杂的结构，降低原材料损耗

图6-2　工艺技术改进方式

（3）减少非工艺性损耗

工艺技术部根据原材料消耗量编制原材料消耗定额文件并发放到生产部，生产班组严格按照原材料消耗定额文件进行领料、用料，并做好各项记录与统计工作。具体来说，可通过以下四种方式减少非工艺性损耗，如图6-3所示。

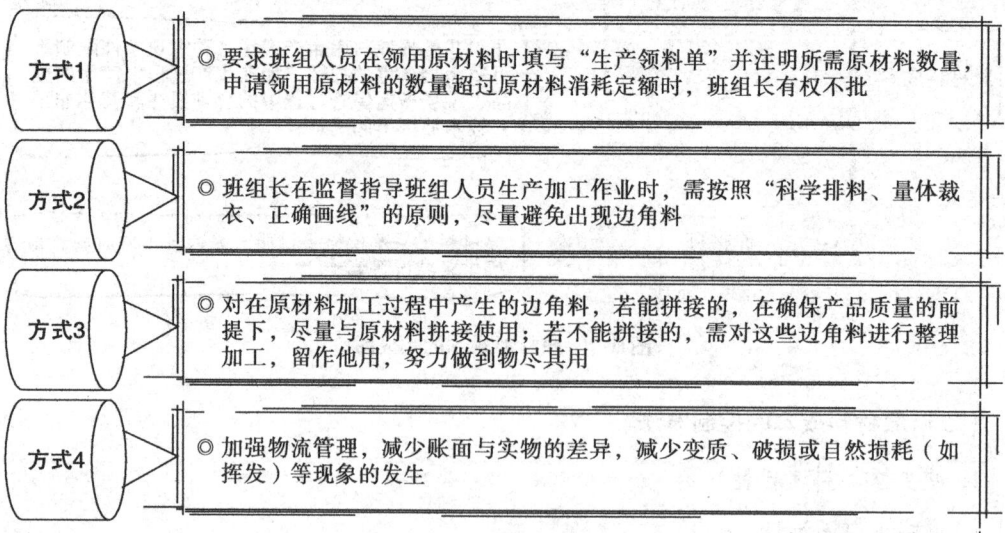

方式1	◎ 要求班组人员在领用原材料时填写"生产领料单"并注明所需原材料数量，申请领用原材料的数量超过原材料消耗定额时，班组长有权不批
方式2	◎ 班组长在监督指导班组人员生产加工作业时，需按照"科学排料、量体裁衣、正确画线"的原则，尽量避免出现边角料
方式3	◎ 对在原材料加工过程中产生的边角料，若能拼接的，在确保产品质量的前提下，尽量与原材料拼接使用；若不能拼接的，需对这些边角料进行整理加工，留作他用，努力做到物尽其用
方式4	◎ 加强物流管理，减少账面与实物的差异，减少变质、破损或自然损耗（如挥发）等现象的发生

图6-3　减少非工艺性损耗的四种主要方式

2. 降低原材料采购价格

降低原材料采购价格的方法主要包括制定合适的采购标准，选择合适的采购方式，加强商务谈判，与供应商建立合作伙伴关系等。

二、辅助材料成本控制

辅助材料简称辅材，是在生产过程中起辅助作用，但不构成产品主要实体的消耗性材料，如工艺用化学品、工装夹具、低值易耗品、包装材料等。辅助材料成本控制的方法如下所示。

1. 推行辅助材料专人管理制度

（1）班组长指定专职人员负责辅助材料的保管、派发、统计等工作。

（2）辅助材料管理人员应根据企业辅助材料派发的规定，将当日所需的辅助材料预先放在小推车上，定时、定点推过，使需要的车间、班组人员立刻得到辅助材料。

2. 推行辅助材料定额使用制度

（1）班组长应组织各生产作业人员积极配合辅助材料管理人员做好现场信息收集工作，给辅助材料管理人员提供产品实际耗用每种辅助材料的数量记录。

（2）班组长应监督指导各生产作业人员按颁布的定额标准使用辅助材料。

3. 分类保管辅助材料

班组长应监督各班组按用途或温湿度、通风与密闭、防火防爆等要求，对辅助材料进行分类管理，如危险品需要隔离管理、胶水需要在阴暗处存放、易燃易爆品要在无烟火处存放，以有效防止辅助材料发霉、变质，避免或减少呆废料的产生。

4. 设置管理台账

设置辅助材料管理台账，做到账实相符，属于正常消耗的正常领用，不属于正常消耗的要说明原因和今后的控制措施，以强化班组员工成本意识，减少非正常领料及耗损。

5. 辅助材料报废控制

报废辅助材料时，班组长要认真检查相关手续，确保手续齐全，并要求班组人员不能随便将作业时用完的残渣、壳体扔进垃圾堆里，要凭用剩的残物（如残渣、壳体、包装盒、包装袋等）进行更换。

第二节 质量成本控制应知应会3件事

一、预防成本控制

（一）预防成本构成

预防成本是指企业为了保证产品质量达到规定的标准或提高产品质量，防止产品质量水平低于某一所需水平而开展的预防活动和采取的各种预防措施所发生的费用。预防成本包括的内容如表6-1所示。

表6-1 预防成本的内容

预防成本项目	具体说明
质量工作费	◆ 为预防、保证和控制产品质量，开展质量管理所发生的办公和宣传费，以及为搜集情报、制定质量标准、编制质量计划、开展质量活动、工序能力研究和质量审核等所支付的费用
质量培训费	◆ 为满足质量要求或达到改进质量的目的，提高班组人员的质量意识和质量管理的业务水平，进行培训所支付的费用
质量改进措施费	◆ 为保证或改进产品质量所支付的费用，如购买设备、工具等所发生的费用
质量评审费	◆ 为了对本班组产品质量进行审核、对本班组质量体系进行评审及对拟投产新产品进行质量评审所支付的费用
质量奖励费	◆ 班组人员或质量管理小组的质量奖及其他用于质量工作（包括节能、安全）的奖金
工资及福利费	◆ 从事质量管理人员的工资及相关福利费

（二）预防成本控制方法

1. 质量工作费控制

建立严格的费用申请审批及报销制度，在班组员工中深入宣传节约理念，通过自我控制及财务部的监督控制，降低质量工作费。

2. 质量培训费控制

班组长在对质量培训费进行控制时，应遵循"先预算、后使用，先审批、后执行"的原则，在明确本班组质量培训计划后，对支出费用进行预算，待人力资源部批准后方可执行。

3. 质量改进费控制

班组长对质量改进费进行控制时，应先找出影响质量改进费用高低的因素，针对存在的问题，采取相应的控制措施，提高产品质量，降低因产品质量问题造成的损失。

4. 质量评审费控制

进行质量评审之前，班组长应协助质量评审人员对前期已发生的评审咨询费用和本次评审目标、范围进行调查，制定评审费用预算，并根据财务部相关规定报批。

5. 质量奖励费控制

班组长应协助人力资源部制定合理的奖励标准及奖励程序并严格落实，奖励标准要在既能充分调动班组人员及质量人员的积极性，又能本着节约支出、奖励先进的基础上设计。

6. 工资及福利费控制

班组长应协助人力资源部落实薪酬管理制度，积极配合质量管理人员的工作，减少其工作量及加班时间，从而降低企业工资及福利费的支出。

二、鉴定成本控制

（一）鉴定成本构成

鉴定成本是指产品在第一次验收合格的情况下，对原材料、零部件和成品进行质量检验所发生的费用。鉴定成本主要包括以下内容，具体如图 6-4 所示。

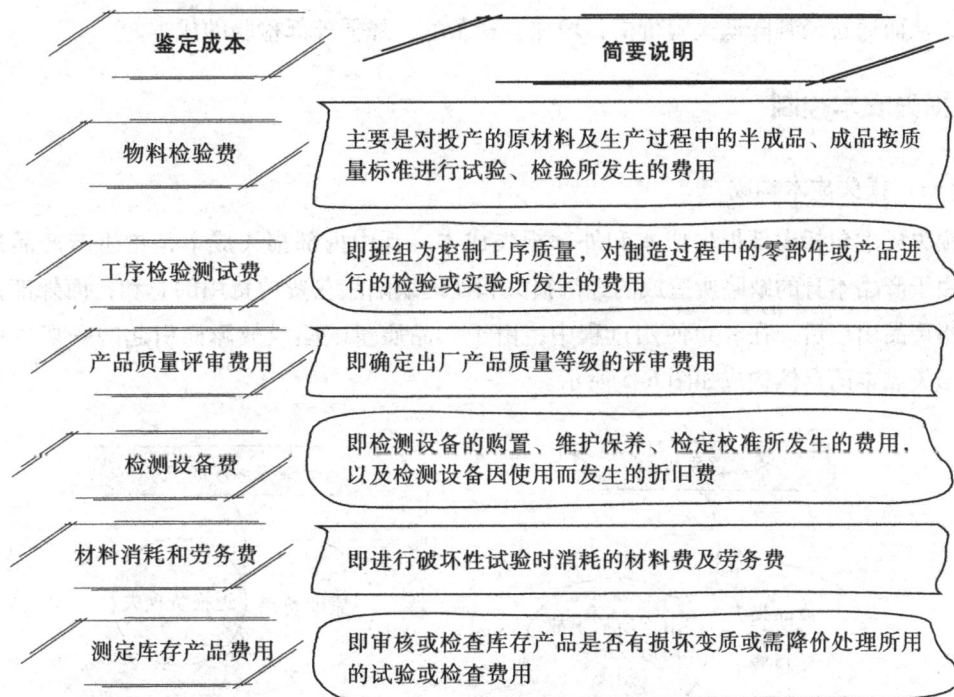

鉴定成本	简要说明
物料检验费	主要是对投产的原材料及生产过程中的半成品、成品按质量标准进行试验、检验所发生的费用
工序检验测试费	即班组为控制工序质量，对制造过程中的零部件或产品进行的检验或实验所发生的费用
产品质量评审费用	即确定出厂产品质量等级的评审费用
检测设备费	即检测设备的购置、维护保养、检定校准所发生的费用，以及检测设备因使用而发生的折旧费
材料消耗和劳务费	即进行破坏性试验时消耗的材料费及劳务费
测定库存产品费用	即审核或检查库存产品是否有损坏变质或需降价处理所用的试验或检查费用

图 6-4　鉴定成本的构成

（二）鉴定成本控制方法

1. 通过改善检验手段降低鉴定成本

（1）通过科学分析及工作实践，在确保达成检验目的的基础上，班组长可提出取消无价值的检验程序或采取更简便、更经济的新检验手段的建议。

（2）在生产过程中，班组长应尽量减少相关检验材料、检测计量仪器的消耗量。

2. 提高内部检验能力

产品质量检验对企业软硬件都有一定的要求，当企业无法满足要求时，往往需要将一部分检验工作委托外部机构进行，这就必然产生外部检验成本。

随着企业的发展，在产销量达到一定程度时，企业可加大质量成本投入，提高质量检验能力，取得质量检验资质，将原来委托外部机构检验的项目转为内部检验，从而大大降低检验成本。

对于班组长来说，应努力提高自身的检验水平，并培养优秀人才，为企业将外部检验转为内部检验打好人员配备基础。

3. 通过商务谈判降低外部检验成本

班组长应提高自身的商务谈判能力，优化检验方案，与外部检验机构建立良好的合作关系，从而通过谈判降低检验价格，增加有利条款，降低外部检验的成本。

三、损失成本控制

（一）损失成本构成

损失成本包括内部损失成本和外部损失成本，其中内部损失成本是指生产产品过程中，由于产品本身的缺陷所造成的经济损失和处理缺陷品花费的费用的总和；而外部损失成本指产品出厂后，在客户使用过程中，由于产品质量缺陷或故障而引起的一切费用总和。损失成本的具体构成如图 6-5 所示。

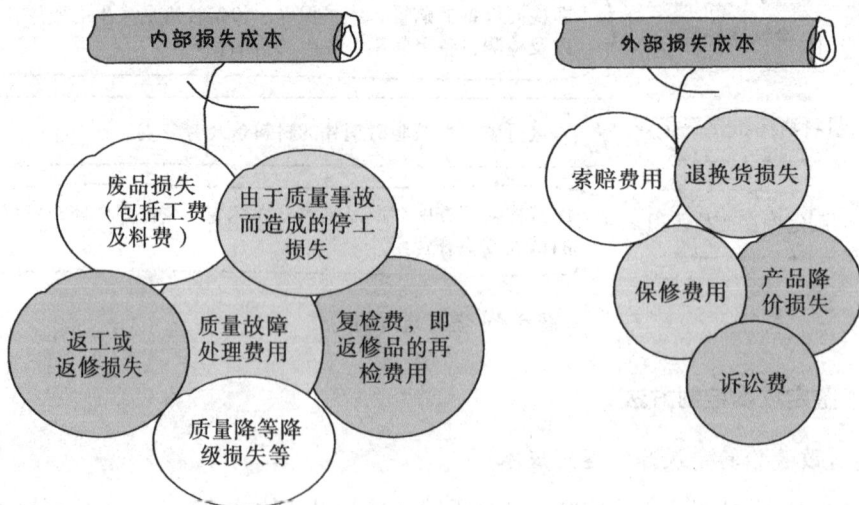

图 6-5　损失成本构成

（二）损失成本控制方法

1. 内部损失成本控制方法

内部损失成本的主要控制方法如图6-6所示。

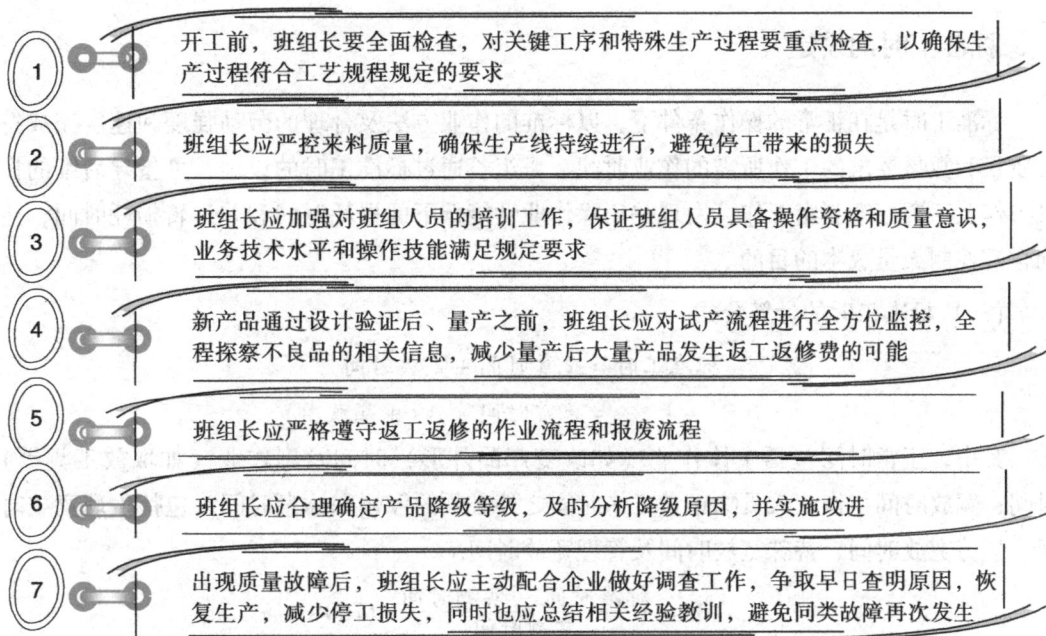

1. 开工前，班组长要全面检查，对关键工序和特殊生产过程要重点检查，以确保生产过程符合工艺规程规定的要求

2. 班组长应严控来料质量，确保生产线持续进行，避免停工带来的损失

3. 班组长应加强对班组人员的培训工作，保证班组人员具备操作资格和质量意识，业务技术水平和操作技能满足规定要求

4. 新产品通过设计验证后、量产之前，班组长应对试产流程进行全方位监控，全程探察不良品的相关信息，减少量产后大量产品发生返工返修费的可能

5. 班组长应严格遵守返工返修的作业流程和报废流程

6. 班组长应合理确定产品降级等级，及时分析降级原因，并实施改进

7. 出现质量故障后，班组长应主动配合企业做好调查工作，争取早日查明原因，恢复生产，减少停工损失，同时也应总结相关经验教训，避免同类故障再次发生

图6-6 内部损失成本的主要控制方法

2. 外部损失成本控制方法

外部损失成本的主要控制方法如图6-7所示。

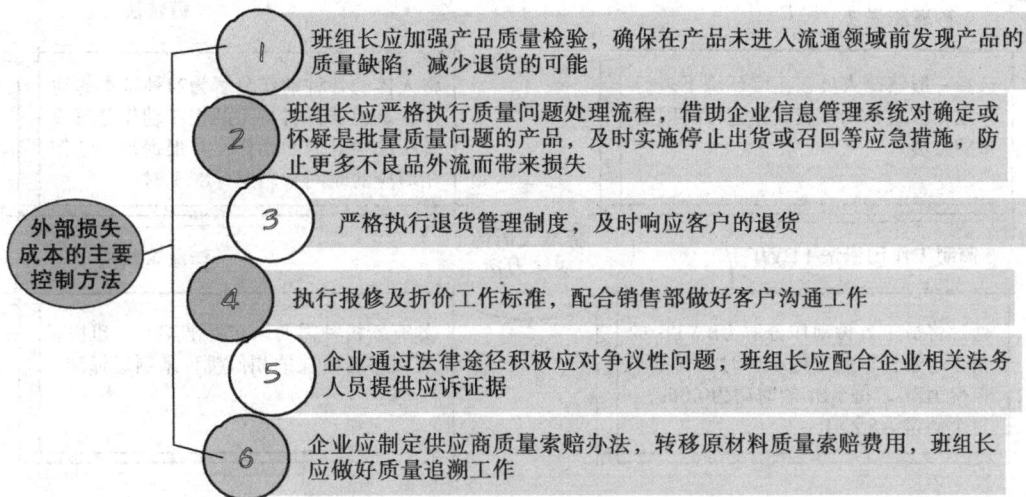

外部损失成本的主要控制方法

1. 班组长应加强产品质量检验，确保在产品未进入流通领域前发现产品的质量缺陷，减少退货的可能

2. 班组长应严格执行质量问题处理流程，借助企业信息管理系统对确定或怀疑是批量质量问题的产品，及时实施停止出货或召回等应急措施，防止更多不良品外流而带来损失

3. 严格执行退货管理制度，及时响应客户的退货

4. 执行报修及折价工作标准，配合销售部做好客户沟通工作

5. 企业通过法律途径积极应对争议性问题，班组长应配合企业相关法务人员提供应诉证据

6. 企业应制定供应商质量索赔办法，转移原材料质量索赔费用，班组长应做好质量追溯工作

图6-7 外部损失成本的主要控制方法

第三节 人员成本控制应知应会3件事

一、标准工时的设定

标准工时是在正常的操作条件下，以标准的作业方法及合理的劳动强度和速度完成符合质量和数量要求的工作所需的作业时间。班组长通过标准工时的设定，可指导后续的排班工作及工资标准制定工作，发现并消除作业性能低下的损耗时间和非运转损耗时间，达到合理控制人员成本的目的。

（一）标准工时的计算公式

$$标准工时 = 正常时间 + 宽放时间$$
$$= 正常时间 \times （1 + 宽放率）$$

其中，正常时间包括主体作业（如改变产品外形）时间及副作业（如取放工具等）时间；宽放时间指作业人员除正常工作时间之外必须的停顿和休息时间，包括生理宽放时间、疲劳宽放时间、特殊宽放时间及管理宽放时间。

$$宽放率 = \frac{标准时间 - 实测时间}{实测时间} \times 100\%$$

（二）标准工时的设定方法

标准工时的设定方法有很多种，下面介绍几种常用的方法。具体如图6-8所示。

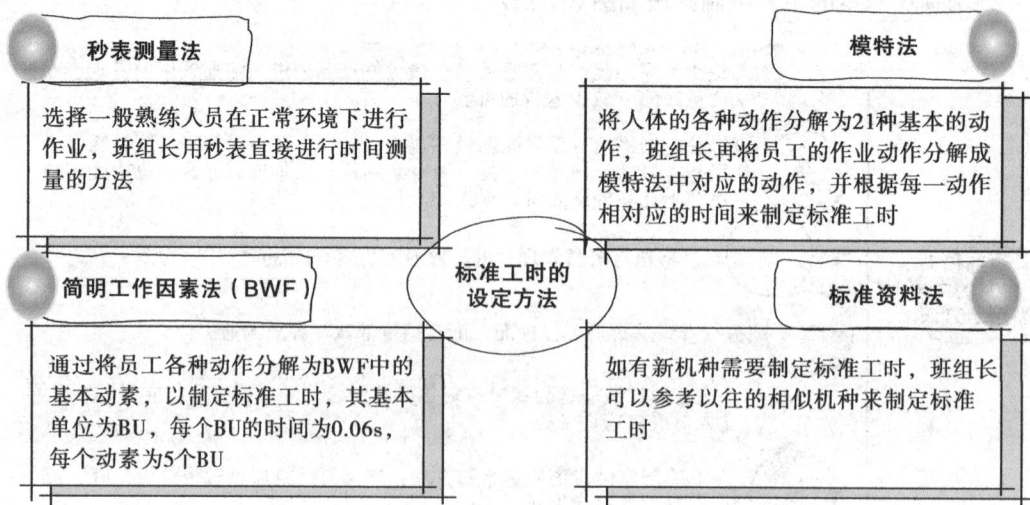

秒表测量法
选择一般熟练人员在正常环境下进行作业，班组长用秒表直接进行时间测量的方法

模特法
将人体的各种动作分解为21种基本的动作，班组长再将员工的作业动作分解成模特法中对应的动作，并根据每一动作相对应的时间来制定标准工时

简明工作因素法（BWF）
通过将员工各种动作分解为BWF中的基本动素，以制定标准工时，其基本单位为BU，每个BU的时间为0.06s，每个动素为5个BU

标准资料法
如有新机种需要制定标准工时，班组长可以参考以往的相似机种来制定标准工时

标准工时的设定方法

图6-8 标准工时的设定方法

（三）标准工时的设定步骤

班组长在制定标准工时的时候，可参照图6-9所示的步骤。

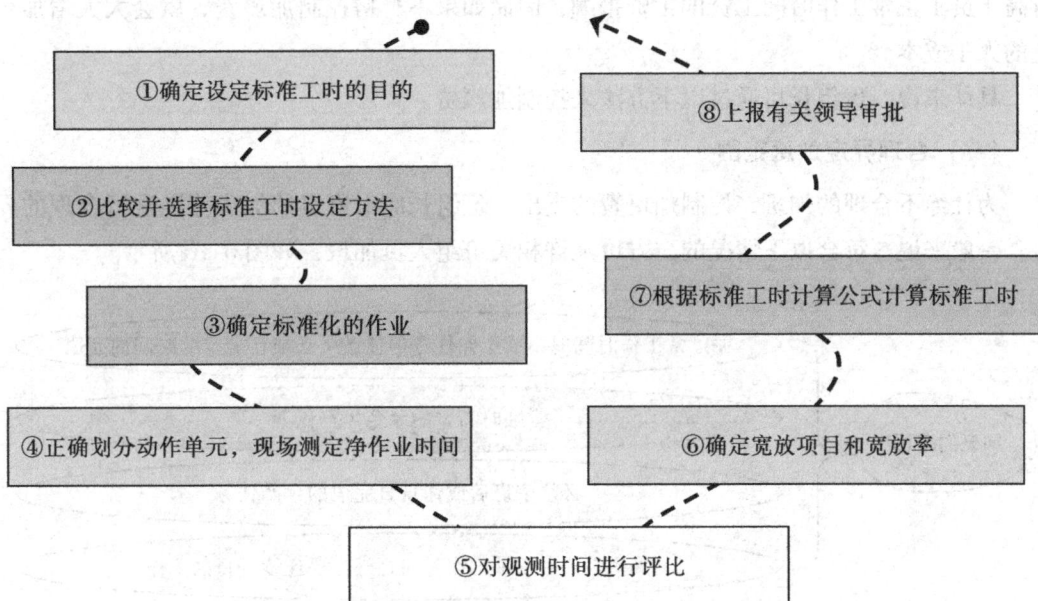

①确定设定标准工时的目的	⑧上报有关领导审批
②比较并选择标准工时设定方法	⑦根据标准工时计算公式计算标准工时
③确定标准化的作业	⑥确定宽放项目和宽放率
④正确划分动作单元，现场测定净作业时间	
⑤对观测时间进行评比	

图6-9　标准工时的设定步骤

二、严格控制加班费

咱们慢点干，干不完再加班，这样就可以多领加班工资了。

这个月加班工资怎么这么高？

加班工资

加班费是指劳动者按照用人单位生产和工作的需要在规定工作时间之外继续生产劳动或者工作所获得的劳动报酬。由于企业生产订单的交期要求不同，有的时间非常紧迫，导致生产现场的加班现象经常发生。根据《中华人民共和国劳动法》的相关规定，加班需支付高于员工正常工作时间工资的工资报酬，因而如果不严格控制加班费，就会大大增加企业的人工成本。

具体来说，班组长可通过以下方法来控制加班费。

（一）合理界定加班范围

为杜绝不合理的加班，控制加班费的支出，班组长应对班组的加班范围进行合理的界定。一般来说，符合以下情况的，方可准许相关班组人员加班，如图 6-10 所示。

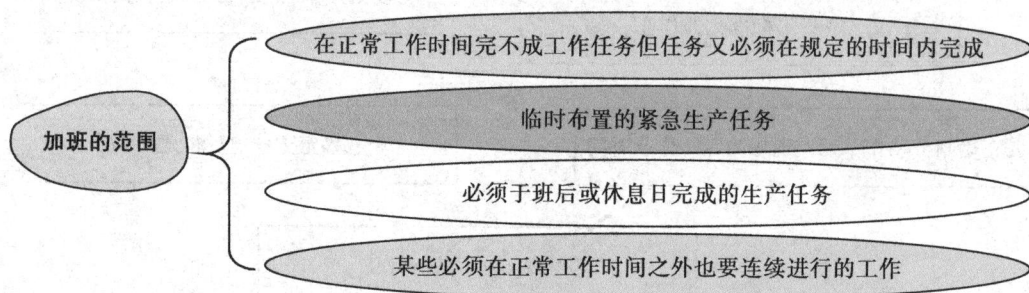

加班的范围

- 在正常工作时间完不成工作任务但任务又必须在规定的时间内完成
- 临时布置的紧急生产任务
- 必须于班后或休息日完成的生产任务
- 某些必须在正常工作时间之外也要连续进行的工作

图 6-10　加班的范围

（二）合理安排生产日程和作业计划

班组长必须合理安排生产日程和作业计划，使工作任务尽量在工作时间内就可以完成，避免前松后紧现象，减少因任务安排不合理、不均匀而导致的加班现象。

（三）合理安排加班时间

加班时间不同，企业所支付的加班费也不同，班组长应了解加班费的计算标准，以便从经济角度合理安排加班时间。根据《中华人民共和国劳动法》的相关规定，加班费的计算标准如图 6-11 所示。

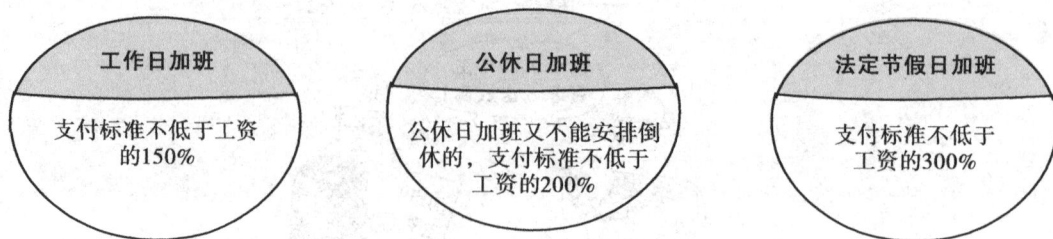

工作日加班
支付标准不低于工资的150%

公休日加班
公休日加班又不能安排倒休的，支付标准不低于工资的200%

法定节假日加班
支付标准不低于工资的300%

图 6-11　加班费的计算标准

（四）加强加班申请和审批控制

为确保必要加班、有效加班，企业应规定班组人员的所有加班必须履行申请审批流程，未经申请审批的加班，视为无效加班，企业可不予支付加班工资。加班的申请审批手续一般应事前办理，若有特殊情况的，事后也要补批。

1. 加班的申请控制

班组长应做好加班的申请控制工作。一般来说，班组人员的加班应由班组长根据生产任务的具体情况提出申请，并填写"生产人员加班申请单"；班组人员也可根据实际情况向班组长提出加班申请。"生产人员加班申请单"的格式可参照表6-2所示。

表6-2 生产人员加班申请单

车间： 班组： 申请日期：＿＿年＿月＿日

加班类型		□ 工作日	□ 公休日		□ 法定节假日			
加班原因								
日期		姓名	工作内容和地点	实际加班时间			计件数	加班费
月	日			起	止	时数		
合计		——	——	——	——	——	——	——
备注		加班时间超过1小时才能申报，加班满4小时按0.5个工作日算，以此类推						
生产部经理			车间主任		班组长		申请人	
主管会计					出纳员			

2. 加班申请的审批控制

班组长应及时、严格履行加班申请的审批程序，规避不合理的加班及任意加班。加班申请的审批过程一般可如下所示。

（1）班组长将填写好的"生产人员加班申请单"报车间主任审核。

（2）车间主任根据车间生产计划，在"生产人员加班申请单"上签字后，交由生产部经理审批签字。

（3）"生产人员加班申请单"经生产部经理审批通过后，班组长报人力资源部备案，并落实加班工作。班组长应在严格履行完加班申请审批手续后组织加班，若手续不完善，事后企业将不予补发加班工资。

（五）加班费控制小窍门

以下是加班费控制的一些小窍门，供班组长参考，如图6-12所示。

123

○ 公休日加班的，能安排倒休的尽量安排倒休，安排倒休后可不支付加班费

○ 尽量避免在法定节假日安排加班

○ 如果是长期加班，可从经济及员工身体角度考虑是否增加人手

图 6-12　加班费控制的小窍门

三、处理离职与辞退

班组员工的流失不可避免，有的是班组员工自身提出的离职，也有的是企业主动进行的辞退。班组长应在充分考虑成本、企业发展、生产任务等的前提下，合理处理好员工离职与辞退事件。

（一）合理处理员工离职

员工的离职，会使前期的取得成本或培养成本等付诸流水，而为完成班组任务，企业不得不再招聘及培养新人，导致人员成本的增加。因此，班组长应合理处理员工离职。

1. 处理熟练工离职

熟练工掌握的技术一般是其他员工难以替代的，他们一旦离职，企业不得不多增派人手或高薪急聘，导致人员成本增加。因此，对于熟练工的离职，班组长应以防止为主，具体可采取以下三项措施（如图 6-13 所示）。

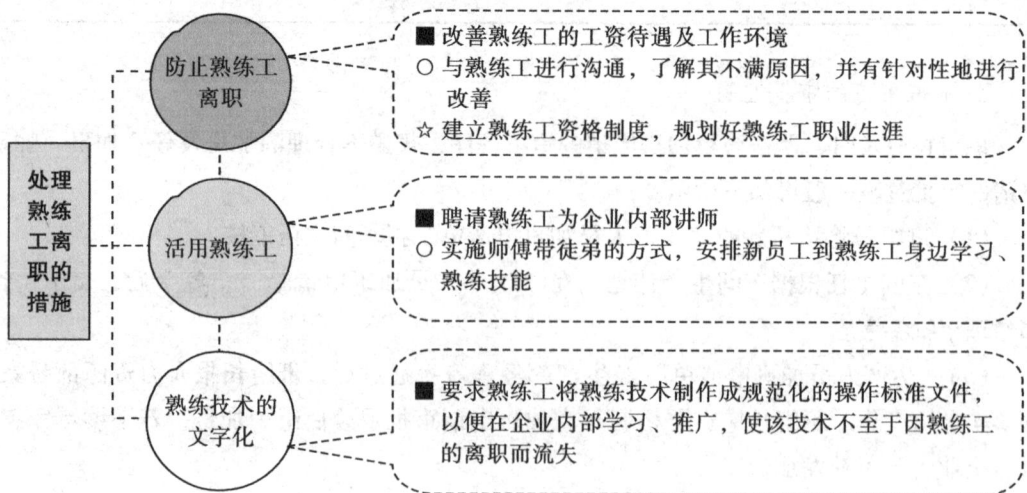

图 6-13　处理熟练工离职的措施

2. 处理集体离职的技巧

集体离职往往会给企业带来极大的损害，严重影响日常的生产。集体离职一般都是由对某件事或某个人的集体不满引发的，因此，班组长在处理集体离职时，重点是找到离职原因，找好突破口，采取有效策略，尽力挽留骨干员工。

（二）合理处理企业辞退

企业辞退往往会涉及赔偿金及违约金等，班组长应在了解相关法律规定的基础上，处理好辞退工作。具体来说，班组长应掌握好以下知识。

1. 可以考虑辞退的对象

一般来说，以下员工可以考虑成为辞退的对象，具体如图6-14所示。

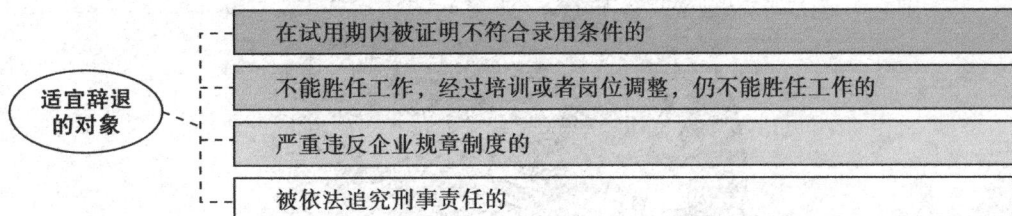

适宜辞退的对象

- 在试用期内被证明不符合录用条件的
- 不能胜任工作，经过培训或者岗位调整，仍不能胜任工作的
- 严重违反企业规章制度的
- 被依法追究刑事责任的

图6-14　适宜辞退的对象

针对以上人员的辞退，可减少或免去企业赔偿金或违约金的支付。在实际工作中，为确保辞退合理、合法，班组长必须做好相关证明资料的收集和保存工作，并尽量与员工达成共识，以减少不必要的矛盾。

2. 不能辞退的对象

根据《中华人民共和国劳动合同法》的规定，企业不得辞退以下员工，具体如图6-15所示。

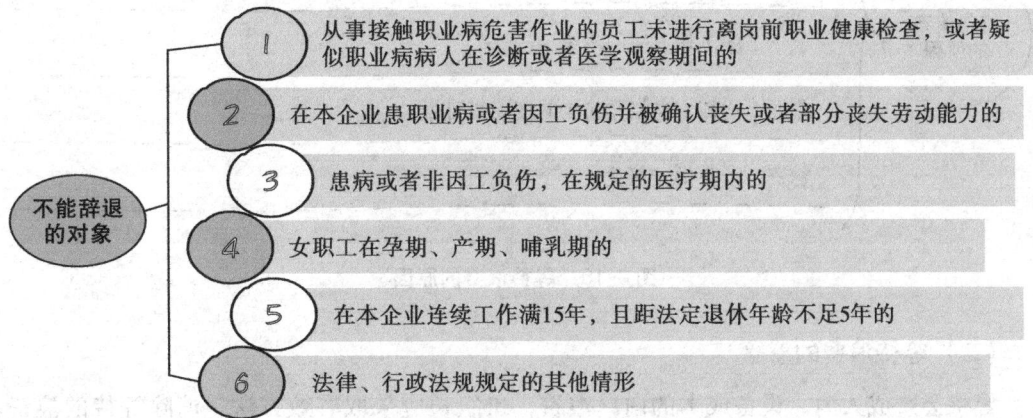

不能辞退的对象

1　从事接触职业病危害作业的员工未进行离岗前职业健康检查，或者疑似职业病病人在诊断或者医学观察期间的

2　在本企业患职业病或者因工负伤并被确认丧失或者部分丧失劳动能力的

3　患病或者非因工负伤，在规定的医疗期内的

4　女职工在孕期、产期、哺乳期的

5　在本企业连续工作满15年，且距法定退休年龄不足5年的

6　法律、行政法规规定的其他情形

图6-15　不能辞退的对象

第四节　消除现场浪费应知应会7件事

一、消除等待浪费

等待浪费，指因断料、作业不均衡、计划不当等造成无事可做的浪费，主要表现为人等机器、机器等人、人等人。

（一）等待浪费的原因

造成等待浪费的原因有很多，常见的如图6-16所示。

等待浪费的原因
- 生产线的品种切换，导致长时间、高频率的换装
- 机器设备发生故障，导致长时间的机器停工
- 上下工序工作方法的不统一
- 作业不均衡，当工作量少时便无事可做
- 物资、设备供应不及时

图6-16　等待浪费的原因

（二）等待浪费的消除

等待会造成人力、设备成本的白白浪费，班组长应采取有效方法，消除等待的浪费。具体来说，班组长可针对等待的原因，采取如图6-17所示的消除方法。

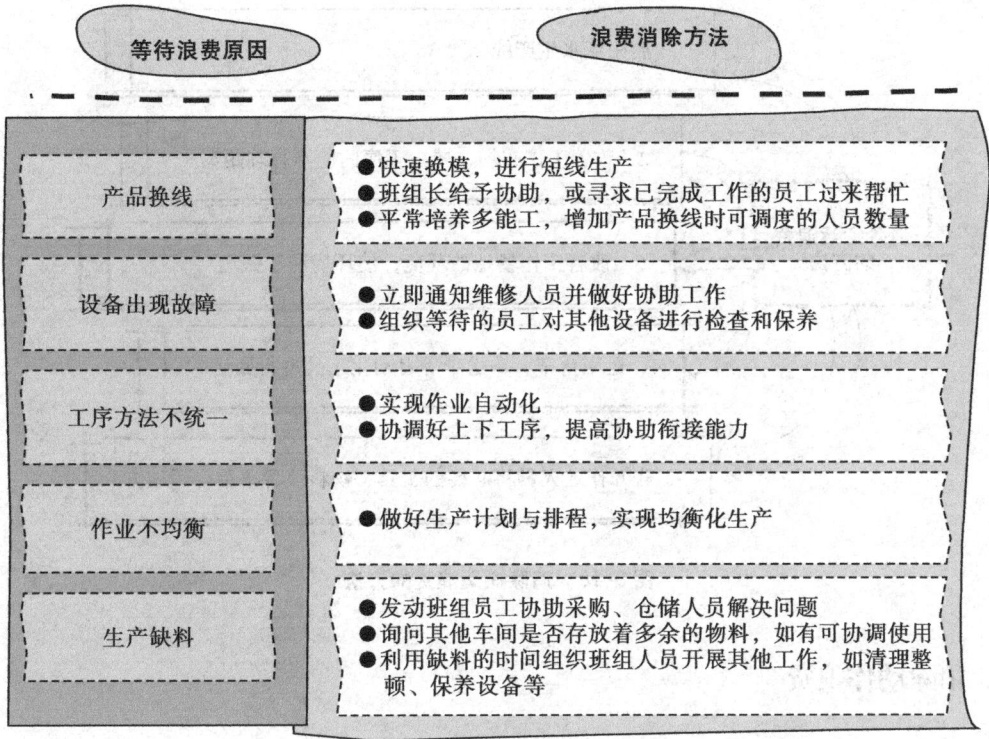

等待浪费原因	浪费消除方法
产品换线	●快速换模，进行短线生产 ●班组长给予协助，或寻求已完成工作的员工过来帮忙 ●平常培养多能工，增加产品换线时可调度的人员数量
设备出现故障	●立即通知维修人员并做好协助工作 ●组织等待的员工对其他设备进行检查和保养
工序方法不统一	●实现作业自动化 ●协调好上下工序，提高协助衔接能力
作业不均衡	●做好生产计划与排程，实现均衡化生产
生产缺料	●发动班组员工协助采购、仓储人员解决问题 ●询问其他车间是否存放着多余的物料，如有可协调使用 ●利用缺料的时间组织班组人员开展其他工作，如清理整顿、保养设备等

图 6-17　消除等待浪费的方法

二、消除搬运浪费

搬运浪费不只表现在搬运所需要的空间浪费、时间浪费、工具浪费及人工浪费上，还包括因搬运造成的放置、堆积、移动、整列等动作的浪费。如何使搬运既经济又合理，减少浪费，是班组长应该考虑的问题。

（一）搬运浪费的原因

造成搬运浪费的原因主要有以下几方面。

（1）工序间的距离不合理，距离越长，浪费越大。

（2）存在大批量的储备加工。

（3）工作场地缺乏组织。

（4）生产作业缺乏合理的计划。

（二）消除搬运浪费

在条件允许的情况下，班组长可采取以下方法，消除搬运的浪费。具体方法如图 6-18 所示。

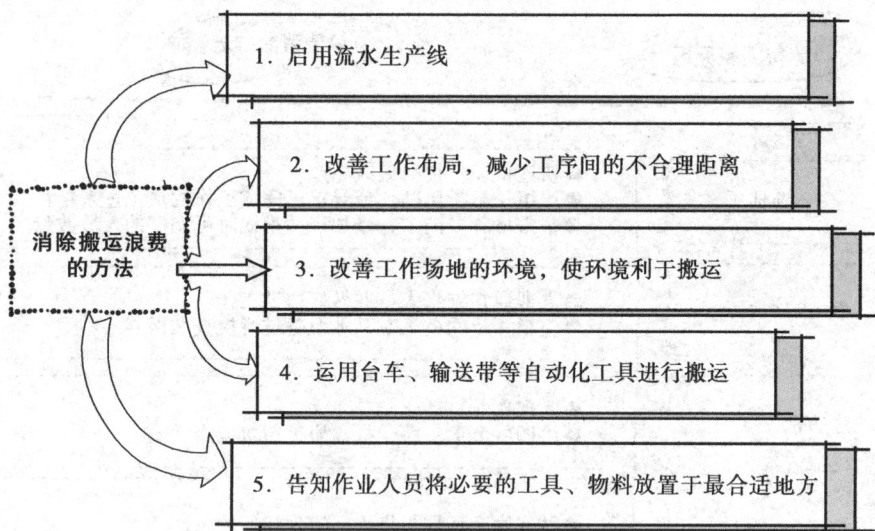

1. 启用流水生产线

2. 改善工作布局，减少工序间的不合理距离

消除搬运浪费
的方法

3. 改善工作场地的环境，使环境利于搬运

4. 运用台车、输送带等自动化工具进行搬运

5. 告知作业人员将必要的工具、物料放置于最合适地方

图 6-18　消除搬运浪费的方法

三、消除动作浪费

动作浪费是指多余的、不必要、不合理的操作动作，这样的动作不仅降低生产效率，还会增加员工的疲劳感，不利于生产的持续进行。

（一）动作浪费的表现形式

班组长应了解各种动作浪费的表现形式，从而快速识别到该种浪费的存在，并以此分析浪费产生的原因，制定、实施各种动作浪费的消除措施。班组动作浪费的表现形式主要有以下五种（如图 6-19 所示）。

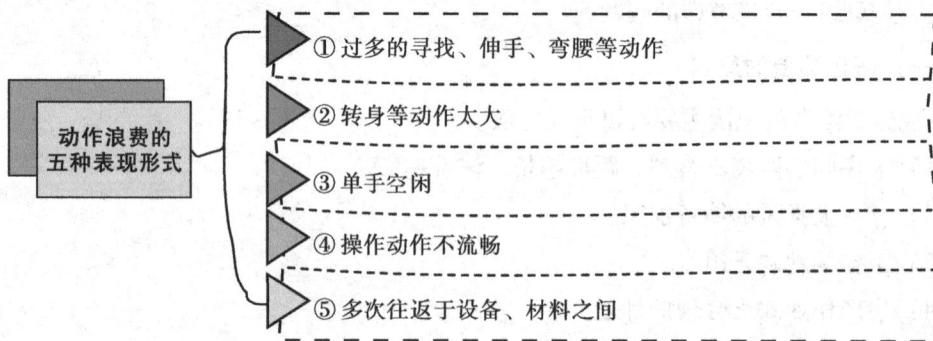

动作浪费的
五种表现形式

① 过多的寻找、伸手、弯腰等动作

② 转身等动作太大

③ 单手空闲

④ 操作动作不流畅

⑤ 多次往返于设备、材料之间

图 6-19　动作浪费的五种表现形式

（二）动作浪费的原因

造成班组员工动作浪费的主要原因有以下四种（具体如图6-20所示），班组长应全部掌握。

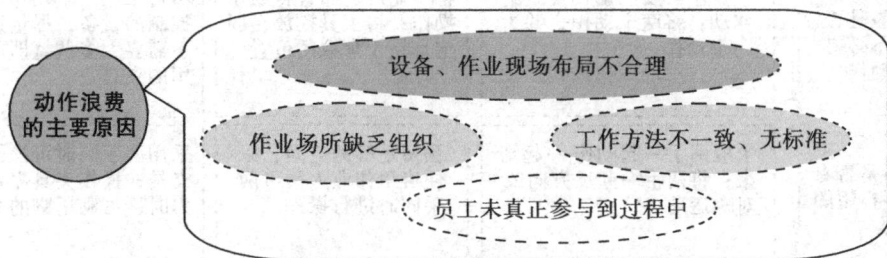

图6-20　动作浪费的主要原因

（三）动作浪费的消除方法

目前很多企业采用 IE 方法消除动作的浪费。所谓 IE，即工业工程，运用该方法，可对班组生产的各个动作进行仔细分析，从而删掉不必要的动作，合并可连接的动作，达到工作简化、动作经济、省时省工的目的。

班组长运用 IE 方法消除动作浪费的主要工作是动作分析与改善。为做好动作分析与改善，班组长需掌握动作经济原则及"五看"法。

1. 动作经济原则

班组长应掌握动作经济原则，以便对动作的有效程度进行合理的确认及改进，具体如图6-21 所示。

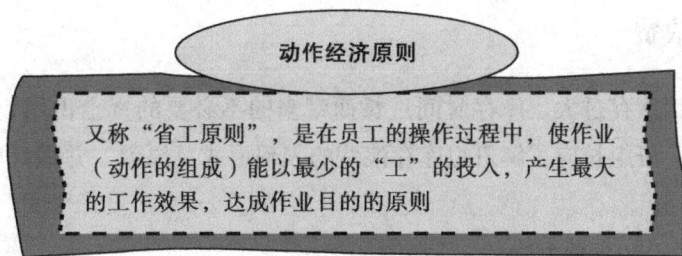

图6-21　动作经济原则

2. "五看"法

"五看"法即通过直接观察法和录像观察法等，对班组作业人员的手、眼及身体其他部位的作业动作进行详细观察与记录，并制作成图表，以此来分析动作并寻找改善着眼点，最终使班组作业人员的动作越来越轻松的方法。

"五看"法的具体内容如图6-22所示。

"五看"法	动作改善方法	现场改善方法	设备夹具改善方法
一看是否有不必要的动作	减少不必要的动作及眼睛移动；将两个动作合并为一个动作	将作业现场布置得易于操作；将工具摆放在固定且易于拿取的位置	尽量采用一个动作即可控制的设备；尽量选择不需要太多调整即可使用的夹具
二看是否有单手空闲的行为	争取两手一起动作，一起结束；将两手一起反方向或对称运动	预留足够的空间，以便班组作业人员可两手同时进行操作	采用两手同时可操作的夹具；操作夹具需要用力时，可利用脚的力量
三看是否有幅度过大、过长的动作	用最适合的身体部位在最短距离内动作	以作业方便及安全为前提，作业区域越小越经济	将设备、夹具的操作位置放在离身体最近的位置
四看是否可以节省动作力度	利用现有动作方向、惯性、重力等，减少处理动作	将操作位置/作业台调到最适合的高度	要求设计或采购手握部分较轻便的夹具，尽量使设备操作方向与集体运动方向一致
五看是否可以减少身体的使用部位	尽量减少身体的使用部位，利用惯性原理、弹道轨迹原理工作，保持动作的连续性，注意节奏	减少现场的阻挡，实施定置管理	需耗用较大体力时，尽量利用设备、夹具进行操作

图6-22 "五看"法的内容

四、消除库存浪费

库存浪费指因库存过大、库存时间过长而带来的不必要的资金占用、存储空间占用、物资搬用等费用。班组长应了解班组库存浪费的表现形式及原因，并做好库存浪费的消除工作。

（一）库存浪费的表现形式

库存浪费主要表现在以下六个方面。

（1）产生不必要的搬运、堆积、放置、防护、寻找等动作。

（2）需要增加材料搬运的资源（人员、设备、货架、仓库空间/系统）。

（3）生产线外大量储存空间被占用，造成多余的仓库建设投资的浪费。

（4）影响通道畅通，给先入先出作业增加了难度。

（5）材料的价值衰减，库存变成呆料、废料。

（6）掩盖问题，降低企业发现问题的敏锐度。

（二）库存浪费的原因

造成库存浪费的原因主要有四个，具体如图6-23所示。

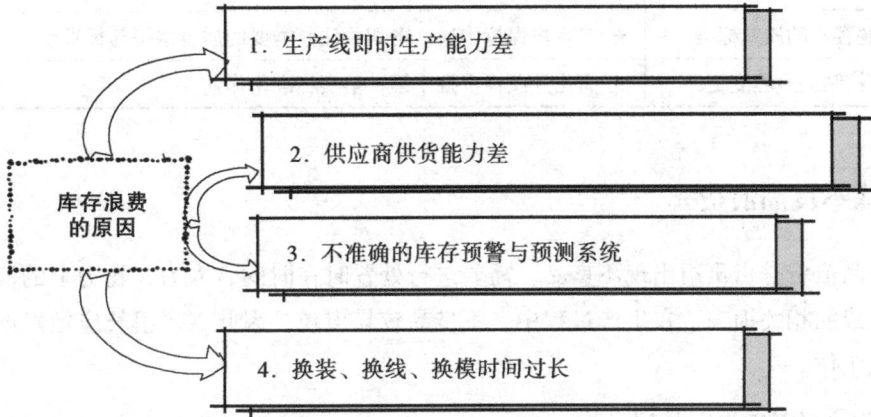

图6-23　库存浪费的原因

（三）库存浪费的消除

为消除库存浪费，班组长应控制好生产现场库存的量。具体来说可采取如图6-24所示的方法。

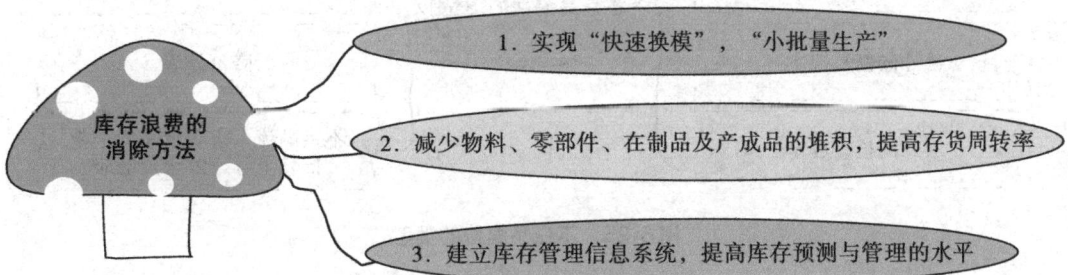

图6-24　库存浪费的消除方法

五、消除加工浪费

加工浪费，也称"过分加工浪费"，一般指多余的、过于精确的加工。加工浪费多是由于对订单标准未理解透彻或工艺流程不合理等原因造成的。因此，班组长可针对各个原因制定并落实加工浪费的消除措施。具体如表6-3所示。

表6-3　加工浪费的消除措施

加工浪费原因	消除措施
新的先进技术利用不当	★ 提高各工序的作业技能与设备的利用率 ★ 诊断作业生产线，减少不必要的作业工序
未理解客户的质量标准	★ 与客户保持沟通，密切关注其需要的质量水平与标准
没有控制的过程变更	★ 简化并严格审批手续，落实标准化作业

六、消除不良品浪费

不良品浪费是指班组出现不良品，需要进行处置时在时间、人力、物力上的浪费，以及由此造成的相关损失。在生产过程中，不良品较易出现，因此，班组长应做好不良品浪费的消除工作。

（一）不良品浪费的类型

班组现场常见的不良品浪费主要有以下几种，具体如图6-25所示。

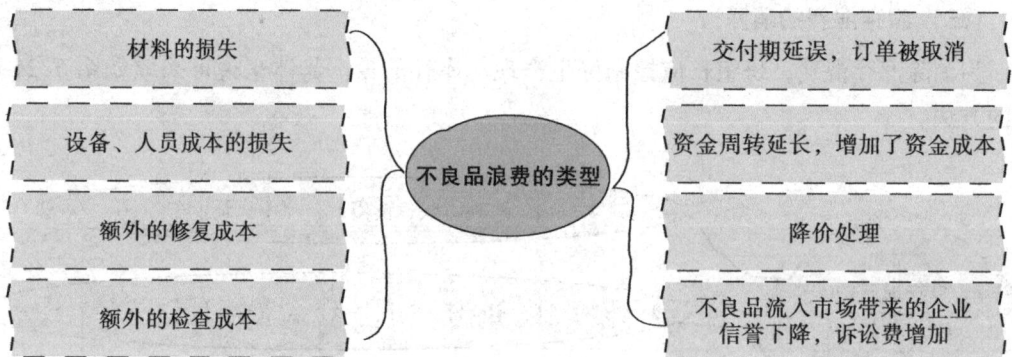

材料的损失

设备、人员成本的损失

额外的修复成本

额外的检查成本

不良品浪费的类型

交付期延误，订单被取消

资金周转延长，增加了资金成本

降价处理

不良品流入市场带来的企业信誉下降，诉讼费增加

图6-25　不良品浪费的类型

（二）不良品浪费的原因及消除措施

不良品浪费的原因及消除措施如表6-4所示。

表6-4　不良品浪费的原因及消除措施

不良品浪费原因	消除措施
供应商质量保证能力不足	★ 建立供应商档案，实施供应商优胜劣汰机制
生产制造质量保证能力不足	★ 改善生产线的制程控制能力
作业人员技能差，误操作多	★ 加强培训，提高班组作业人员的技术水平

（续表）

不良品浪费原因	消除措施
使用了不合格的工装设备	★ 严格按照规定的操作程序合理、规范地使用各种机械设备及工装夹具
管理层的决策出现错误	★ 改变生产现场的管理方式

七、消除过多（早）制造浪费

过多、过早制造势必会非适时地消耗材料、人工，并占用存储空间，降低资金流转率，因此都不是满足客户需求的最佳状态，也是一种浪费。为了消除这种浪费，班组长应了解该种浪费的具体表现形式，并掌握主要消除方法。

（一）过多（早）制造的表现形式

过多（早）制造的具体表现形式如图6-26所示。

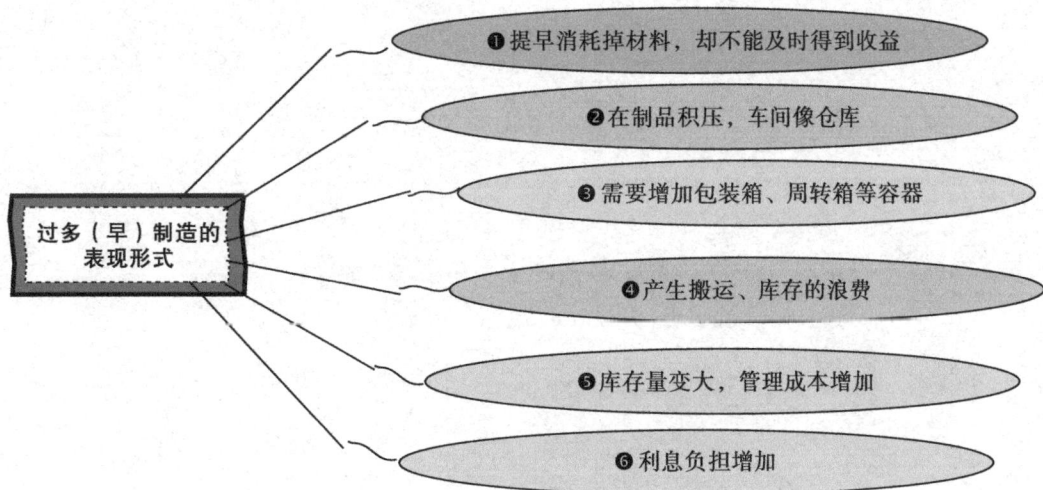

❶ 提早消耗掉材料，却不能及时得到收益

❷ 在制品积压，车间像仓库

❸ 需要增加包装箱、周转箱等容器

过多（早）制造的表现形式

❹ 产生搬运、库存的浪费

❺ 库存量变大，管理成本增加

❻ 利息负担增加

图6-26 过多（早）制造的表现形式

（二）过多（早）制造的消除方法

在过多（早）制造浪费的消除过程中，班组长必须让班组员工认识到过多、过早的制造也是一种浪费，同时也应认识到JIT生产是解决过多（早）制造浪费的最有效方法。

JIT生产的基本思想为只在需要的时间，按需要的量，生产需要的产品。而所谓需要的时间和产品，就是客户（或下道工序）已决定要的数量与时间。

实现JIT生产方式的具体方法有三种（如图6-27所示），班组长应有所了解。

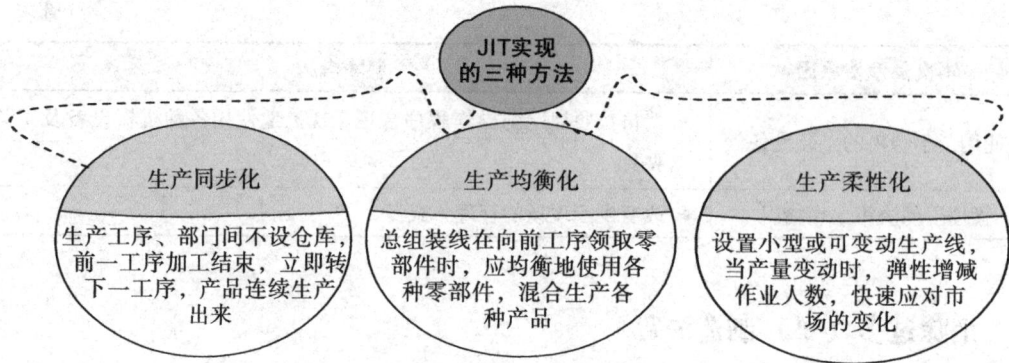

图 6-27　JIT 实现的三种方法

在班组现场落实 JIT 生产，可利用看板来实现，通过控制看板的投入量来控制产品的库存，同时也使得产量平准化。

第七章

班组质量管理

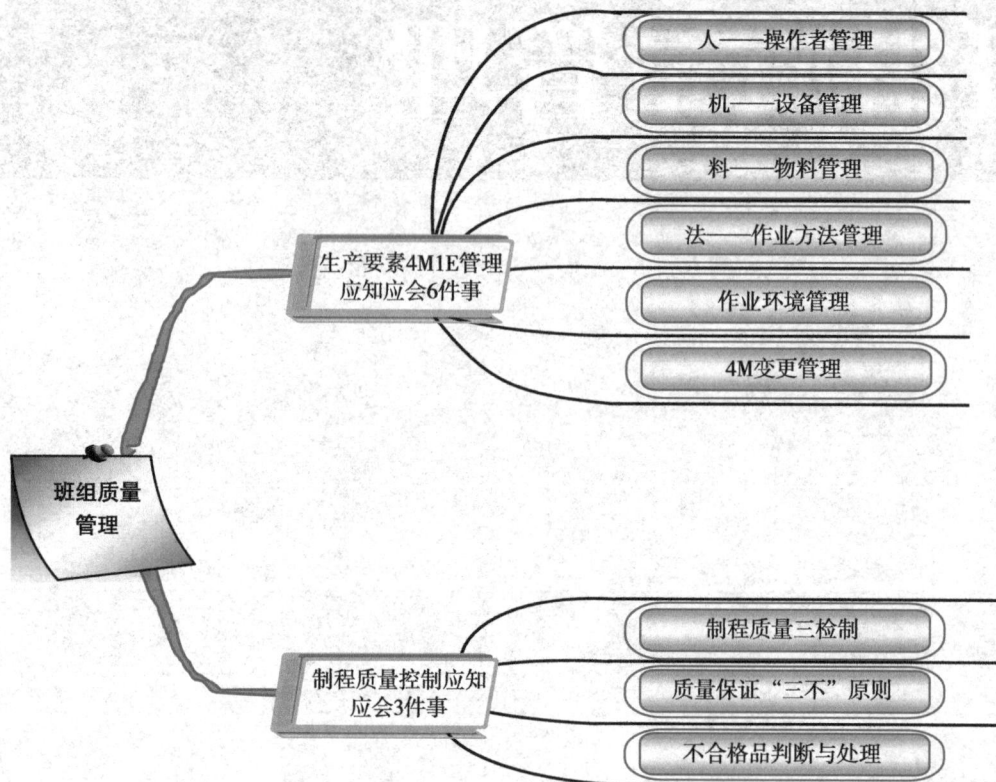

第一节　生产要素 4M1E 管理应知应会 6 件事

4M1E 是指人（Man）、机器（Machine）、材料（Material）、方法（Method）和环境（Environment）。在生产加工中，对同一工序，由同一操作者，使用同一种材料，操作同一设备，按照同一标准与方法，加工出来的同一种零件，其品质特性值不一定完全一样，这就是产品品质的波动现象，4M1E 是引起这种品质波动现象的主要因素。

一、人——操作者管理

人（Man），是指班组的所有人员，包括司机、操作工、搬运工等。人的性格特点不一样，那么生产的进度，对待工作的态度，对产品质量的理解就不一样。在班组管理中，班组长应在公平的前提下区别对待员工，使班组员工"人尽其才"，发掘班组员工的优势，避开班组员工的劣势。

（一）明确安排人员的原则

班组长在安排班组员工工作时，应遵循一定的人员安排原则对班组员工工作进行安排，提高班组员工的工作积极性。班组员工安排原则主要包括五项，具体如图 7-1 所示。

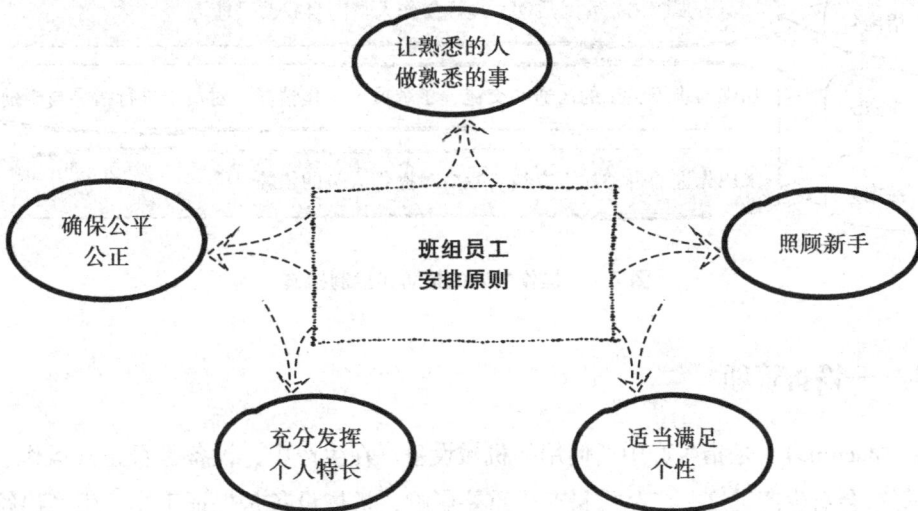

图 7-1　班组员工安排原则

（二）掌握造成操作人员失误的因素

明确人员安排原则后，班组长应根据生产特点及岗位工作需要，对操作人员失误的因素进行分析，以便根据具体因素采取有针对性的控制措施。通常，造成操作人员失误的因素主要有五项，具体如下。

（1）操作人员品质意识差。

（2）操作人员操作时粗心大意。

（3）操作人员的责任心不强。

（4）操作人员不遵守操作规程。

（5）操作人员操作技术不熟练。

（三）提出并落实操作失误的预防和控制措施

掌握操作人员操作失误的因素后，班组长应根据具体因素提出预防与控制措施并落实，降低失误发生概率，减少失误的损失与风险。常见的班组员工失误预防与控制措施主要包括以下六项，具体如图7-2所示。

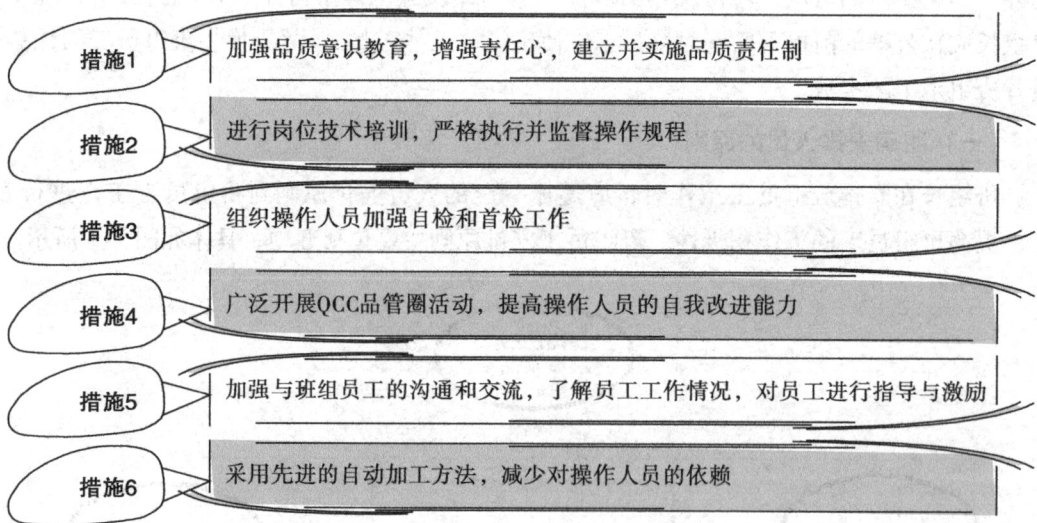

措施1	加强品质意识教育，增强责任心，建立并实施品质责任制
措施2	进行岗位技术培训，严格执行并监督操作规程
措施3	组织操作人员加强自检和首检工作
措施4	广泛开展QCC品管圈活动，提高操作人员的自我改进能力
措施5	加强与班组员工的沟通和交流，了解员工工作情况，对员工进行指导与激励
措施6	采用先进的自动加工方法，减少对操作人员的依赖

图7-2 操作失误的预防和控制措施

二、机——设备管理

机（Machine），是指生产中所使用的机械设备。在生产中，设备是否正常运作、设备的好坏等都会对生产进度、产品质量产生重要影响，机械设备是保证工序，生产出符合品质要求的产品的主要条件之一。

（一）明确机器设备影响工序品质特性的因素

班组生产中机器设备影响工序品质特性的因素主要有三种，具体如下所示。

（1）机器设备的精度保持性、稳定性和性能可靠性。

（2）机械配合件的间隙。

（3）机械定位装置的准确可靠性等。

（二）根据因素进行设备管理

在班组生产质量管理中，班组长应根据机械设备影响工序品质特性的因素，采取措施进行设备管理，减少或消除机械设备造成的品质波动。具体措施如图7-3所示。

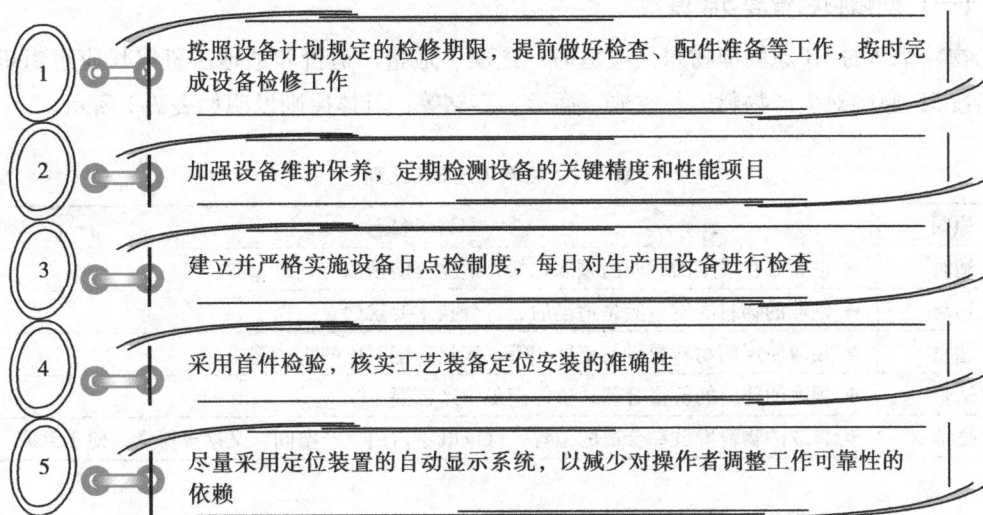

1	按照设备计划规定的检修期限，提前做好检查、配件准备等工作，按时完成设备检修工作
2	加强设备维护保养，定期检测设备的关键精度和性能项目
3	建立并严格实施设备日点检制度，每日对生产用设备进行检查
4	采用首件检验，核实工艺装备定位安装的准确性
5	尽量采用定位装置的自动显示系统，以减少对操作者调整工作可靠性的依赖

图7-3　设备管理措施

设备点检

三、料——物料管理

料（Material），指物料，如半成品、配件、原料等产品用料。物料的数量、质量直接影响到班组生产的产品的质量，因此，为加强生产质量控制，减少质量波动，班组长应采取措施对生产物料进行管理，具体管理事项如下。

（一）遵循物料管理5R原则

物料管理的5R原则即物料供应适时、适质、适量、适价和适地。班组长应组织班组员工按5R原则对生产物料进行领取、搬运、存储等，具体原则说明如表7-1所示。

表7-1　物料管理5R原则

原则	具体说明
适时	◆ 按要求在规定的时间内领取物料，避免提前领取与延迟领取
适质	◆ 领取的物料的质量应是适当的、符合技术要求的
适量	◆ 领取使用的物料数量与定额相符，满足一定时段的生产需求
适价	◆ 领取的物料的价格合理，价值满足生产需要
适地	◆ 领取的物料堆放在合适的位置，保证既不占用生产空间，又摆放科学，便于拿取

（二）严格进行物料检查

为保证物料的数量与定额相符，物料质量与所生产产品的要求质量一致，班组长应组织班组员工按定额标准与质量标准对物料进行严格检查。检查要点主要包括五项，具体如图7-4所示。

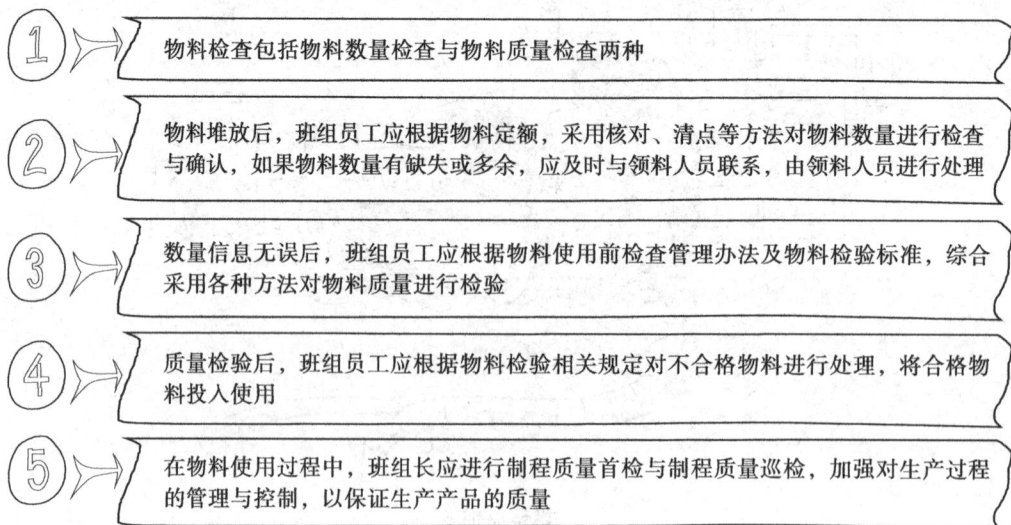

① 物料检查包括物料数量检查与物料质量检查两种

② 物料堆放后，班组员工应根据物料定额，采用核对、清点等方法对物料数量进行检查与确认，如果物料数量有缺失或多余，应及时与领料人员联系，由领料人员进行处理

③ 数量信息无误后，班组员工应根据物料使用前检查管理办法及物料检验标准，综合采用各种方法对物料质量进行检验

④ 质量检验后，班组员工应根据物料检验相关规定对不合格物料进行处理，将合格物料投入使用

⑤ 在物料使用过程中，班组长应进行制程质量首检与制程质量巡检，加强对生产过程的管理与控制，以保证生产产品的质量

图7-4　物料检查要点

四、法——作业方法管理

法即作业方法，包括方法与技术等。方法技术是实现加工制造的关键，正确的方法或技术可以指导员工生产出合格的产品，但如在生产中方法技术执行不善，则会造成产品品质不佳。因此，为减少产品质量波动，提高产品质量，班组长应加强作业方法的管理。

（一）明确作业方法的内容

班组长进行作业方法管理前，应明确作业方法的内容，以便按内容要求采取控制措施。通常，班组作业方法的内容主要包括作业指导书、标准工序指引、生产图纸、生产计划表、产品作业标准、检验标准、各种操作规程、各项流程说明等。

（二）掌握作业方法控制措施

明确作业方法的内容后，班组长应采取措施对作业方法的执行进行控制，以减少或预防作业方法操作失误。常见的作业方法控制措施主要包括以下六种，具体如图7-5所示。

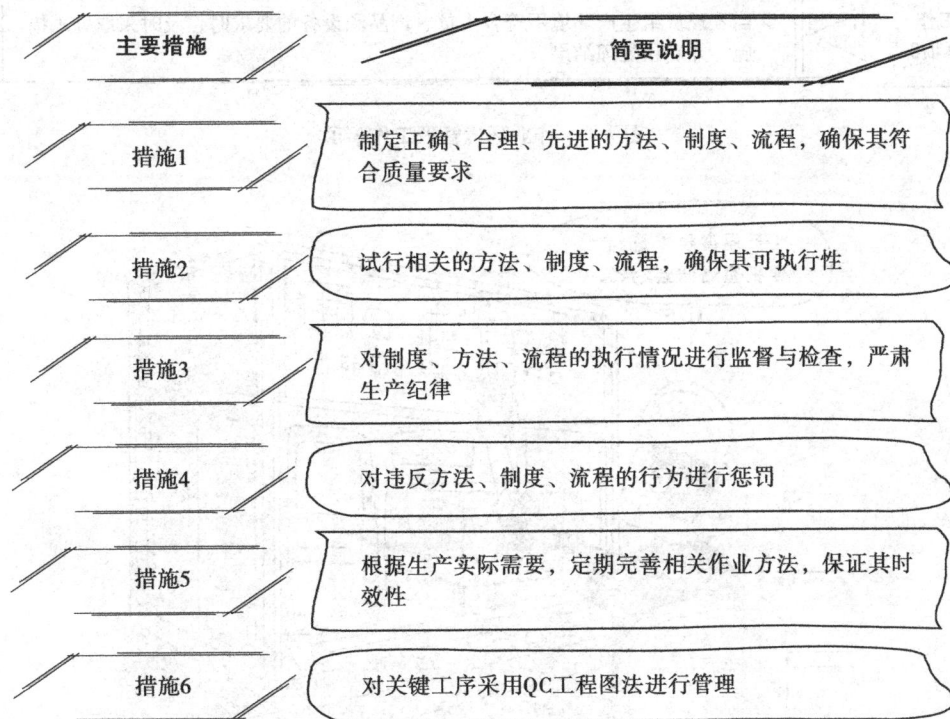

主要措施	简要说明
措施1	制定正确、合理、先进的方法、制度、流程，确保其符合质量要求
措施2	试行相关的方法、制度、流程，确保其可执行性
措施3	对制度、方法、流程的执行情况进行监督与检查，严肃生产纪律
措施4	对违反方法、制度、流程的行为进行惩罚
措施5	根据生产实际需要，定期完善相关作业方法，保证其时效性
措施6	对关键工序采用QC工程图法进行管理

图7-5　作业方法控制措施

五、作业环境管理

作业环境是指生产现场的温度、湿度、振动、噪声、照明、室内净化和现场污染程度等。作业环境管理的目的一方面是要确保员工能在生产现场愉快地工作，另一方面要保证现场环境能够符合不同设备的使用要求及不同产品的质量要求。

由于生产产品的工序不同，所需环境条件也不相同，所以，班组长应根据工序要求选择相适应的环境。通常，为保证生产环境符合生产要求，班组长应组织班组员工做好以下三项工作，具体如图7-6所示。

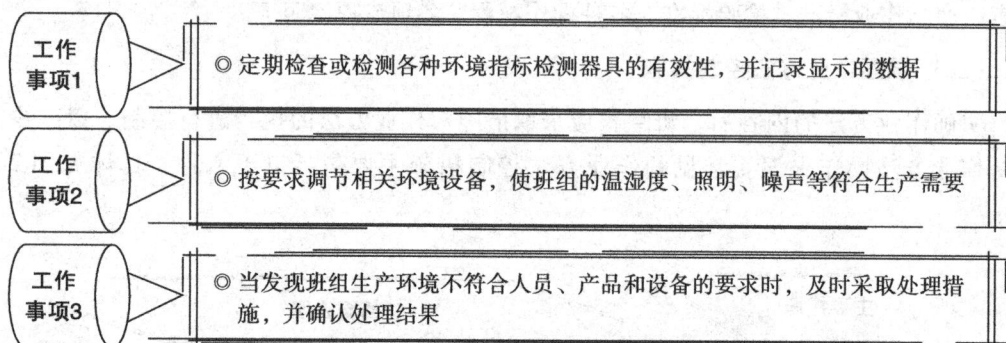

工作事项1	◎ 定期检查或检测各种环境指标检测器具的有效性，并记录显示的数据
工作事项2	◎ 按要求调节相关环境设备，使班组的温湿度、照明、噪声等符合生产需要
工作事项3	◎ 当发现班组生产环境不符合人员、产品和设备的要求时，及时采取处理措施，并确认处理结果

图7-6　作业环境管理工作事项

六、4M 变更管理

4M 变更是指在生产过程中给品质带来一定影响的异常变更。在生产过程中，人员、设备、材料、方法经常在变化，导致产品质量也会随之变化，对 4M 变更的管理就是通过控制上述变化，使结果在允许的范围内变动。

（一）分析变更原因

班组长在处理变更前，应分析 4M 变更原因，以便根据原因采取针对性的处理办法。通常，班组 4M 变更原因主要有操作者的变更、设备的变更、材料及辅料的变更、工艺方法的变更四种，具体如图 7-7 所示。

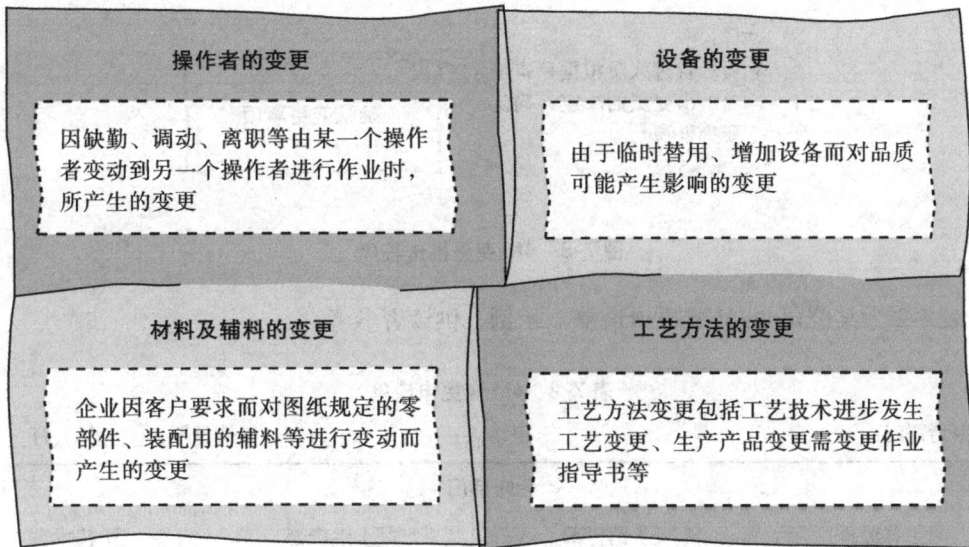

操作者的变更

因缺勤、调动、离职等由某一个操作者变动到另一个操作者进行作业时，所产生的变更

设备的变更

由于临时替用、增加设备而对品质可能产生影响的变更

材料及辅料的变更

企业因客户要求而对图纸规定的零部件、装配用的辅料等进行变动而产生的变更

工艺方法的变更

工艺方法变更包括工艺技术进步发生工艺变更、生产产品变更需变更作业指导书等

图 7-7 变更原因分析

（二）明确变更推进程序

4M 变更管理一般是按"明确变更事项、提交变更申请、评审变更申请、确认变更事项"的顺序推进的，其具体说明如图 7-8 所示。

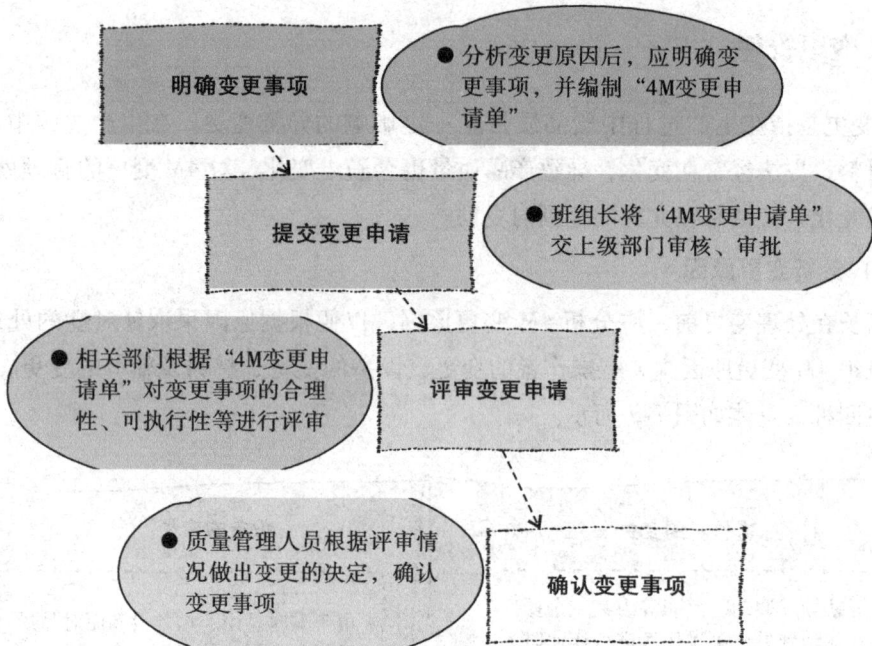

明确变更事项

● 分析变更原因后，应明确变更事项，并编制"4M变更申请单"

提交变更申请

● 班组长将"4M变更申请单"交上级部门审核、审批

● 相关部门根据"4M变更申请单"对变更事项的合理性、可执行性等进行评审

评审变更申请

● 质量管理人员根据评审情况做出变更的决定，确认变更事项

确认变更事项

图7-8 4M 变更推进程序

表7-2 为某公司"4M 变更申请单"示例，供读者参考。

表7-2 4M 变更申请单

申请部门：　　　　　　　　　申请人：　　　　　申请日期：＿＿年＿月＿日

会知部门			
□ 总经理	□ 销售部	□ 生产部	□ 技术部
□ 品管部	□ 设备部	□ 采购部	□ 其他
变更内容			
资料名称		资料编号	
变更类别	□ 作业方法变更		□ 设备的变更
	□ 作业人员变更		□ 物料设计变更
变更内容			
变更原因			
更新前版本号		更新后版本号	

(续表)

计划完成时间	随附物品			
□接到通知日立即变更	文件:			
□库存品用完后变更	样品:			
其他说明:	其他:			
变更评审				
审议内容	审议部门	是	否	备注
是否符合相关法律法规及产品认证要求	品管	□	□	
已经进行风险性评估,确定不影响其他生产要素	技术	□	□	
需要新增相关生产设备/治具/仪器	设备	□	□	
是否最终符合客户要求	销售	□	□	
需要更正产品的作业方式	生产	□	□	
需要更新产品的检验方式	品管	□	□	
产品成本是否发生变化	技术	□	□	
已经将变更资料通知供方,并取得同意	采购	□	□	
已经将变更资料通知客户,并取得同意	销售	□	□	
审核审批				
审批	签字: 日期: 年 月 日			
核准	签字: 日期: 年 月 日			

(三) 掌握变更处理方法

变更申请审批后,班组长应协助其他相关部门,根据变更内容及变更原因,按变更申请审批意见对变更事项进行处理。4M 变更处理方法的详细说明如表 7-3 所示。

表 7-3　4M 变更处理方法

变更项目	处理方法说明
作业人员变更	◆ 作业人员变更应按"作业指导书"的要求安排新操作人员培训 ◆ 新操作人员培训后,班组长每隔一段时间(如两小时)对新操作人员生产的产品的质量进行确认,直至生产产品合格为止

（续表）

变更项目	处理方法说明
设备变更	◆ 在设备变更的处理中，要确认设备生产的首件产品的质量是否合格；如果不合格，则要求班组员工停止生产并重新检查设备的有效性 ◆ 设备变更后，生产出来的首件产品经技术人员确认合格后，应交质检人员进行小批量生产的复检，确认品质合格后方可进行大批量生产
物料设计变更	◆ 物料设计变更指由于设计、生产、品质使用等因素需对产品规格、型号、颜色、功能等的变更。发生变更时，处理程序一般如下： （1）技术部根据客户或产品的要求，制成"设计变更通知书"给相关部门 （2）班组长收到"设计变更通知书"后，负责零件检查规格书、成品检查规格书、工程内检查指导书、作业指导书的修订 （3）修订后，班组长要指导班组员工使用修订的指导书所规定的材料进行作业
作业方法变更	◆ 作业方法变更后，班组长应修改作业指导书，并指导员工按新的作业方法进行作业，处理发生的异常

变更处理后，班组长应协助质量管理部门对产品质量进行检验与确认，填写"变更确认表"，并将确认信息存档。

第二节　制程质量控制应知应会3件事

一、制程质量三检制

三检制是实行操作者的自检、班组员工之间的互检和专职检验人员的专检相结合的一种检验制度。自检、互检与专检相结合的制度，是班组员工参与质量管理的有效形式，它充分体现了员工的主人翁地位，有利于调动员工的积极性，促使员工重视产品质量，自觉把好产品质量关。

（一）自检

自检是班组员工对自己所生产的产品，按照图纸、工艺或合同中规定的技术标准自行进行检验，并做出是否合格的判断。自检充分体现了员工必须对自己生产的产品的质量负责。自检的内容主要包括三项，具体如图7-9所示。

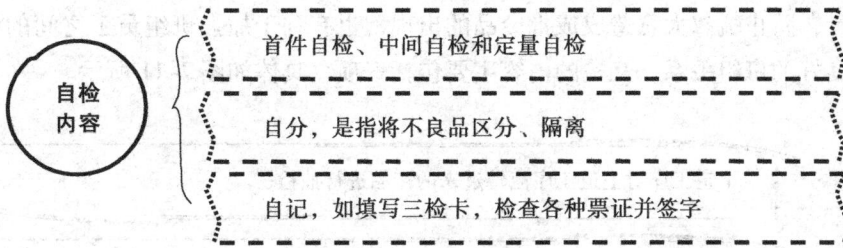

图7-9 自检内容

其中，首件自检是制程自检的重要内容，首件自检决定了制程检验的质量及质量检验工作的工作量，班组长应组织班组员工做好首件自检工作。首件自检的时机及内容说明如图7-10所示。

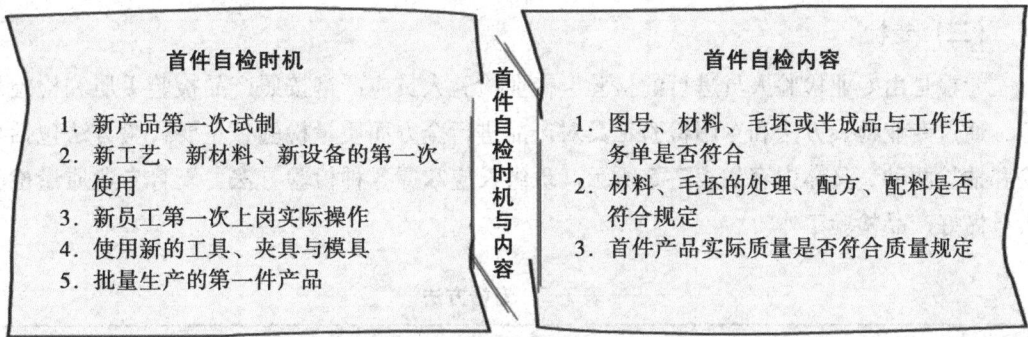

图7-10 首件自检时机与内容

班组员工明确首件自检内容后，应根据工艺流程加工要求及产品试制标准，对生产出的第一件产品进行自检，自检后应填写"首件质量检验记录表"，并将其交专业质检人员。表7-4为某企业"首件质量检验记录表"示例，供读者参考。

表7-4 首件质量检验记录表

编号：   原料产地：   日期：___年__月__日

产品名称	生产时间	操作者	首检时间	首检人员	情况说明	备注

审批人：   填表人：

（二）互检

互检指班组员工相互之间进行的检验。互检是对自检的补充和监督，互检既有利于保证生产质量，防止疏忽大意造成成批废品的出现，也有利于加强班组员工之间的沟通与联系，创造良好的班组关系。互检的内容主要包括三项，具体如图7-11所示。

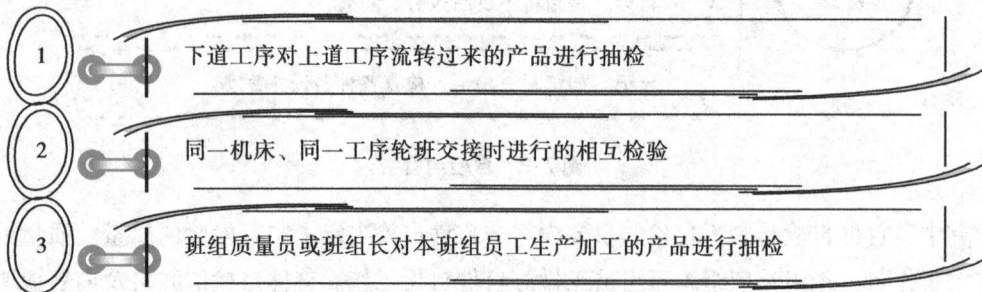

1 下道工序对上道工序流转过来的产品进行抽检

2 同一机床、同一工序轮班交接时进行的相互检验

3 班组质量员或班组长对本班组员工生产加工的产品进行抽检

图7-11 互检的内容

（三）专检

专检是由专业检验人员进行的检验。专业检验人员应严格按照产品检验手册和检验规范，通过专业检验方法和专用检验工具对产品进行全方面质量检验，主要检验方法包括全检和抽检两种，具体内容如表7-5所示。班组长应掌握各种检验方法，配合专业质量检验人员做好产品检验工作。

表7-5 专检方法

方法	具体说明
全检	◆ 全检是指根据某种标准对被检验产品进行全部检查的方法 ◆ 全检主要适用于数量较少、价值较高的产品
抽检	◆ 抽检是从一批产品中随机抽取少量样本进行检验，据以判断该批产品是否合格的检验方法 ◆ 抽检适用于数量较大的产品的检验

其中抽样检验方法根据抽样对象特征选择适当的抽样方式和质量检验水平，按照抽取样本的次数可分为一次抽样、二次抽样、多次抽样和序贯抽样四种，以采用一次抽样和二次抽样为主。

（1）一次抽样即从当批检验产品中抽取一次样本，根据此次抽取样本的检验结果，决定检验批合格或不合格。

（2）二次抽样即根据第一次样本的检验结果，决定合格、不合格，再抽取一次样本，并根据两次样本的结果对照检验标准，以决定该检验批是否合格。

二、质量保证"三不"原则

质量保证"三不"原则是指不接受不合格品;不制造不合格品;不流出不合格品。"三不"原则的实施可以使班组员工树立起"生产出让自己和客户都满意的产品"的信念;可使生产的各环节始终处于良好的受控状态,使生产进入有序的良性循环;可对班组员工进行制约,提高工作质量,保证产品或工序的质量。班组长落实"三不"原则时需做好以下工作。

(一)明确"三不"原则的具体内容

1. 不接受不合格品

不接受不合格品是指员工在生产前,先按规定检查前道工序或上游车间传递的产品是否合格,一旦发现问题则有权拒绝接收,并及时反馈给前道工序或上游车间。前道工序或上游车间应马上停止生产或加工,分析问题原因,并采取措施,及时纠正质量问题,同时避免继续使用不合格品造成的浪费。

2. 不制造不合格品

不制造不合格品是指接受前道工序或上游车间的合格品后,班组员工在加工时应严格执行作业规范,确保本班组或本工序所制造的产品100%合格。班组长应使班组员工明确准备充分并在作业过程中得到确认是不制造不合格品的关键。具体来说,在作业前,班组员工应做好检查、确认等准备工作;在作业中要随时留意可能的情况,避免或尽早发现异常问题,降低不合格品产生的概率。

3. 不流出不合格品

不流出不合格品是指班组员工完成本工序加工后,需检查确认加工的产品的质量,一旦发现不良品,必须及时停机,将不良品在本工序截下,在本工序内完成不良品处置并采取预防措施,防止不良品的再次出现。本道工序应保证传递的是合格品,否则会被下道工序或"客户"拒收。

(二)掌握"三不"原则的实施要点

明确"三不"原则的具体内容后,班组长应掌握"三不"原则的实施要点,以便按实施要点指导班组员工按"三不"原则的要求开展质量保证工作。"三不"原则的实施要点如表7-6所示。

表7-6　"三不"原则的实施要点

实施要点	具体说明
谁制造谁负责	◆ 班组员工的质量责任从接受上道工序合格产品开始，规范作业、确保本道工序的产品质量符合要求是员工最大的任务 ◆ 如在本道工序发现不良或接到后道工序反馈的不良信息后，员工必须立即停止生产，调查原因，采取对策对不良进行处理
谁制造谁检查	◆ 产品的生产者，同时也是产品的检查者。班组员工应对生产的产品进行自检，产品自检合格后才能流入下道工序 ◆ 通过自身检查，班组员工可以了解本工序加工产品的状态，有利于员工不断提升加工水平，提高产品质量
作业标准化	◆ 企业从设计开发、设定工艺参数开始，就要对所有的作业流程、作业细节进行规范化、标准化 ◆ 班组员工必须严格执行标准化作业，否则容易出现无法找出产生不良品的原因，导致生产混乱
全数检查	◆ 班组员工应采取多种方法对各产品、各工序实施全数检查
工序内检查	◆ 质量是作业人员制造出来的，应工序内检查，如安排另外的检查人员在工序外对产品进行检查或修理，既造成浪费，也不利于增强作业人员的责任感
不良上报	◆ 生产过程中出现的任何不良，必有其内在的原因，只有真正了解发生不良的内在原因，才能控制不合格品的制造 ◆ 对于产生的不良品，班组员工要将不良信息上报，由设计人员、管理人员等共同提出改善对策，并在车间或班组内进行说明，防止车间或班组再次出现相同的不良品
限时处理	◆ 在生产过程中，产生不良品时，班组员工必须马上停止作业并针对产生不良品的人、机、料、法、环等要素进行检查与确认，调查造成不良的真正原因并及时处理不良品
不良停产	◆ 在工序内一旦发现不良产品，班组员工有权力也有责任停止生产，并及时采取预防措施
防错	◆ 班组长要协助上级部门实施科学合理的防错措施、防止疏忽 ◆ 在现场管理中，班组长要认真进行细节管理，制订周密计划，做好充分的准备，减少各种变动，把品质控制在要求的范围内

（续表）

实施要点	具体说明
管理支持	◆ 作业者承担产品的品质责任，但因为班组长的职责就是帮助班组员工解决问题，如产品出现不良，班组长应承担更多的责任 ◆ 当员工发现问题并报告时，班组长应第一时间进行确认，一起调查并处理问题，同时为班组员工提供支持

三、不合格品判断与处理

不合格品是指经检验和试验判定，产品质量特性与相关技术要求和图纸工程规范相偏离，不符合接收准则的产品。不合格品包括废品、返修品和超差利用品（也称等外品）三种。不合格品一律不准入库或进入下一道工序。

（一）不合格品的判断

不合格品是根据质量进行判断的，不合格品判断主要包括符合性判断、适用性判断和处置方法判断三种，具体如表7-7所示。

表7-7　不合格品判断

种类	具体说明
符合性判断	◆ 判定产品是否符合技术标准，做出合格或不合格的结论 ◆ 符合性判断一般由质检人员负责，班组长应配合质检人员的工作

种类	具体说明
适用性判定	◆ 不合格品的适用性判定是一项技术性很强的工作，企业应根据产品未满足规定的质量特性重要性、质量特性偏离规定要求的程度和对产品质量影响的程度制定分级处置程序，规定有关评审和处置部门的职责及权限
处置方法判断	◆ 判定产品是否还具有某种使用价值，对不合格品做出返工、返修、让步、降级、改作他用、拒收报废等处置结论 ◆ 处置方法判断属于适应性判断的范畴，一般由质检部主管以上级别人员根据不合格程度及对产品品质的最终影响程度确定分级处理办法

（二）不合格品的处理

班组长明确不合格品判断内容后，可组织对不合格品进行处理，以实现物尽其用，节省不合格品的管理费用及储存空间。不合格品的处理要点如下。

1. 明确不合格品处理要求

不合格品处理要求主要包括五项，具体如图 7-12 所示。

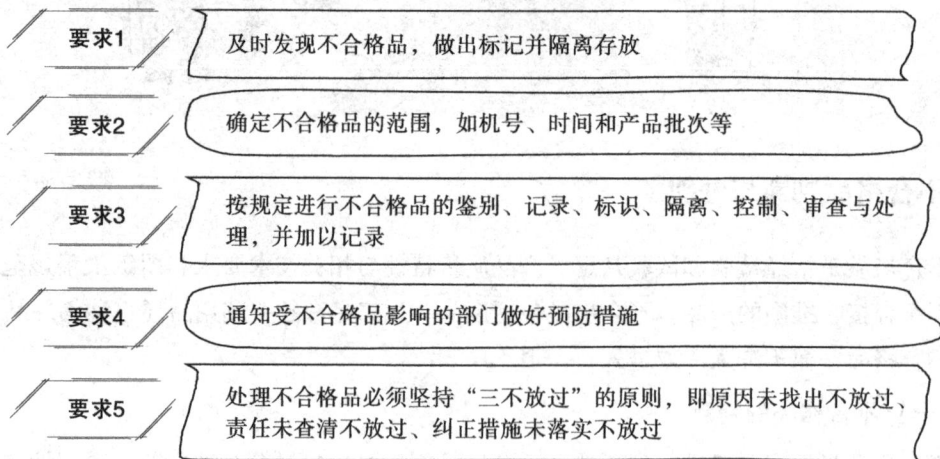

要求1	及时发现不合格品，做出标记并隔离存放
要求2	确定不合格品的范围，如机号、时间和产品批次等
要求3	按规定进行不合格品的鉴别、记录、标识、隔离、控制、审查与处理，并加以记录
要求4	通知受不合格品影响的部门做好预防措施
要求5	处理不合格品必须坚持"三不放过"的原则，即原因未找出不放过、责任未查清不放过、纠正措施未落实不放过

图 7-12　不合格品处理要求

2. 掌握不合格品处理程序

不合格品的处理程序主要包括四步，具体如下所示。

（1）班组员工对不合格品进行标识、隔离并做好记录。

（2）质量检验人员判定不合格品的类别，然后决定提交哪一级处理。

（3）相关部门及人员按规定权限，对不合格品做出处理结论（报废、返修、返工和超差使用)。

(4) 班组员工配合有关部门按处理结论要求对不合格品进行处理。

3. 选择不合格品处理方法

不合格品处理方法主要包括返工和返修、降级、拆解使用和报废四种，班组长应在职责权限内选择合适的处理方法对不合格品进行处理。具体说明如表7-8所示。

表7-8　不合格品处理方法

方法	具体说明
返工和返修	◆ 将不合格品进行整形、消边、去污、重组等返工或修复作业，使其可正常使用，修复后要经质检人员检验合格后方可继续使用或入库
降级	◆ 对不符合其目标产品标准单，但符合其他等级标准的不合格品，经技术部门、质量部门鉴定后，可按符合的等级继续使用或入库
拆解使用	◆ 将不合格组合品拆解成零部件，符合使用标准的零部件继续使用
报废	◆ 不合格品无法重新利用的，视为废品，依报废管理规定进行处理

第八章

班组安全管理

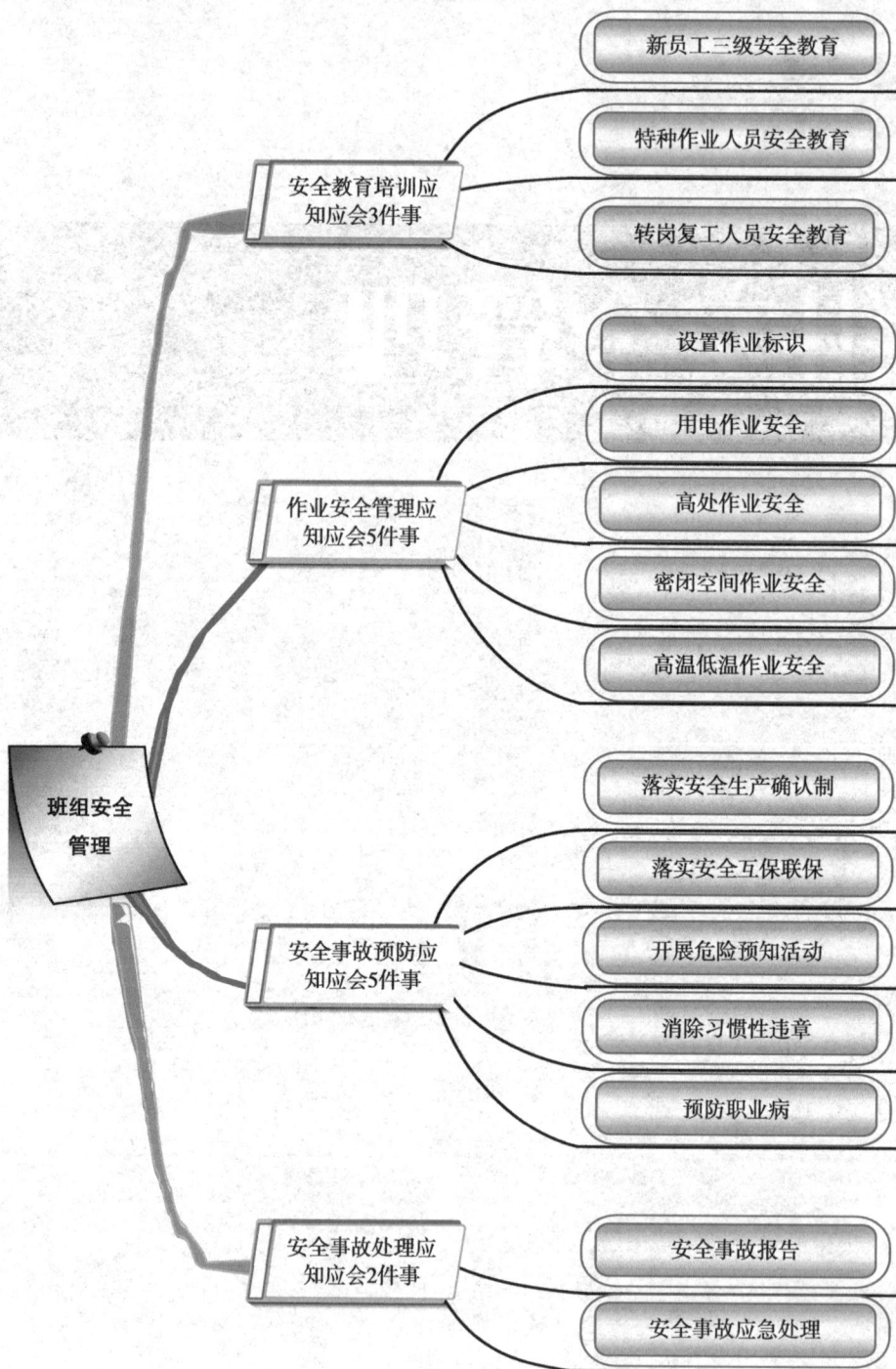

班组安全管理

安全教育培训应知应会3件事
- 新员工三级安全教育
- 特种作业人员安全教育
- 转岗复工人员安全教育

作业安全管理应知应会5件事
- 设置作业标识
- 用电作业安全
- 高处作业安全
- 密闭空间作业安全
- 高温低温作业安全

安全事故预防应知应会5件事
- 落实安全生产确认制
- 落实安全互保联保
- 开展危险预知活动
- 消除习惯性违章
- 预防职业病

安全事故处理应知应会2件事
- 安全事故报告
- 安全事故应急处理

第一节 安全教育培训应知应会 **3** 件事

一、新员工三级安全教育

新员工三级安全教育，是每个新员工必须参加的教育，班组长不仅应了解新员工三级安全教育的内容，还应实施好班组级安全教育。

（一）新员工三级安全教育的内容

新员工三级安全教育包括厂级安全教育、车间级安全教育及班组级安全教育，主要内容如图 8-1 所示。

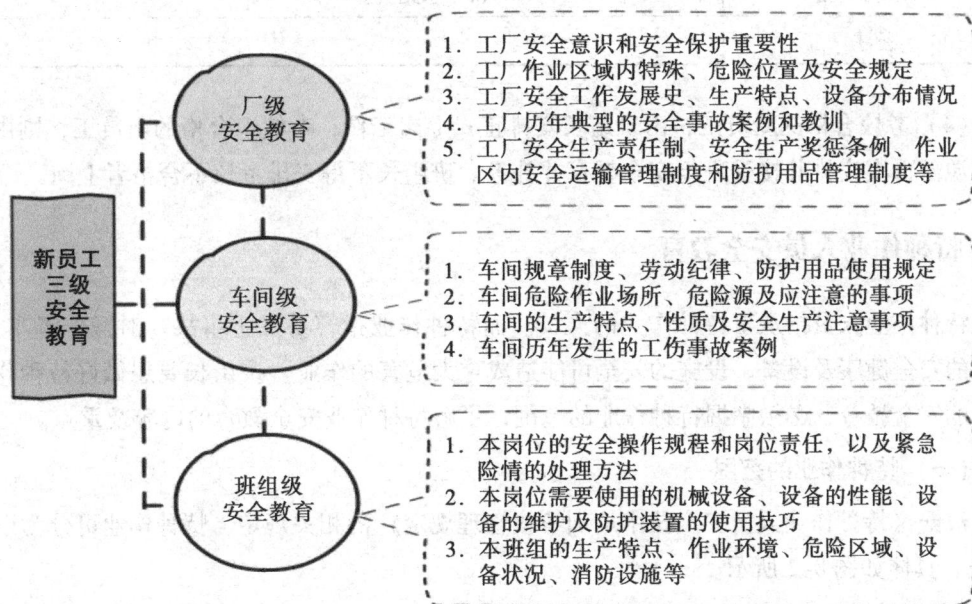

新员工三级安全教育

厂级安全教育
1. 工厂安全意识和安全保护重要性
2. 工厂作业区域内特殊、危险位置及安全规定
3. 工厂安全工作发展史、生产特点、设备分布情况
4. 工厂历年典型的安全事故案例和教训
5. 工厂安全生产责任制、安全生产奖惩条例、作业区内安全运输管理制度和防护用品管理制度等

车间级安全教育
1. 车间规章制度、劳动纪律、防护用品使用规定
2. 车间危险作业场所、危险源及应注意的事项
3. 车间的生产特点、性质及安全生产注意事项
4. 车间历年发生的工伤事故案例

班组级安全教育
1. 本岗位的安全操作规程和岗位责任，以及紧急险情的处理方法
2. 本岗位需要使用的机械设备、设备的性能、设备的维护及防护装置的使用技巧
3. 本班组的生产特点、作业环境、危险区域、设备状况、消防设施等

图 8-1　新员工三级安全教育的主要内容

（二）班组级安全教育的实施程序

新员工班组级安全教育的实施程序如下所示。

（1）新员工经厂级、车间级、班组级安全教育后，转入班组。

（2）班组长根据企业的三级安全教育培训规定对新员工进行培训。

（3）培训结束后，班组长配合人力资源部对新员工进行培训效果考核评估，并填写"三级安全教育卡"。"三级安全教育卡"的格式如表 8-1 所示。

表8-1 三级安全教育卡

姓名		性别		年龄		文化程度	
进工厂日期		体检情况		工种		分配单位	
三级教育	厂级教育内容		车间级教育内容			班组级教育内容	
	教育起止日期		教育起止日期			教育起止日期	
	考试成绩		考试成绩			考试成绩	
	主考人（签字）		主考人（签字）			主考人（签字）	
师徒合同号		师傅签名				班组长	
考试合格证号		发放日期				主办人	
个人态度			人力资源部意见				
班组长意见			领导意见（签字）				
备注							

（4）考核合格的新员工，由班组长安排正式上岗工作；考核未合格的新员工，则由人力资源部再次安排其接受班组安全教育并补考。班组长不得安排考核不合格者上岗。

二、特种作业人员安全教育

特种作业人员指从事特种作业的人员。而特种作业指容易发生事故，对操作者本人、他人的安全健康及设备、设施的安全可能造成重大危害的作业。班组长要想做好特种作业人员的安全教育，必须掌握特种作业的范围，了解特种作业安全教育的内容及重点。

（一）特种作业的范围

根据《特种作业人员安全技术培训考核管理规定》的相关规定，特种作业可分为以下11类，具体如图8-2所示。

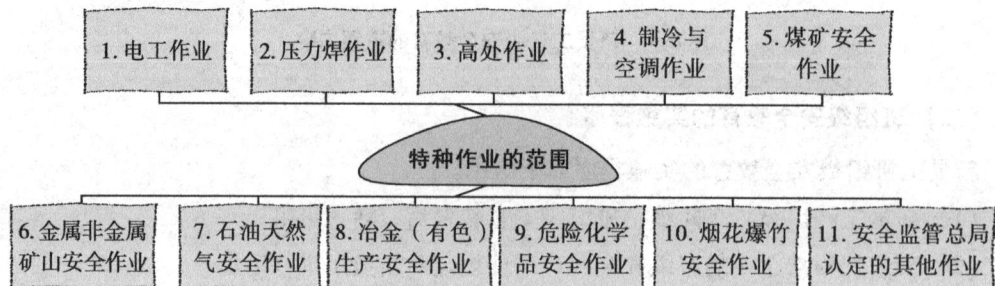

图8-2 特种作业的范围

特种作业的范围

1. 电工作业
2. 压力焊作业
3. 高处作业
4. 制冷与空调作业
5. 煤矿安全作业
6. 金属非金属矿山安全作业
7. 石油天然气安全作业
8. 冶金（有色）生产安全作业
9. 危险化学品安全作业
10. 烟花爆竹安全作业
11. 安全监管总局认定的其他作业

（二）特种作业安全教育的重点

特种作业人员除了必须接受一般员工的安全教育外，还必须接受特种作业培训，取得特种作业操作证。

1. 特种作业人员培训

（1）班组长应督促特种作业人员参加与其所从事的特种作业相关的安全技术理论培训和实际操作培训。

（2）已经取得职业高中、技工学校及中专以上学历的毕业生从事与其所学专业相应的特种作业，班组长可提醒其持学历证明向考核发证机关申请免予相关专业的培训。

2. 特种作业人员考核取证

（1）班组长应督促特种作业人员参加特种作业操作资格考试。特种作业操作资格考试包括安全技术理论考试和实际操作考试两部分。考试不及格的，允许补考一次。经补考仍不及格的，重新参加相应的安全技术培训。

（2）班组长应提醒考试通过的特种作业人员及时申请、领取特种作业操作证，并及时做好复审工作。

3. 特种作业人员上岗

特种作业人员未经专门的安全技术培训并考核合格、取得特种作业操作证的，班组长不得安排其上岗从事特种作业。

三、转岗复工人员安全教育

班组长在安排转岗复工人员的安全教育时，应区别对待，掌握好培训重点。

（一）转岗人员安全教育

转岗安全教育，指员工转换工作岗位时进行的新操作方法和新工作岗位的安全教育。

1. 转岗安全教育对象

转岗安全教育对象主要包括在班组内、车间内或厂内换工种，或调换到与原工作岗位操作方法有差异的岗位的员工以及短期参加生产工作的企业管理人员等，这些人员应由班组长进行相应工种的安全生产教育。

2. 教育内容

转岗安全教育内容可参照"三级安全教育"的要求确定，一般只需进行车间、班组二级安全教育。但调作特种作业人员的，还需接受特种作业安全教育，经考核合格取得特种作业操作证后，班组长方可准其上岗作业。

（二）复工人员安全教育

复工安全教育，是指员工伤、病愈复工或经过较长的假期后复工上岗前的安全教育。班组复工教育的对象主要包括因工伤痊愈后的人员及各种休假超过三个月以上的人员。具体复工安全教育的实施要点如图8-3所示。

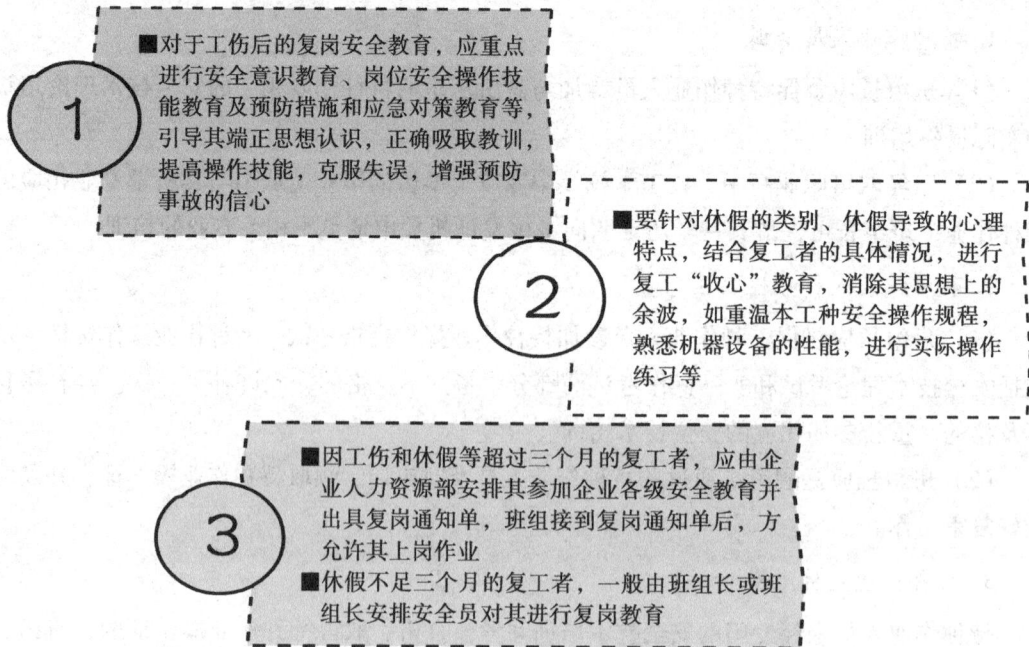

1. ■对于工伤后的复岗安全教育，应重点进行安全意识教育、岗位安全操作技能教育及预防措施和应急对策教育等，引导其端正思想认识，正确吸取教训，提高操作技能，克服失误，增强预防事故的信心

2. ■要针对休假的类别、休假导致的心理特点，结合复工者的具体情况，进行复工"收心"教育，消除其思想上的余波，如重温本工种安全操作规程，熟悉机器设备的性能，进行实际操作练习等

3. ■因工伤和休假等超过三个月的复工者，应由企业人力资源部安排其参加企业各级安全教育并出具复岗通知单，班组接到复岗通知单后，方允许其上岗作业
   ■休假不足三个月的复工者，一般由班组长或班组长安排安全员对其进行复岗教育

图8-3 复工安全教育的实施要点

第二节　作业安全管理应知应会 5 件事

一、设置作业标识

作业标识是用安全色、边框和以图像为主要特征的图形符号或文字构成的特殊标识。一般来说，班组现场的作业标识可分为禁止标识、警告标识、指令标识和提示标识四大类。班组长应了解作业标识的设计要求，掌握作业现场经常用到的标识。

（一）作业标识的设计要求

1. 禁止标识设计要求

禁止标识指禁止人们不安全行为的图形标志，其基本形式是带斜杠的圆边框，具体如图 8-4 所示。

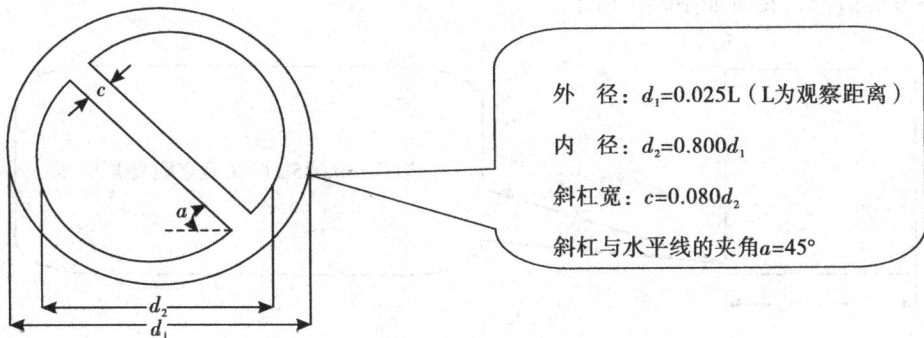

外　径：d_1=0.025L（L为观察距离）

内　径：d_2=0.800d_1

斜杠宽：c=0.080d_2

斜杠与水平线的夹角a=45°

图 8-4　禁止标识基本形式

2. 警告标识设计要求

警告标识指提醒人们注意周围环境，避免可能发生的危险的图形标志。警告标识的基本形式是正三角形边框，具体如图 8-5 所示。

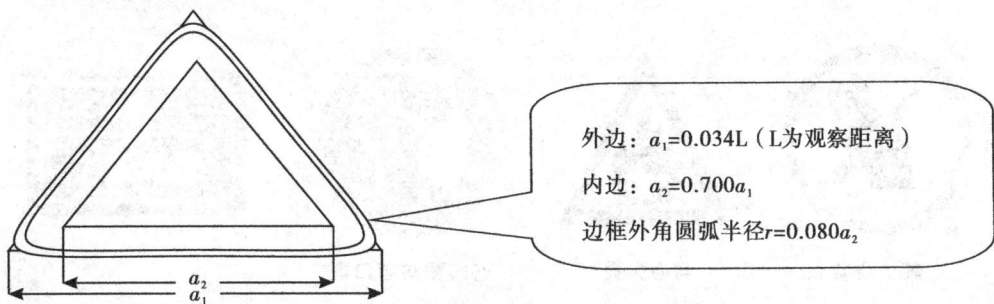

外边：a_1=0.034L（L为观察距离）

内边：a_2=0.700a_1

边框外角圆弧半径r=0.080a_2

图 8-5　警告标识基本形式

3. 指令标识设计要求

指令标识指强制人们必须做出某种动作或采用防范措施的图形标志，其基本形式是圆形边框，具体如图8-6所示。

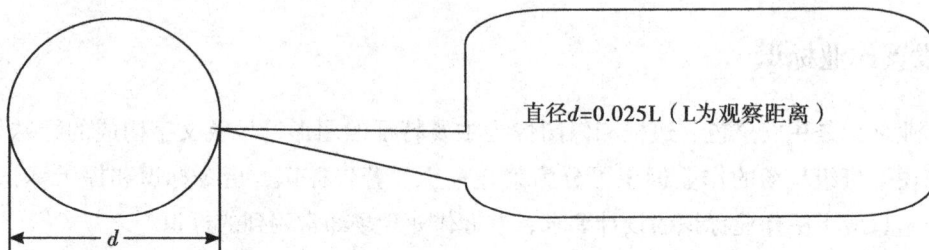

直径 $d=0.025L$（L为观察距离）

图8-6 指令标识基本形式

4. 提示标识设计要求

提示标识指向人们提供某种信息（如标明安全设施或场所等）的图形标志，其基本形式是正方形边框，具体如图8-7所示。

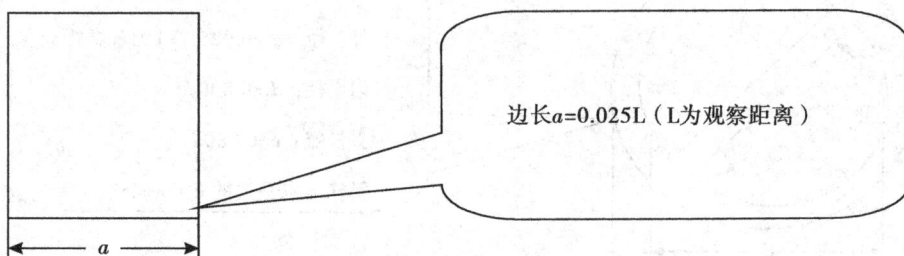

边长 $a=0.025L$（L为观察距离）

图8-7 提示标识基本形式

（二）作业现场经常用到的标识

班组长应了解作业现场经常用到的标识，熟练掌握其指导意义，明确其摆放位置，并带领班组员工遵守作业标识的要求。图8-8是几种主要作业标识的示例，供参考。

禁止启动　　　　　当心火灾　　　　　必须戴防尘口罩

图8-8 主要作业标识的示例

二、用电作业安全

触电不仅会引起设备损害、火灾等，还会伤害人的身体，严重的还会导致死亡。为防患于未然，班组长应掌握用电作业的安全常识，实现安全生产。

（一）用电作业安全管理措施

1. 落实用电作业安全管理制度

班组长应建立健全用电操作、运行、检查、维护等各项安全管理规章制度，严格执行停电、送电和验电制度，落实岗位责任。

2. 加强用电安全教育

班组长应加强对员工的用电安全教育，使其掌握安全用电的基本知识，认识安全用电的重要性，掌握触电急救的技能，从而能够安全地进行工作。

3. 注意用电安全的保障措施

为达到安全用电，班组长应要求所有班组员工采取必要的安全措施，具体措施可参照图 8-9 所示。

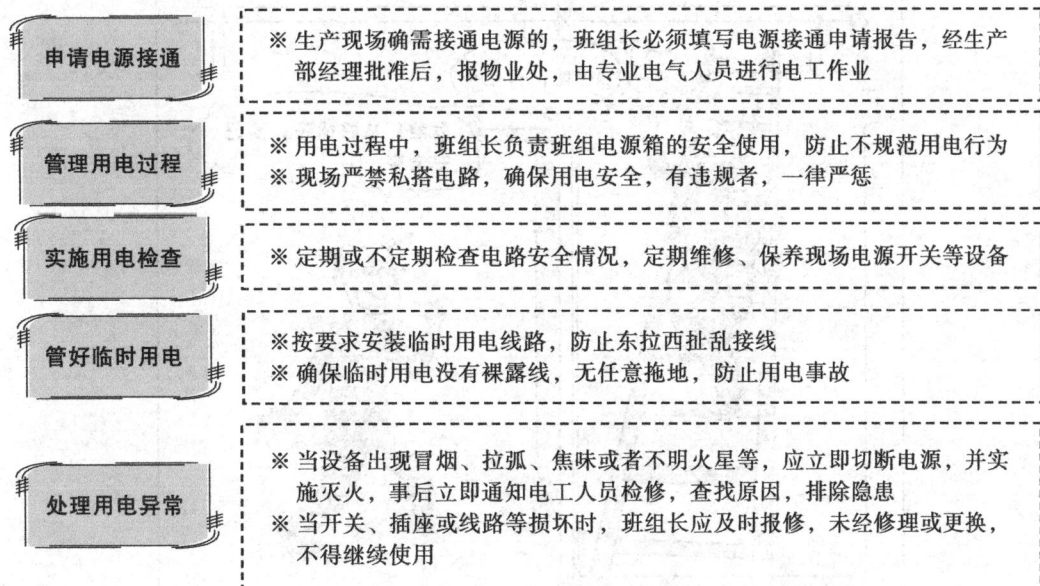

申请电源接通	※ 生产现场确需接通电源的，班组长必须填写电源接通申请报告，经生产部经理批准后，报物业处，由专业电气人员进行电工作业
管理用电过程	※ 用电过程中，班组长负责班组电源箱的安全使用，防止不规范用电行为 ※ 现场严禁私搭电路，确保用电安全，有违规者，一律严惩
实施用电检查	※ 定期或不定期检查电路安全情况，定期维修、保养现场电源开关等设备
管好临时用电	※ 按要求安装临时用电线路，防止东拉西扯乱接线 ※ 确保临时用电没有裸露线，无任意拖地，防止用电事故
处理用电异常	※ 当设备出现冒烟、拉弧、焦味或者不明火星等，应立即切断电源，并实施灭火，事后立即通知电工人员检修，查找原因，排除隐患 ※ 当开关、插座或线路等损坏时，班组长应及时报修，未经修理或更换，不得继续使用

图 8-9　用电安全措施

（二）触电急救知识

发生触电事故后，班组长应冷静、迅速做出反应，具体可采取如图 8-10 所示的步骤。

关闭电源	◎ 找到紧急停机按钮(EMO)并关闭电源 ◎ 确保班组员工事先知晓这些按钮的位置
安全释放伤员	◎ 如未能找到紧急停机按钮，应设法用适当的工具安全地释放伤员， 　但必须利用不导电物体撬开或敲打，使人员脱离危险 ◎ 禁止用手去拉受伤人员
呼叫帮助	◎ 用电话呼叫帮助 ◎ 向上级领导报告紧急情况
等待救援	◎ 和受伤人员一起等待救援人员的到来 ◎ 通知该区域的其他人员，以避免伤害的扩大

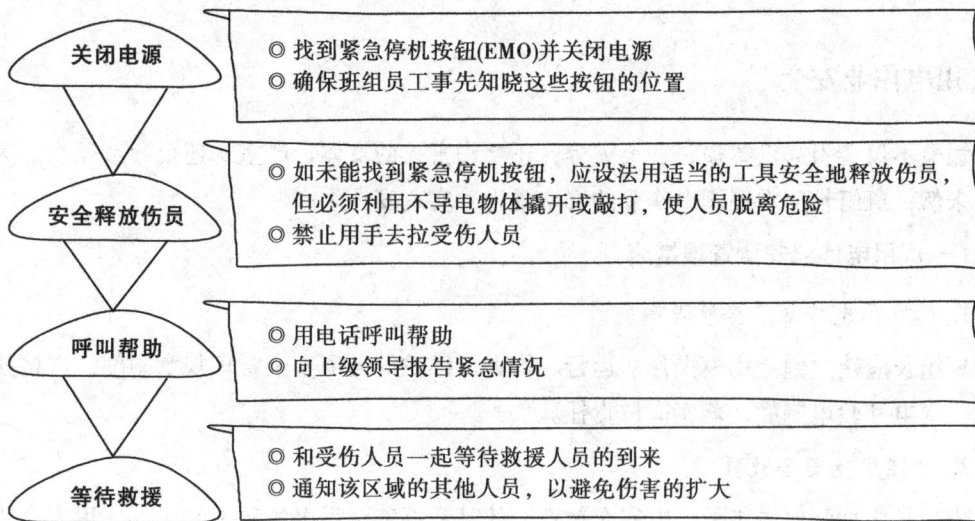

图 8-10　触电急救步骤

三、高处作业安全

高处作业，指在坠落高度基准面两米以上（含两米）位置进行的有可能坠落的作业。当班组员工必须进行高处作业时，班组长应督促其正确使用防护器材，采取安全防护措施。

（一）高处作业防护器材的使用

高处作业防护器材很多，其使用方法及要求也不尽相同。下面仅以安全带为例，详细说明使用方法，具体如图 8-11 所示。

1. 一手抓住安全带后边的 "O" 形环，拿起安全带。

2. 将安全带从上套在头上。

3. 伸出胳膊，将安全带像穿衣服一样穿在身上。

4. 将腿带系在一条腿上，整理腿带，确保无扭曲后搭好搭扣。

5. 将腿带系在另一条腿上，整理腿带，确保无扭曲后搭好搭扣。

6. 拉紧或松开腿带，调整腿带长度到舒适但不松垮为止。

图 8-11 安全带的使用方法

（二）高处作业的安全防护措施

班组长应督促班组员工按照图8-12所示的内容，落实高处作业的安全防护措施。

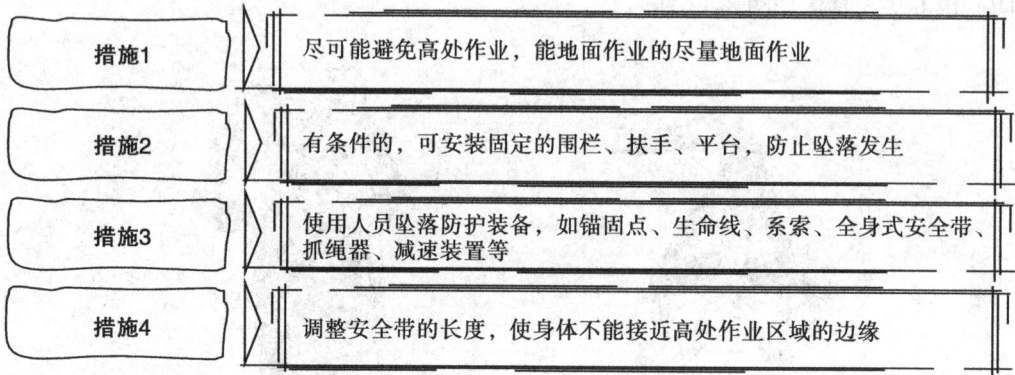

措施1	尽可能避免高处作业，能地面作业的尽量地面作业
措施2	有条件的，可安装固定的围栏、扶手、平台，防止坠落发生
措施3	使用人员坠落防护装备，如锚固点、生命线、系索、全身式安全带、抓绳器、减速装置等
措施4	调整安全带的长度，使身体不能接近高处作业区域的边缘

图8-12　高处作业的安全防护措施

四、密闭空间作业安全

密闭空间是指与外界相对隔离，进出口受限，自然通风不良的有限空间，如炉、塔、贮罐、槽车以及管道、下水道、船舱等。

班组长在安排班组员工进行密闭空间作业时，必须认识到密闭空间作业的危险性，做好有效的预防措施。

（一）密闭空间作业的危险性

班组人员有时需要进入密闭空间完成检测、清洁、维护、修理等工作，但由于密闭空间进出口狭窄，通风差，往往存在一定的危险性。密闭空间作业的主要危险性如图8-13所示。

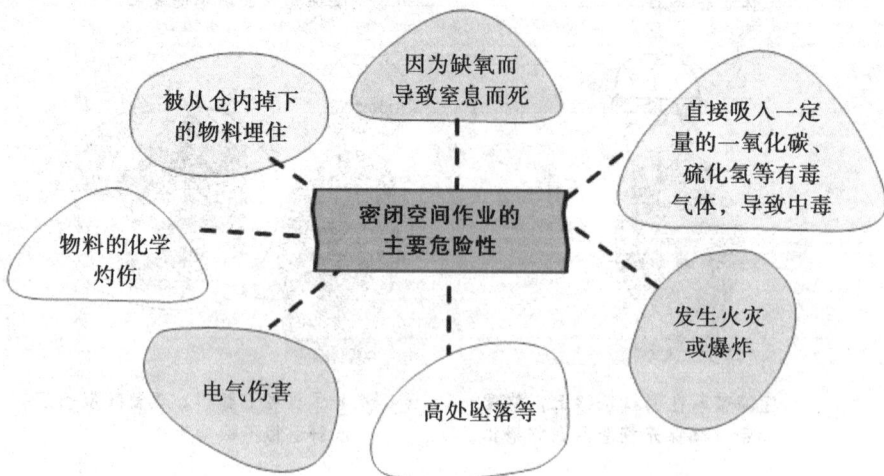

被从仓内掉下的物料埋住

因为缺氧而导致窒息而死

直接吸入一定量的一氧化碳、硫化氢等有毒气体，导致中毒

物料的化学灼伤

密闭空间作业的主要危险性

发生火灾或爆炸

电气伤害

高处坠落等

图8-13　密闭空间作业的主要危险性

（二）密闭空间作业的防护措施

1. 进入前准备措施

（1）作业前，需填写"密闭空间作业证"并报有关领导审核审批。批准后方可进行密闭空间作业。

（2）采取通风、净化等措施，对密闭空间进行充分清洗，以消除或控制存在于密闭空间的有害因素。

（3）对准备进入的密闭空间进行检查检测，确保密闭空间的氧气浓度适中，有毒气体浓度不超标。

（4）至少两人为一组，一人进入密闭空间进行作业，一人在外面监护。

（5）进入密闭空间作业的人员应穿戴好相应的防护用具。

2. 正式进入的防护措施

正式进入密闭空间的主要防护措施如图 8-14 所示。

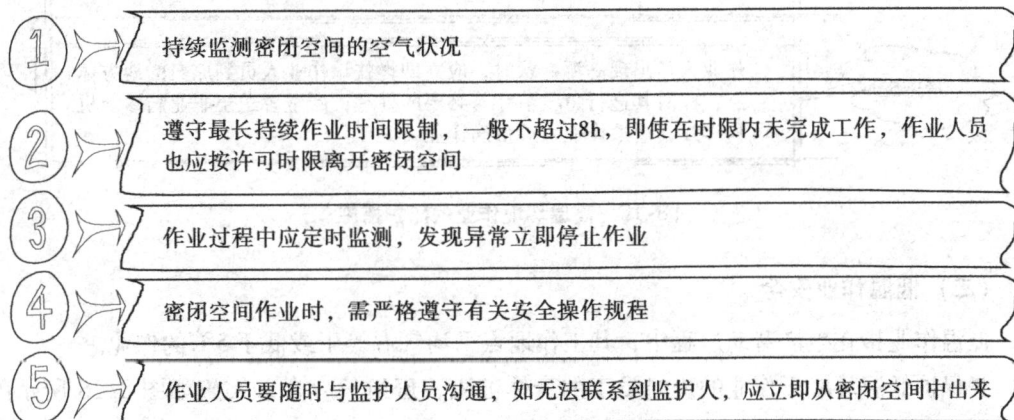

① 持续监测密闭空间的空气状况

② 遵守最长持续作业时间限制，一般不超过8h，即使在时限内未完成工作，作业人员也应按许可时限离开密闭空间

③ 作业过程中应定时监测，发现异常立即停止作业

④ 密闭空间作业时，需严格遵守有关安全操作规程

⑤ 作业人员要随时与监护人员沟通，如无法联系到监护人，应立即从密闭空间中出来

图 8-14　正式进入密闭空间的主要防护措施

3. 作业结束的防护措施

作业结束后，作业人员离开密闭空间时应将作业工具带出密闭空间，严谨遗漏。

五、高温低温作业安全

高温或低温都会给人体造成不适，严重的甚至会引发疾病及死亡，因此，班组长应掌握高温及低温作业的安全常识。

（一）高温作业安全

高温作业，是指以本地区夏季通风室外平均温度为参照基础，其工作地点具有生产性热源,而工作地点气温高于室外温度 2℃或 2℃以上的作业。

为确保高温环境下作业的班组员工的健康,班组长应合理实施以下防护措施,具体如图 8-15 所示。

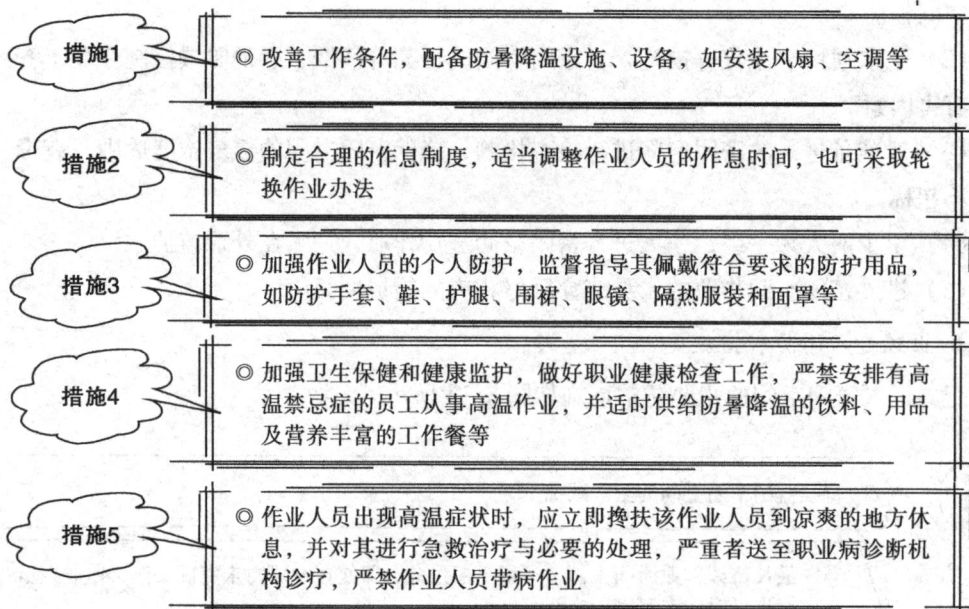

措施1 ◎ 改善工作条件,配备防暑降温设施、设备,如安装风扇、空调等

措施2 ◎ 制定合理的作息制度,适当调整作业人员的作息时间,也可采取轮换作业办法

措施3 ◎ 加强作业人员的个人防护,监督指导其佩戴符合要求的防护用品,如防护手套、鞋、护腿、围裙、眼镜、隔热服装和面罩等

措施4 ◎ 加强卫生保健和健康监护,做好职业健康检查工作,严禁安排有高温禁忌症的员工从事高温作业,并适时供给防暑降温的饮料、用品及营养丰富的工作餐等

措施5 ◎ 作业人员出现高温症状时,应立即搀扶该作业人员到凉爽的地方休息,并对其进行急救治疗与必要的处理,严重者送至职业病诊断机构诊疗,严禁作业人员带病作业

图 8-15 高温环境作业的防护措施

(二)低温作业安全

低温作业指在生产劳动过程中,其工作地点平均气温等于或低于 5℃的作业。

为保护低温环境下作业的班组员工的身体健康,班组长应合理实施如图 8-16 所示的防护措施。

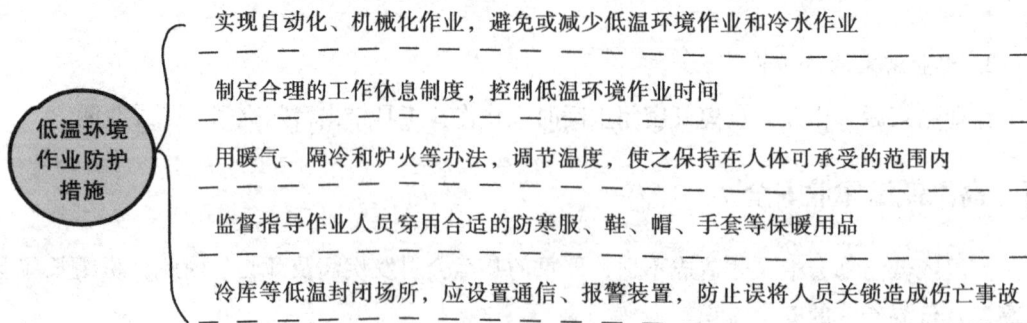

低温环境作业防护措施

实现自动化、机械化作业,避免或减少低温环境作业和冷水作业

制定合理的工作休息制度,控制低温环境作业时间

用暖气、隔冷和炉火等办法,调节温度,使之保持在人体可承受的范围内

监督指导作业人员穿用合适的防寒服、鞋、帽、手套等保暖用品

冷库等低温封闭场所,应设置通信、报警装置,防止误将人员关锁造成伤亡事故

图 8-16 低温环境作业的防护措施

第三节　安全事故预防应知应会 5 件事

一、落实安全生产确认制

安全生产确认制指在每项工作之前、之中、之后对操作的设备、使用的工具、作业环境等，必须进行核实认准，确认无误后方可作业。落实安全生产确认制，可有效避免因个人失误而导致的安全事故，确保岗位之间，上下工序之间能相互沟通、联接、协调和配合，从而达到保障人、财、物安全的目的。为落实安全生产确认制，班组长必须了解安全生产确认的内容，掌握安全生产确认的方法。

（一）安全生产确认的内容

安全生产确认的内容包括九个方面，具体如下所示。

1. 岗位确认制

班组员工进入工作岗位或进行特种作业前，班组长必须确认其是否具备操作资格，是否掌握在本岗位操作所需的安全技能。

2. 工作指令确认制

为杜绝误开机、协调不力等情况，工作时班组长必须确认来自上级的工作指令，班组员工必须确认来自班组长的工作指令，只有经过指令确认并重复无误后方可开始工作。

3. 操作确认制

（1）班组员工在作业前，必须对所使用的工具、操作的设备进行认真检查，确认安全可靠后方可使用。

（2）班组员工对各种开关、阀门等进行启动和停运时，必须经两人确认无误后，方可进行操作。

（3）班组员工在操作前，必须对操作程序、方法、工作内容进行核实，确认符合安全生产相关规程后，方可进行操作。

（4）操作前，班组员工必须对周围环境、现场设施、水、电、油及共同工作的人员等进行核实、确认。

4. 联保互保确认制

班组员工在工作中，除需及时纠正自己操作上的缺点和错误外，还要注意确认联保互保人员的精神状态和操作情况，如发现问题，及时给予提醒并指正。

5. 非正常情况下开机安全确认制

停机检修、刷车后，应按照"开—停—开"的程序启动设备，进行确认。班组长必须指定专人对拟启动设备进行全面检查，确认人员全部撤离、防护装置全部恢复安全状态后，由检查人员向开机人员发出"可以启动"的指令，开机人员一般为班组长或由其指定的操作工。

6. 隐患确认制

为了掌握班组现场的隐患情况，查找原因，分清责任，班组长应将查到的不安全隐患报上级领导签字确认，对遗留隐患的责任人进行违章处罚。

7. "三违"确认制

班组员工出现"三违"，必须由其家属签字确认；可继续实行"联保"的，由违章者的原联保互保人员签字确认。

8. 工作完毕安全状态确认制

工作完毕后，班组员工要立即对本岗位进行安全检查，确认被破坏的安全防护装置是否恢复原状，电器设备是否送电，本人和其他人员是否已处于安全环境等。

9. 其他工作时间的安全状态确认制

指班组员工在厂区内行走、巡检或打扫卫生时对周围环境安全的确认。

（二）安全生产确认的方法

安全生产确认的方法主要包括手指呼唤、模拟操作、无声确认及呼唤应答四种，具体如图 8-17 所示。

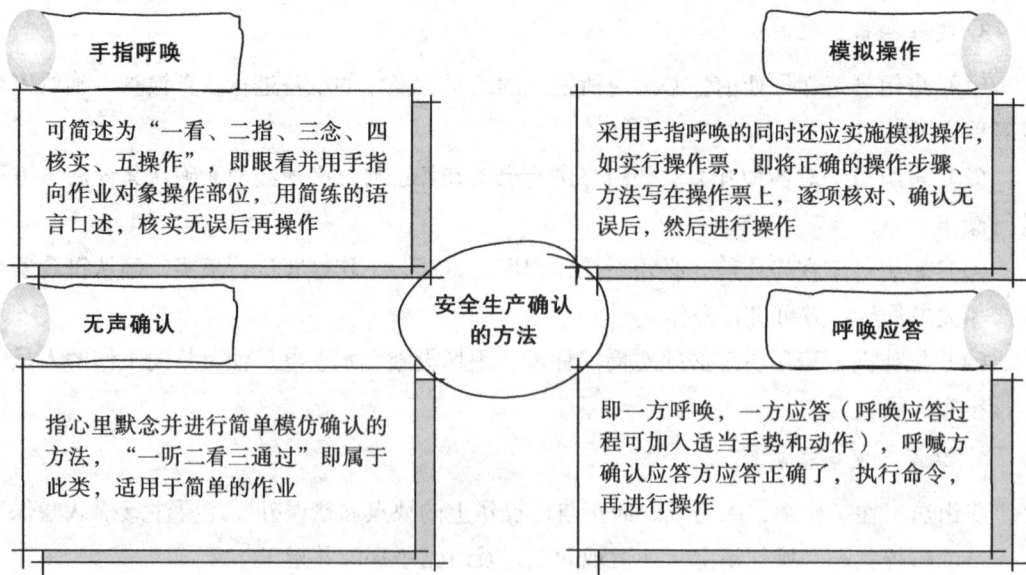

手指呼唤	模拟操作
可简述为"一看、二指、三念、四核实、五操作"，即眼看并用手指向作业对象操作部位，用简练的语言口述，核实无误后再操作	采用手指呼唤的同时还应实施模拟操作，如实行操作票，即将正确的操作步骤、方法写在操作票上，逐项核对、确认无误后，然后进行操作
无声确认	呼唤应答
指心里默念并进行简单模仿确认的方法，"一听二看三通过"即属于此类，适用于简单的作业	即一方呼唤，一方应答（呼唤应答过程可加入适当手势和动作），呼喊方确认应答方应答正确了，执行命令，再进行操作

安全生产确认的方法

图 8-17 安全生产确认的方法

二、落实安全互保联保

为充分发挥班组员工在作业过程中的互相监督作用，不断提高员工的自主安保和互相安保能力，使员工之间能互相关心、互相爱护、互相监督、互相指正，规避事故隐患，实现安全生产，班组长应指导员工签订"安全互保联保责任书"，认真落实安全互保联保制度。

（一）落实安全互保制度

1. 引导员工结互保对子

班组长应充分发扬民主，引导员工自己找伙伴、结对子。具体来说，班组长在引导员工结互保对子时，应掌握如图 8-18 所示的技巧。

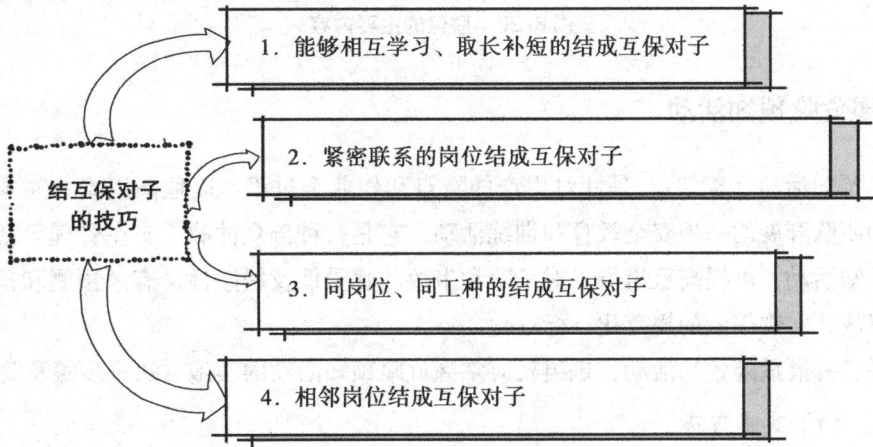

图 8-18　结互保对子的技巧

2. 明确互保对子的义务

在落实安全互保制度过程中，班组长应明确各互保对子的义务，促使其做到四个"互相"，具体如图 8-19 所示。

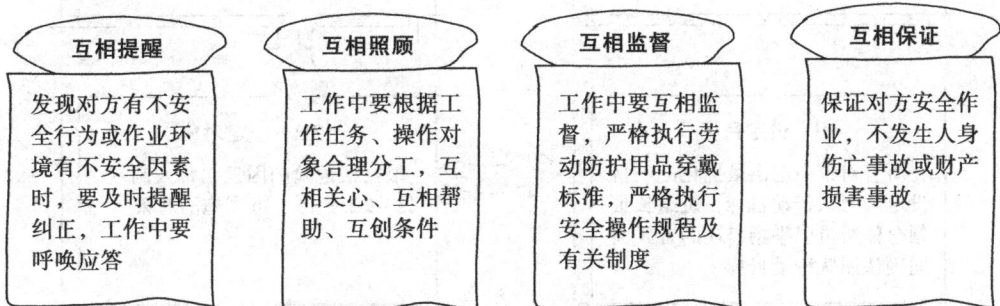

互相提醒	互相照顾	互相监督	互相保证
发现对方有不安全行为或作业环境有不安全因素时，要及时提醒纠正，工作中要呼唤应答	工作中要根据工作任务、操作对象合理分工，互相关心、互相帮助、互创条件	工作中要互相监督，严格执行劳动防护用品穿戴标准，严格执行安全操作规程及有关制度	保证对方安全作业，不发生人身伤亡事故或财产损害事故

图 8-19　四个"互相"

（二）落实安全联保制度

班组各互保对象之外，班组与班组之间在作业过程中要实行联保。联保的主要内容如图 8-20 所示。

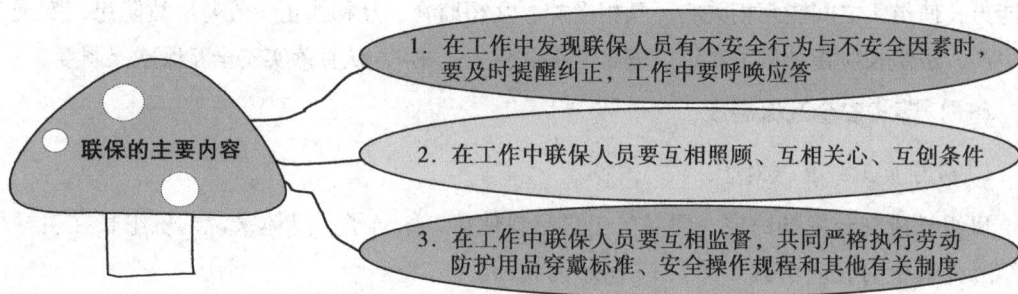

图 8-20　联保的主要内容

1. 在工作中发现联保人员有不安全行为与不安全因素时，要及时提醒纠正，工作中要呼唤应答
2. 在工作中联保人员要互相照顾、互相关心、互创条件
3. 在工作中联保人员要互相监督，共同严格执行劳动防护用品穿戴标准、安全操作规程和其他有关制度

三、开展危险预知活动

危险预知活动（KYT），是针对生产的特点和作业全过程，以危险因素为对象，以作业班组为团队开展的一项安全教育和训练活动，它是一种群众性的"自主管理"活动。开展危险预知活动，可提高班组员工对危险和事故的感受性及敏感性，有效预测和预防可能出现的事故，实现作业的规范化、标准化。

为顺利开展危险预知活动，班组长应掌握危险预知活动的实施方法、步骤及要点。

（一）KYT 实施方法

KYT 实施的基本方法为 4R 法，具体如图 8-21 所示。

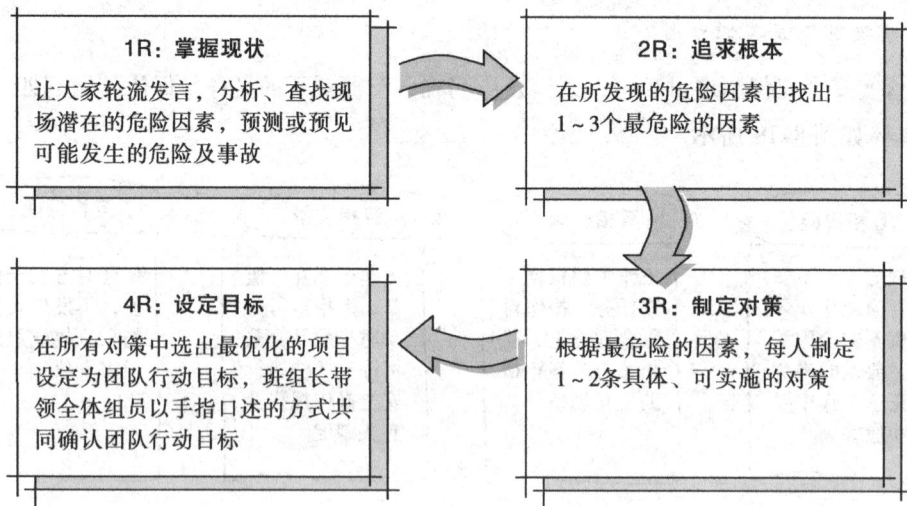

1R：掌握现状
让大家轮流发言，分析、查找现场潜在的危险因素，预测或预见可能发生的危险及事故

2R：追求根本
在所发现的危险因素中找出 1～3 个最危险的因素

4R：设定目标
在所有对策中选出最优化的项目设定为团队行动目标，班组长带领全体组员以手指口述的方式共同确认团队行动目标

3R：制定对策
根据最危险的因素，每人制定 1～2 条具体、可实施的对策

图 8-21　KYT 实施 4R 法

（二）KYT 实施步骤

KYT 实施的步骤如图 8-22 所示。

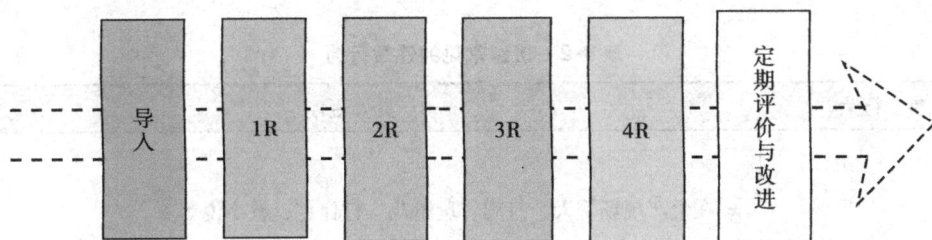

图 8-22　KYT 实施步骤

（三）KYT 实施要点

为确保 KYT 实施的效果，班组长应掌握如图 8-23 所示的六大要点。

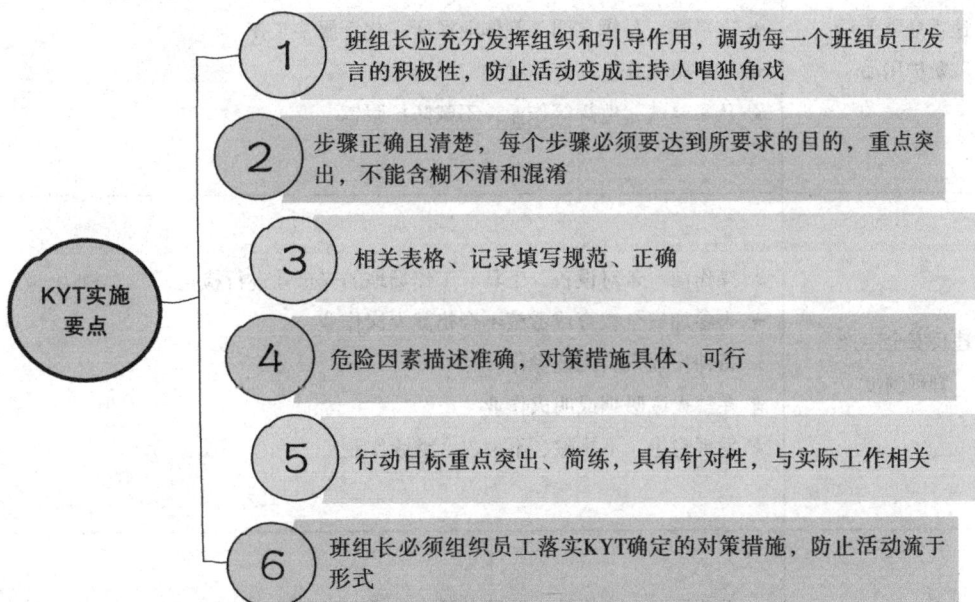

KYT实施要点

1. 班组长应充分发挥组织和引导作用，调动每一个班组员工发言的积极性，防止活动变成主持人唱独角戏
2. 步骤正确且清楚，每个步骤必须要达到所要求的目的，重点突出，不能含糊不清和混淆
3. 相关表格、记录填写规范、正确
4. 危险因素描述准确，对策措施具体、可行
5. 行动目标重点突出、简练，具有针对性，与实际工作相关
6. 班组长必须组织员工落实KYT确定的对策措施，防止活动流于形式

图 8-23　KYT 实施要点

四、消除习惯性违章

所谓习惯性违章，是指由于固守旧有的不良作业传统和工作习惯，导致违反安全工作规程的行为。习惯性违章是造成安全事故的重要因素，班组长应掌握班组常见的违章行为，制定并落实消除习惯性违章的有效措施。

（一）班组常见的违章行为

班组常见的违章行为如表8-2所示。

表8-2 班组常见的违章行为

违章行为	具体说明
违反劳动纪律	★ 在生产现场聊天、打闹、玩游戏、打扑克、看小说等 ★ 在工作时间脱岗、串岗 ★ 未经批准，开动本岗位、本工种以外的机械设备
违规穿戴劳动防护用品	★ 不戴或不按规矩戴工作帽、安全帽，导致头发有缠入设备的危险 ★ 在易燃、易爆、明火等作业场所穿化纤服装工作 ★ 从事电气作业不穿绝缘鞋 ★ 从事电气、电焊等作业，不戴防护眼镜
违反安全生产管理制度	★ 操作前，未对设备、工具、工作场地的安全性进行检查 ★ 未参加安全教育或考核不合格就上岗作业 ★ 特种作业人员无证操作 ★ 在禁火区吸烟或明火作业 ★ 发现隐患，不排除、不报告，继续作业
违反安全操作规程	★ 攀登吊运中的物件，以及在吊物、吊臂下通过或停留 ★ 戴手套操作机床设备 ★ 进行检查、清理、调整设备或模具时，不停机断电

（二）消除习惯性违章的有效措施

（1）消除麻痹、大意、侥幸等不良心理，通过培训等提高班组员工的安全意识。

（2）进行专业技术培训，提高班组员工的安全操作技能。

（3）建立自查、互查等监督机制，规范班组员工的行为。

（4）建立奖惩机制，对习惯性违章者进行处罚。

（5）加大现场安全管理力度，不放过每一个细节。

五、预防职业病

职业病，是指员工在职业活动中，因接触粉尘、放射性物质和其他有毒、有害物质而引起的疾病。职业病管理以预防为主，防治结合。

职业病预防的措施主要包括如图 8-24 所示的八方面考虑，班组长应有所了解和掌握。

1	采用新技术、新工艺、新设备、新材料
2	明确职责权限，建立健全职业病防治制度和操作规程
3	进行职业健康宣传、教育和培训
4	进行职业健康检查，建立职业健康档案
5	做好防护用品、用具的发放、使用管理工作
6	做好职业病危害因素的检测工作
7	对可能发生急性职业损伤的有毒、有害工作场所，设置报警装置，配置现场急救用品、冲洗设备、应急撤离通道等
8	发生急性职业病危害事故时，应立即采取应急救援和控制措施并上报

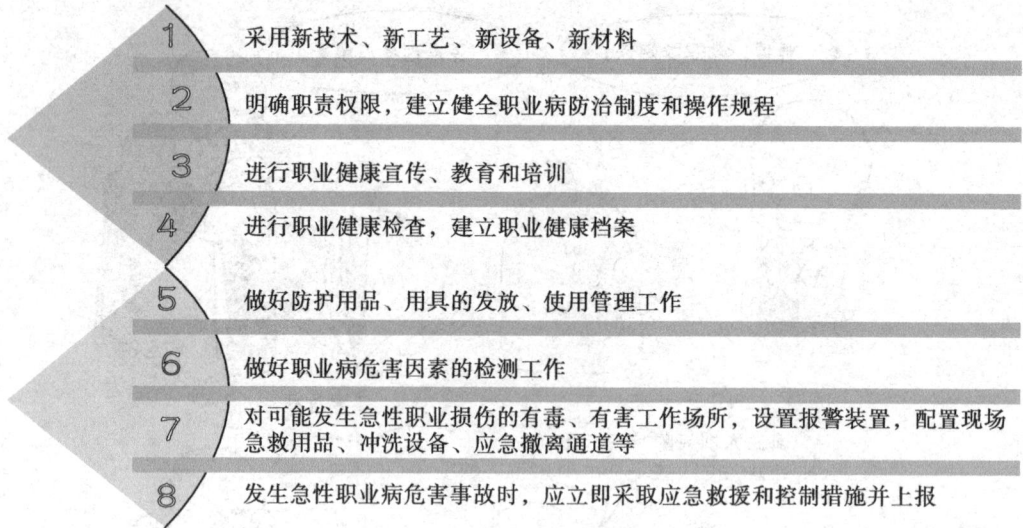

图 8-24 职业病预防措施

第四节 安全事故处理应知应会 2 件事

一、安全事故报告

发现安全事故后，班组长应及时履行报告义务，第一时间向直接上级及部门报告，保证相关部门及人员处理安全事故时时间充裕，信息翔实，效果显著。

（一）安全事故报告的内容

安全事故报告至少包括下列内容，具体如图 8-25 所示。

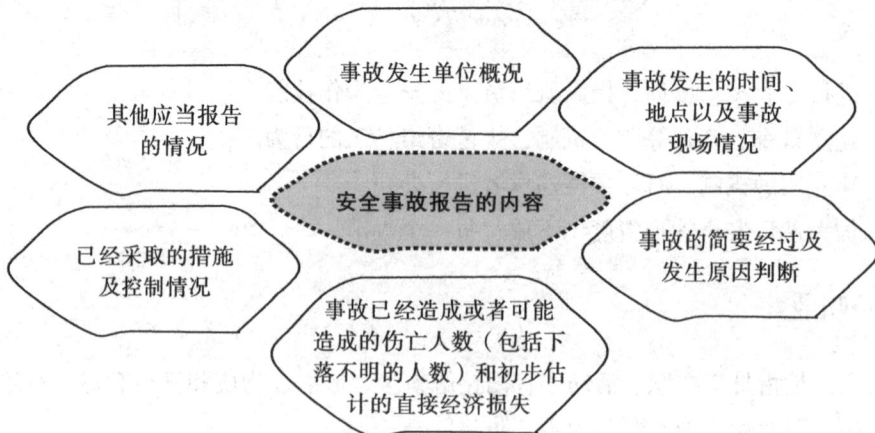

图 8-25 安全事故报告的内容

（二）安全事故报告的注意事项

为了及时、准确地汇报事故情况，便于企业及相关部门及时、有效地组织事故救援，减少事故损失，防止事故扩大，班组长在报告安全事故时，必须注意以下四点（如图8-26所示）。

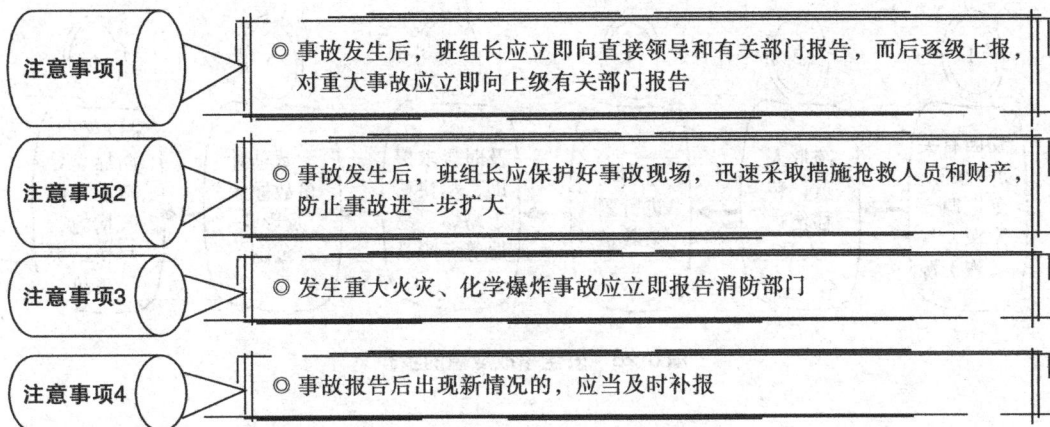

注意事项1	◎ 事故发生后，班组长应立即向直接领导和有关部门报告，而后逐级上报，对重大事故应立即向上级有关部门报告
注意事项2	◎ 事故发生后，班组长应保护好事故现场，迅速采取措施抢救人员和财产，防止事故进一步扩大
注意事项3	◎ 发生重大火灾、化学爆炸事故应立即报告消防部门
注意事项4	◎ 事故报告后出现新情况的，应当及时补报

图8-26　安全事故报告的注意事项

二、安全事故应急处理

发现安全事故后，班组长除及时报告外，还应做好事故应急处理工作，因此应掌握以下知识。

（一）安全事故应急的原则

安全事故应急应遵循自救原则、互救原则及急救原则，具体如图8-27所示。

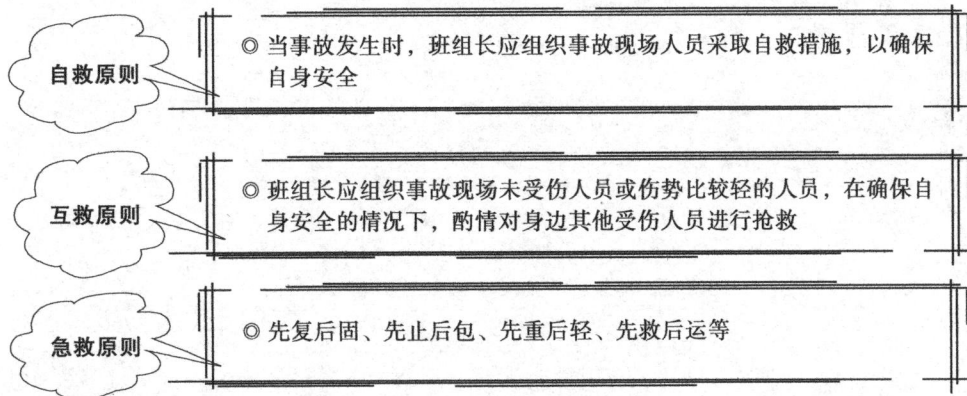

自救原则	◎ 当事故发生时，班组长应组织事故现场人员采取自救措施，以确保自身安全
互救原则	◎ 班组长应组织事故现场未受伤人员或伤势比较轻的人员，在确保自身安全的情况下，酌情对身边其他受伤人员进行抢救
急救原则	◎ 先复后固、先止后包、先重后轻、先救后运等

图8-27　安全事故应急的原则

（二）安全事故应急的步骤

安全事故发生后，班组长一定要保持头脑清醒，切忌惊慌失措，以免因处理不当或不及时使事故或人员伤亡扩大。具体来说，班组长应按照以下步骤进行应急处理，如图8-28所示。

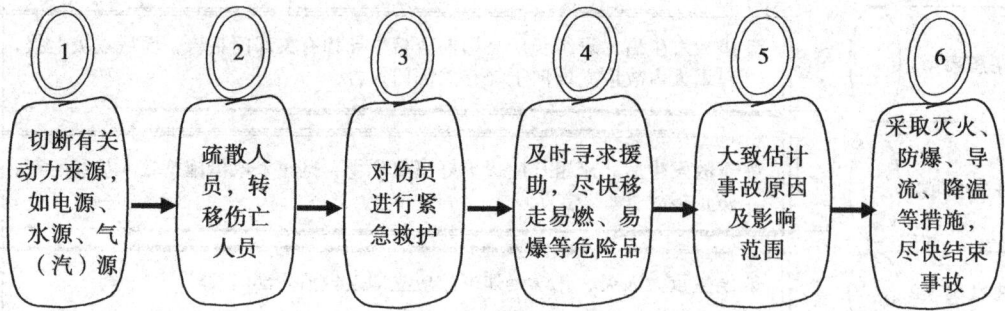

1	2	3	4	5	6
切断有关动力来源，如电源、水源、气（汽）源	疏散人员，转移伤亡人员	对伤员进行紧急救护	及时寻求援助，尽快移走易燃、易爆等危险品	大致估计事故原因及影响范围	采取灭火、防爆、导流、降温等措施，尽快结束事故

图 8-28　安全事故应急的步骤

第九章

班组5S管理

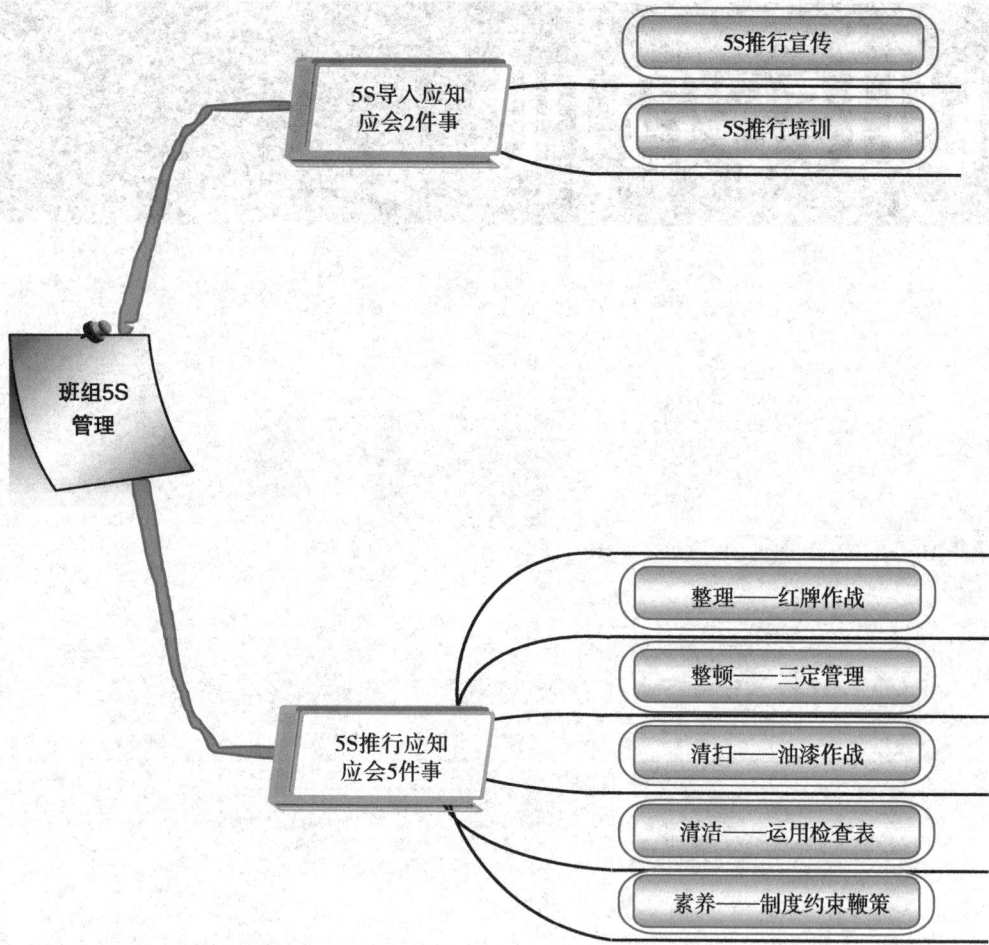

第一节　5S导入应知应会2件事

一、5S推行宣传

整理　区分物品的用途，清除不用的东西。

整顿　明确标识，方便取用。

分区放置

清扫　清除垃圾和脏物，美化环境。

清洁　清洁前3S的成果，制度化、规范化。

持之以恒，养成良好习惯。

为确保5S推行获得最大的支持和重视，创造良好的5S活动氛围，班组长应做好5S推行前的宣传造势工作。

（一）5S推行宣传内容

1. 什么是5S

5S是指整理、整顿、清扫、清洁、素养，具体内容如图9-1所示。

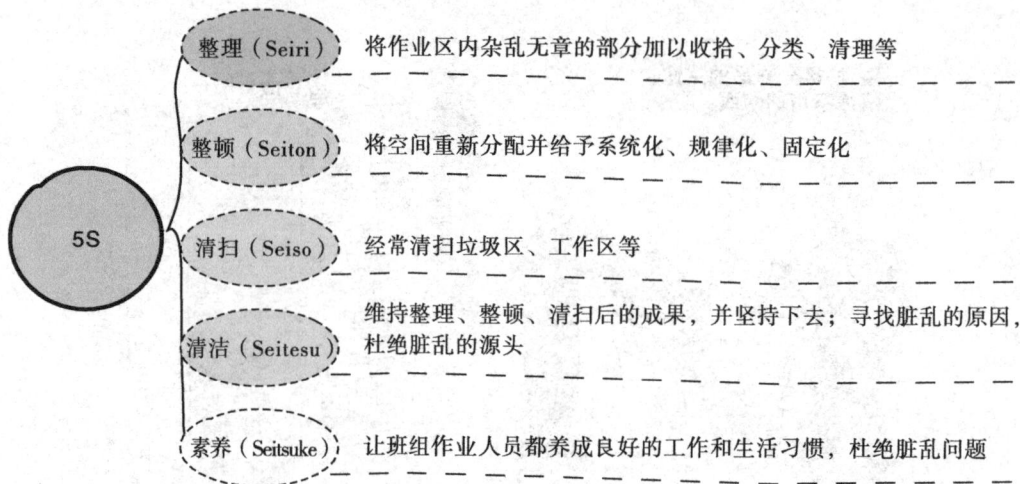

图9-1　5S的内容

整理（Seiri）　将作业区内杂乱无章的部分加以收拾、分类、清理等

整顿（Seiton）　将空间重新分配并给予系统化、规律化、固定化

清扫（Seiso）　经常清扫垃圾区、工作区等

清洁（Seitesu）　维持整理、整顿、清扫后的成果，并坚持下去；寻找脏乱的原因，杜绝脏乱的源头

素养（Seitsuke）　让班组作业人员都养成良好的工作和生活习惯，杜绝脏乱问题

2.5S的作用

5S活动能够改善工作环境，提高工作效率、工作品质、员工士气，推动其他管理活动有效开展。5S的作用具体如图9-2所示。

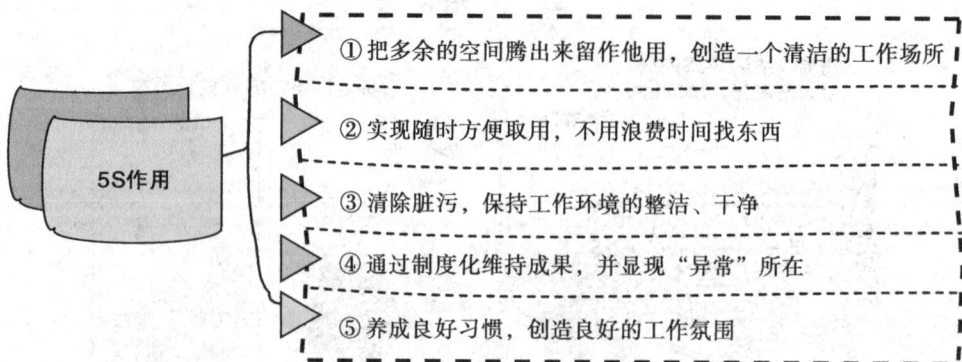

图9-2　5S的作用

5S作用

①把多余的空间腾出来留作他用，创造一个清洁的工作场所

②实现随时方便取用，不用浪费时间找东西

③清除脏污，保持工作环境的整洁、干净

④通过制度化维持成果，并显现"异常"所在

⑤养成良好习惯，创造良好的工作氛围

3. 班组或企业开展 5S 的必要性

班组长在宣传 5S 活动时，必须结合班组与企业的当前形势，说明目前开展 5S 的必要性及紧迫度，使班组员工感同身受，重视 5S 活动，并主动推行 5S。

（二）5S 推行宣传途径

5S 推行宣传的途径及实施要点如表 9-1 所示。

表 9-1 5S 推行宣传的途径及实施要点

途径	实施要点
1. 利用宣传板报	★ 宣传板报应设在班组员工上下班的必经之路上，如通道、休息室、更衣室等，最好在空间宽敞、明亮的地点设立 ★ 宣传板报内容应简明、清晰，尽量少用文字，多用漫画、图片、图表等 ★ 宣传板报的颜色应鲜艳，对比强烈 ★ 宣传板报的内容应定期维护和更新，以不断吸引班组员工的关注
2. 利用内部刊物	★ 在企业内部刊物上发表企业领导强调 5S 活动的讲话 ★ 在企业内部刊物上介绍 5S 活动的进展及优秀成果 ★ 企业内部刊物应放置在明显且固定的地方，便于班组员工阅读
3. 征集活动口号	★ 在企业内部有奖征集 5S 活动口号，提高班组员工的参与度及积极性
4. 张贴宣传标语	★ 在班组生产现场张贴一些 5S 宣传画及标语，标语应朗朗上口，有强化作用
5. 编写 5S 推行手册	★ 5S 推行手册应详细介绍 5S 活动的含义、目的、推行要领及企业要求等 ★ 5S 推行手册应尽量做到人手一册，班组长应做好手册的培训工作

二、5S 推行培训

推行 5S 活动之前，班组长必须让班组员工认识到 5S 是什么，为什么要做和怎么去做，这样班组员工才能确保 5S 推行的效果。为做好 5S 推行培训工作，班组长应对以下内容有所了解和掌握。

（一）5S 培训内容

5S 培训的内容因培训对象的不同而有所不同，具体如图 9-3 所示。

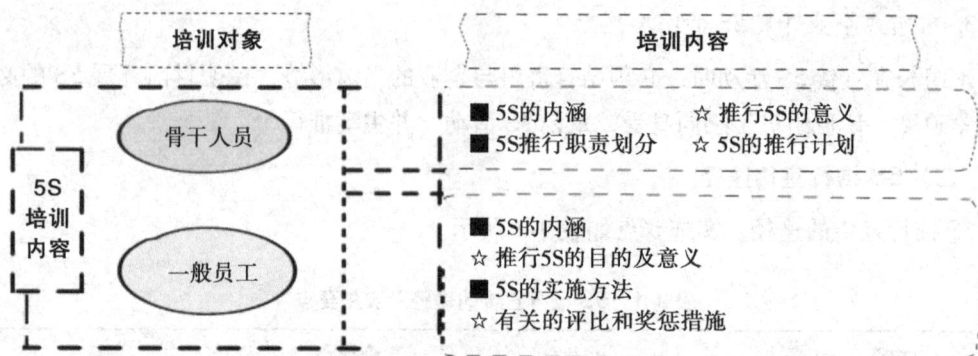

图9-3 5S培训的内容

(二) 5S 培训方式

(1) 聘请管理咨询公司的顾问进行专业培训。

(2) 班组长外出参加相关培训，回来后在生产现场对班组员工进行实地培训。

(3) 班组长召集班组员工在教室内进行集训。

第二节　5S 推行应知应会 5 件事

一、整理——红牌作战

红牌作战即使用红色标签对企业各角落的"问题点"进行发掘、明示，并加以整理的方法，它是5S活动的运用技巧之一。在整理过程中，班组长应掌握红牌的张贴范围及红牌作战实施程序。

（一）红牌的张贴范围

班组现场红牌的张贴范围如图9-4所示，班组长应参照执行。

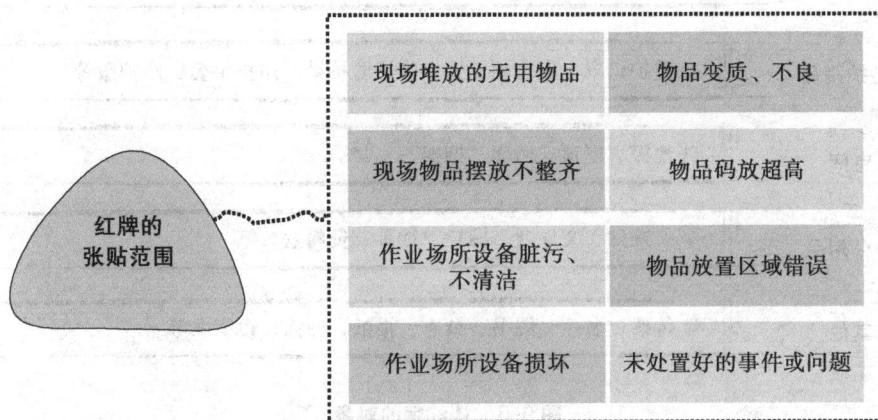

红牌的张贴范围	
现场堆放的无用物品	物品变质、不良
现场物品摆放不整齐	物品码放超高
作业场所设备脏污、不清洁	物品放置区域错误
作业场所设备损坏	未处置好的事件或问题

图9-4　红牌的张贴范围

（二）红牌作战的实施步骤

班组长在实施红牌作战时，应了解红牌作战的程序（如图9-5所示），并遵照执行。

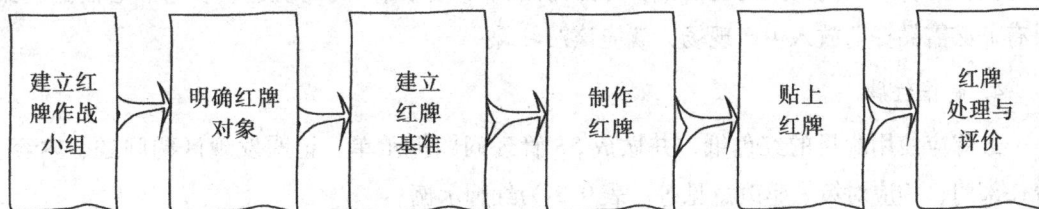

建立红牌作战小组　→　明确红牌对象　→　建立红牌基准　→　制作红牌　→　贴上红牌　→　红牌处理与评价

图9-5　红牌作战的程序

1. 建立红牌作战小组

在实施红牌作战前，企业应组织成立红牌作战小组。该小组的组长一般由总经理、厂长等具有决策权的领导担任，小组成员包括生产、仓储、技术、质量管理、营销等部门主管。

2. 明确红牌对象

生产现场挂红牌的对象如图9-6所示。

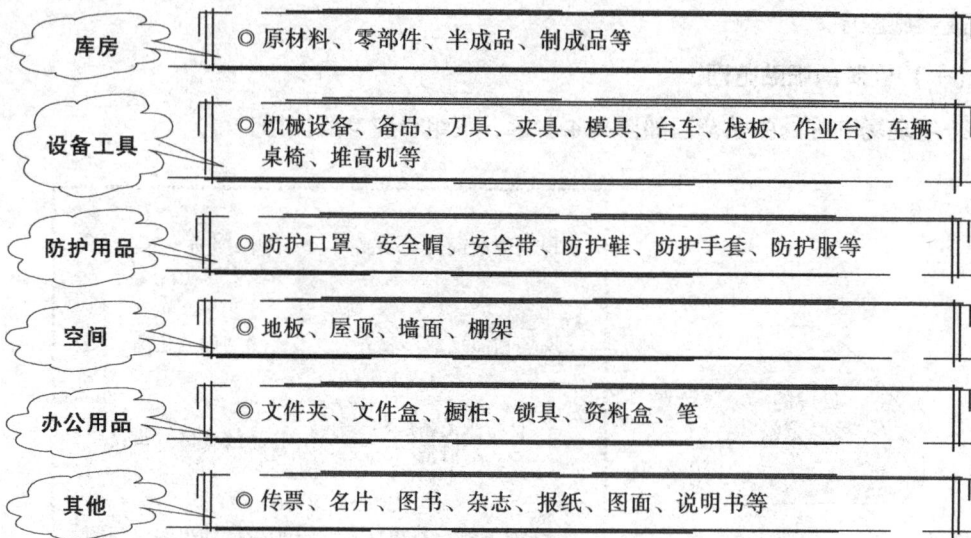

图9-6　挂红牌的对象

3. 建立红牌基准

建立红牌基准，即明确什么是必需品，什么是非必需品，要把标准明确下来。例如，工作台上当天要用的是必需品，其他都是非必需品，如果有非必需品放在工作台上就要贴红牌。再如，一周内要用的机器设备为必需品，一周内用不到的机器设备为非必需品，如果有非必需品提前放入生产现场，就应该贴红牌。

4. 制作红牌

红牌应使用醒目的红色纸，并做成5S管理问题提示单，记明发现区的问题、内容、责任部门、相应对策、整改意见等。表9-2为红牌示例。

表9-2　红牌示例

班组		日期	
类别	□ 库房　　□ 设备工具　　□ 防护用品　　□ 空间　　□ 办公用品　　□ 其他		
品名		编号	
问题描述			
处理方式	□ 丢弃　　□ 退回　　□ 移往红牌集中处　　□ 另案保管　　□ 其他		
责任部门		完成日期	
验收意见			
验收日期		验收人员	

5. 贴上红牌

红牌作战小组应定期在全班组范围贴红牌，在贴红牌时，具体应注意如图9-7所示几点。

1	红牌要贴在引人注目的地方
2	贴红牌时，需摒弃"所有东西都有用"的观念
3	贴红牌要严厉，如有疑问或模棱两可，可先贴上红牌
4	不能由现场的人员自己贴红牌
5	不能使用黄色标签
6	贴红牌时间一定要集中，跨度不可过长
7	有异议者，可向红牌作战小组提出申诉，不可自己撕掉红牌
8	不要贴在人身上，容易打击士气，激发矛盾

图9-7 贴红牌的注意事项

6. 红牌处理与评价

红牌作战小组将不用品作废弃处理，将留滞品移往红牌集中处，对不良品做退回处理。处理结束后，该小组应对红牌作战实施的效果进行评价，必要时可对改善前后的实际状况进行拍照，作为经验或成果以向其他班组或车间加以展示。

二、整顿——三定管理

整顿比整理更加深入，整顿的目标是使现场物品达到易取、易放、易管理的状态。班组长可通过实施"三定"管理，达到整顿目标。所谓"三定"管理，即定位、定品和定量。

（一）定位

> 做好定位标识，将物品放置在指定位置。

　　定位，就是根据物品的使用频率和拿取、存放的便利性，决定物品的摆放位置。通过定位管理，不仅能使现场保持整齐、节约空间，同时可实现"到某个地方一定能找到所需物品"，提高工作效率。定位管理的要求及具体做法如下所示，班组长应了解并掌握。

　　1. 定位管理的要求

　　定位管理主要有以下三点要求，如图9-8所示。

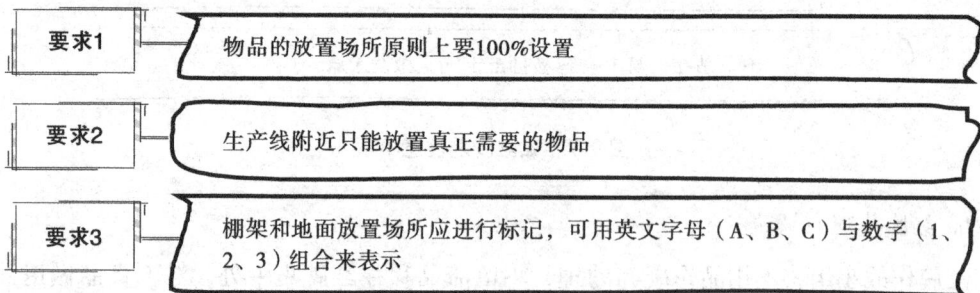

要求1	物品的放置场所原则上要100%设置
要求2	生产线附近只能放置真正需要的物品
要求3	棚架和地面放置场所应进行标记，可用英文字母（A、B、C）与数字（1、2、3）组合来表示

图9-8　定位管理的三点要求

　　2. 定位管理的具体做法

　　根据物品的特点，定位管理的具体做法如表9-3所示。

表9-3　定位管理的具体做法

物品	具体做法
设备和作业台	★ 无特殊情况，位置相对固定，位置调整一般在区域重新规划时
工具、夹具、量具及文件	★ 因经常使用，故存放于柜、台、架等固定位置，使用时取出，使用后放回原处，常用的定位方法为形迹法

（续表）

物品	具体做法
原材料、半成品、成品	★ 在生产区域设置专门的摆放区域，如"原材料存放区"，区域与区域之间用区域线分开 ★ 摆放时要利于"先进先出"，保持整齐，物品边缘要与区域线对齐
票据、样品	★ 使用频率低但需保管，存放在离生产现场较远但位置固定的场所

（二）定品

定品的目的是让所有员工甚至是新员工一眼就能看出某个地方放置的是什么物品，主要实施要点有两点，如图9-9所示。

图9-9　定品实施要点

（三）定量

定量管理的目的是：对于任何物品，所有人都知道是多少，实施要点是标示出最大库存量、最小库存量、订货点的量。具体来说，可利用物料货架牌来实现。

例证

物料货架牌

货架牌					
品名		编号			货架号
订货日期		最大量			单位
标准订货量		最小量			
日期	传票号码	入库	出库	现存	备注

三、清扫——油漆作战

油漆作战主要运用于清扫环节，可彻底改变现场面貌。为有序、规范开展油漆作战，确保活动效果，班组长应掌握油漆作战的实施步骤及技巧等。

（一）油漆作战的步骤

实施油漆作战的步骤如图9-10所示。

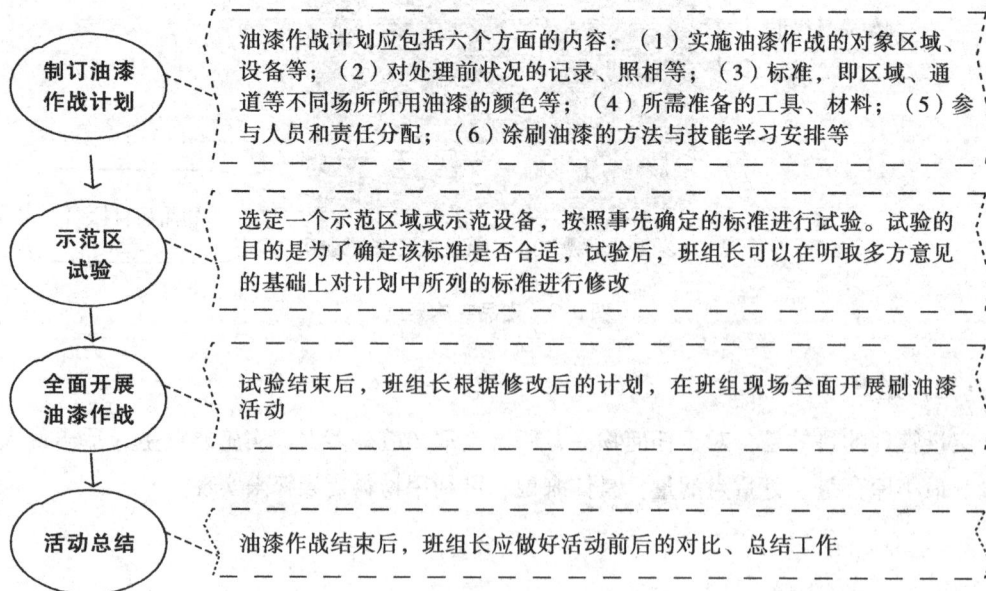

制订油漆作战计划 ----> 油漆作战计划应包括六个方面的内容：（1）实施油漆作战的对象区域、设备等；（2）对处理前状况的记录、照相等；（3）标准，即区域、通道等不同场所所用油漆的颜色等；（4）所需准备的工具、材料；（5）参与人员和责任分配；（6）涂刷油漆的方法与技能学习安排等

示范区试验 ----> 选定一个示范区域或示范设备，按照事先确定的标准进行试验。试验的目的是为了确定该标准是否合适，试验后，班组长可以在听取多方意见的基础上对计划中所列的标准进行修改

全面开展油漆作战 ----> 试验结束后，班组长根据修改后的计划，在班组现场全面开展刷油漆活动

活动总结 ----> 油漆作战结束后，班组长应做好活动前后的对比、总结工作

图9-10 油漆作战的步骤

（二）油漆作战的实施要点

油漆作战的实施要点为选择合适的时机、彻底清扫、修理修复、全面油漆，以创造清新宜人的工作环境，使老旧的设备、工具、场所换新颜，使员工心情愉悦，信心倍增。

（三）油漆作战的具体做法

1. 地板颜色的选择

地板要配合用途，利用颜色加以区分。地板颜色的设置可参照图9-11。

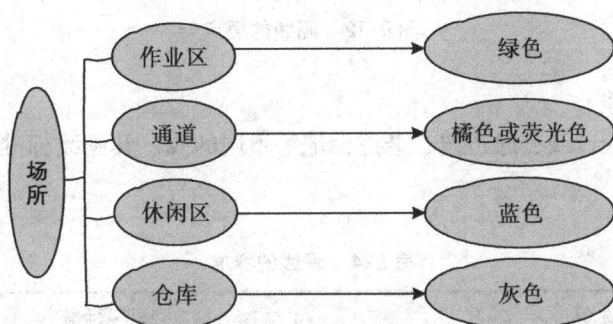

图9-11 地板颜色的设置

2. 画线

（1）画线的要点

确定地板的颜色后，接下来是给这些区块画线。具体实施要点如图9-12所示。

图9-12　画线的要点

（2）画线的标准

区块画线、出入口线、通道线、老虎标记等不同的线，其画线标准也有所不同，具体如表9-4所示。

表9-4　画线的标准

分类	说明	画线标准
区块画线	即把通道与作业区的区块划分开的线	★ 宽度10cm的黄色线，且是直线、实线 ★ 清楚醒目 ★ 减少角落、弯位，转角要避免直角
出入口线	勾画出人能够出入的部分的线，将其称为出入口线	★ 宽度10cm的黄色线，且是虚线 ★ 出入口线提示，确保此场所的安全 ★ 站在作业者的角度设计出入口线
通道线	指引人员、车辆等通行道路的线	★ 宽度10cm的黄色或白色有箭头线 ★ 在一定间隔处或是角落附近，不要忘记楼梯处
老虎标记	在易出危险的地方设置的线	★ 宽度10cm的黄色与黑色相间的斜纹组成线，与老虎的毛色相似 ★ 清晰，可用油漆涂上或贴上黑黄相间的老虎标记胶带
置物场所线	放置物品的地方称为置物场所。标示置物场所的标线即置物场所线	★ 通常画白线，不良品则用红线或其他颜色醒目的线 ★ 半成品画宽度5cm的白色实线 ★ 作业品画宽度5cm的白色脚落线 ★ 烟灰缸画宽度3cm的白色虚线
备注		黄线不可以踏，区块画线必须是实线

四、清洁——运用检查表

为了保持整理、整顿、清扫这三个环节的效果，实现清洁的目的，班组长应随时对班组现状进行检查，随时确认具体的情况。一般来说，班组长可运用相应的检查表来进行具体检查工作，对于问题点也可拍照记录。

（一）运用检查表的步骤

运用检查表固化前3S的步骤如图9-13所示。

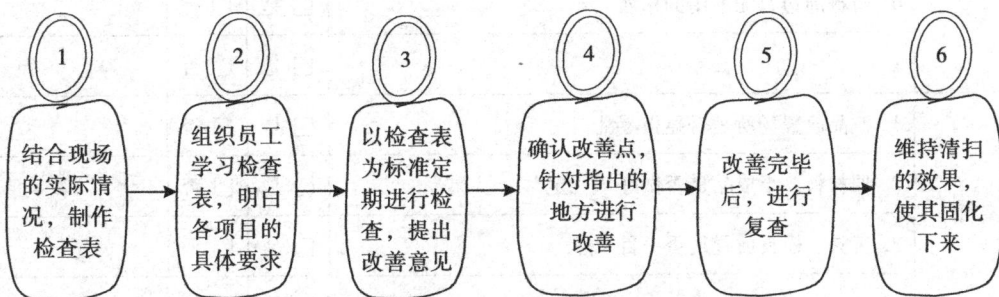

1	2	3	4	5	6
结合现场的实际情况，制作检查表	组织员工学习检查表，明白各项目的具体要求	以检查表为标准定期进行检查，提出改善意见	确认改善点，针对指出的地方进行改善	改善完毕后，进行复查	维持清扫的效果，使其固化下来

图9-13 运用检查表的步骤

（二）检查表的制定要求及示例

1. 检查表的制定要求

为确保检查的顺利进行，制定的检查表应满足图9-14所示的要求。

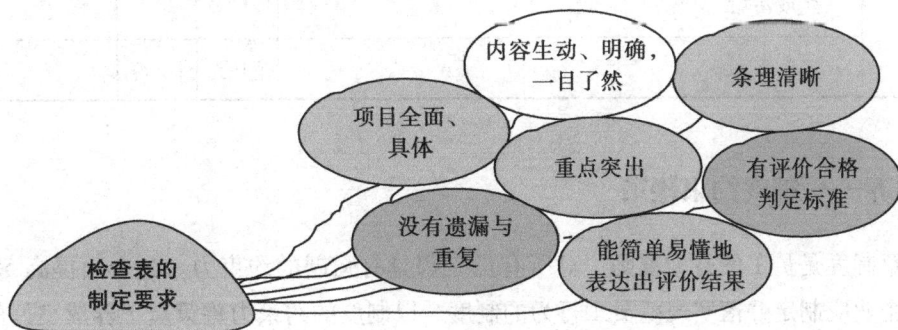

图9-14 检查表的制定要求

2. 检查表示例

表9-5是检查表的示例，供参考。

表9-5 检查表

部门： 检查者： 日期：

检查事项	检查要点	检查结果	对策（完成日期）
整理	1. 放置场所有无不用的东西	□是 □否	
	2. 通道上是否放置不要的东西	□是 □否	
	3. 工作台是否放置不需要的东西	□是 □否	
	4. 机械周边有无不用的东西	□是 □否	
	……	□是 □否	
整顿	1. 制品放置场所是否显得零乱	□是 □否	
	2. 原材料、半成品是否做好"三定"	□是 □否	
	3. 工具、模具放置是否一目了然	□是 □否	
	……	□是 □否	
清扫	1. 是否清除原材料、半成品、制成品等的碎屑或灰尘	□是 □否	
	2. 是否清除物品保管棚架、移动用栈板上的污物	□是 □否	
	3. 是否清除机器设备上的灰尘、油污、污垢	□是 □否	
	4. 是否清除地板、通道、窗户、天花板、灯具上的灰尘或污垢	□是 □否	
	……	□是 □否	

五、素养——制度约束鞭策

规章制度是员工的行为准则，对所有员工都具有强制的约束力。为全面提高5S管理水平，企业应制定并落实规范员工行为的制度，以制度的约束力鞭策员工养成良好的遵守标准和规定的习惯，形成良好的企业文化。

（一）规章制度的制定

企业应制定系统的、规范的、可行的规章制度，并将其在全员范围内公示。以下是某企业的规章制度示例，供参考。

194

制度名称	班组员工违纪管理规定		编　号	
			受控状态	
执行部门		监督部门	编修部门	

第1章　总则

第1条　目的

为了加强班组员工遵章守纪的主动性、自觉性，规范员工行为，提高员工素质，维护车间正常生产管理秩序，保障车间各项规章制度的贯彻执行，使员工养成遵章守纪的良好习惯，特制定本规定。

第2条　适用范围

班组所有员工（包括试用期员工）及在生产车间从事劳务活动的其他人员，均适用于本规定。

第2章　违纪行为的认定

第3条　凡违反以下劳动纪律的行为，均认定为违纪行为。

1. 迟到：不按公司规定的上班时间到岗或到会的行为。

2. 脱岗：值班或工作期间，没有按规定的审批程序，擅自离开工作岗位的行为。

3. 早退：没有按规定的时间，或当班工作没有完成，或不按规定的审批程序，擅自提前离开本工作岗位的行为。

4. 串岗：非业务原因，且不经书面允许或批准，到其他岗位或代其他岗位人员做不该做的事情的行为，如私自替岗、代他人考勤、到别的岗位上做与业务无关的事情等。

5. 旷工：没有履行请假程序而不在工作岗位的，私自让他人替岗的，没有按时销假的，没有履行审批程序脱岗一小时及以上。

6. 上班期间做与工作无关的事：在上班工作期间看与岗位工作无关的书籍资料，干私活，闲谈，睡觉，玩耍，上网玩游戏、聊天等。

7. 其他：未经批准擅自带领非本公司员工出入生产厂区的，在办公场所或员工宿舍喧哗吵闹，影响其他员工正常休息的，工作时间和在工作场所不着工装，违反会议、培训纪律以及经公司认定的其他违反劳动纪律的行为。

第4条　凡违反以下现场管理规定的行为及现象，均认定为违纪行为。

1. 设备有油污。

2. 加工件落地。

3. 卫生区有积水、油污、卫生死角。

4. 工具柜内工具摆放不整齐。

5. 工具柜内有杂物。

6. 卫生区域内、更衣室发现烟头。

7. 在厂内吸烟。

8. 货架上有碎纸、杂物、垃圾等。

9. 个人物品乱丢乱放，随意放置在生产区域。

10. 产品摆放不整齐，通道拥挤。

（续）

11. 清洁工具随意放置。

12. 工作场所凌乱，不及时处理或通道堵塞。

13. 装食物的胶袋、杂物乱丢的。

14. 装物品不按指定位置放置的。

第5条　凡违反以下工作秩序规定的行为及现象，均认定为违纪行为。

1. 不服从领导、管理部门的管理、调派，威胁、恐吓上司或同事，漫骂、对抗、攻击正在执勤的保安或纪律检查人员，打击报复他人的。

2. 玩忽职守，隐瞒工作过失的。

3. 不遵守物品放行规定，未经许可或检查，私自带出工具或物品的。

4. 在工作时间私自会客或妨碍他人工作的。

5. 不按安全操作规程或作业指导书要求作业的。

6. 私自启动或关闭厂区、宿舍或公共场所用电设施或其他机器设施的。

7. 经公司认定的其他违反工作秩序规定的行为。

第3章　违纪行为的处理

第6条　对有违纪行为的员工，公司将根据情节轻重及造成的后果，酌情给予以下处罚，具体如下表所示。

违纪行为处罚表

处罚类型	具体说明
行政处罚	1. 批评、通报批评 2. 给予警告，并扣发当年全年25%绩效奖金，一年内不得提岗，不得评选先进，且当年绩效考核只能为合格或以下等级 3. 给予记过，并扣发当年全年50%绩效奖金，两年内不得提岗，不得提高薪酬档次，不得评选先进，且当年绩效考核为不合格 4. 停职、免职、责令辞职、调离工作岗位等
经济赔偿处罚	1. 给公司造成经济损失的，应追究经济赔偿责任，并根据责任大小、责任人的收入情况及当地的收入水平，按不低于经济损失总额的2%扣发有关责任人员绩效薪酬 2. 对违纪行为获得的经济利益，应当收缴或责令退赔

第7条　员工同时有两种以上违纪行为的，应当合并处理，按违纪行为中应当受到的最高处理档次给予处罚。

第8条　员工在受处罚期间有重大立功表现的，经生产部研究同意，其相应的处罚约束期可提前解除。

（续）

第4章　附则					
第9条　本规定由生产部负责制定、解释，其修订权亦归生产部所有。 第10条　本规定经总经理审批通过后，在＿＿年＿月＿日起实施生效。					
编制日期		审核日期		批准日期	
修改标记		修改处数		修改日期	

（二）规章制度的落实

班组长应严格落实各项规章制度，树立规章制度的权威性。具体来说，班组长应做到如图9-15所示的四点。

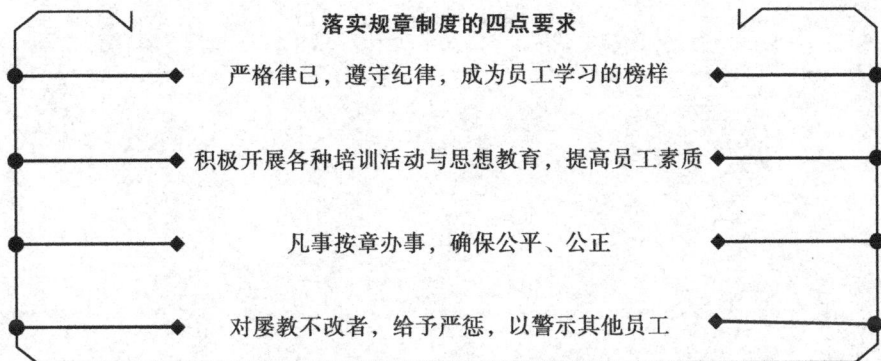

落实规章制度的四点要求

- 严格律己，遵守纪律，成为员工学习的榜样
- 积极开展各种培训活动与思想教育，提高员工素质
- 凡事按章办事，确保公平、公正
- 对屡教不改者，给予严惩，以警示其他员工

图9-15　落实规章制度的四点要求

第十章

班组团队建设

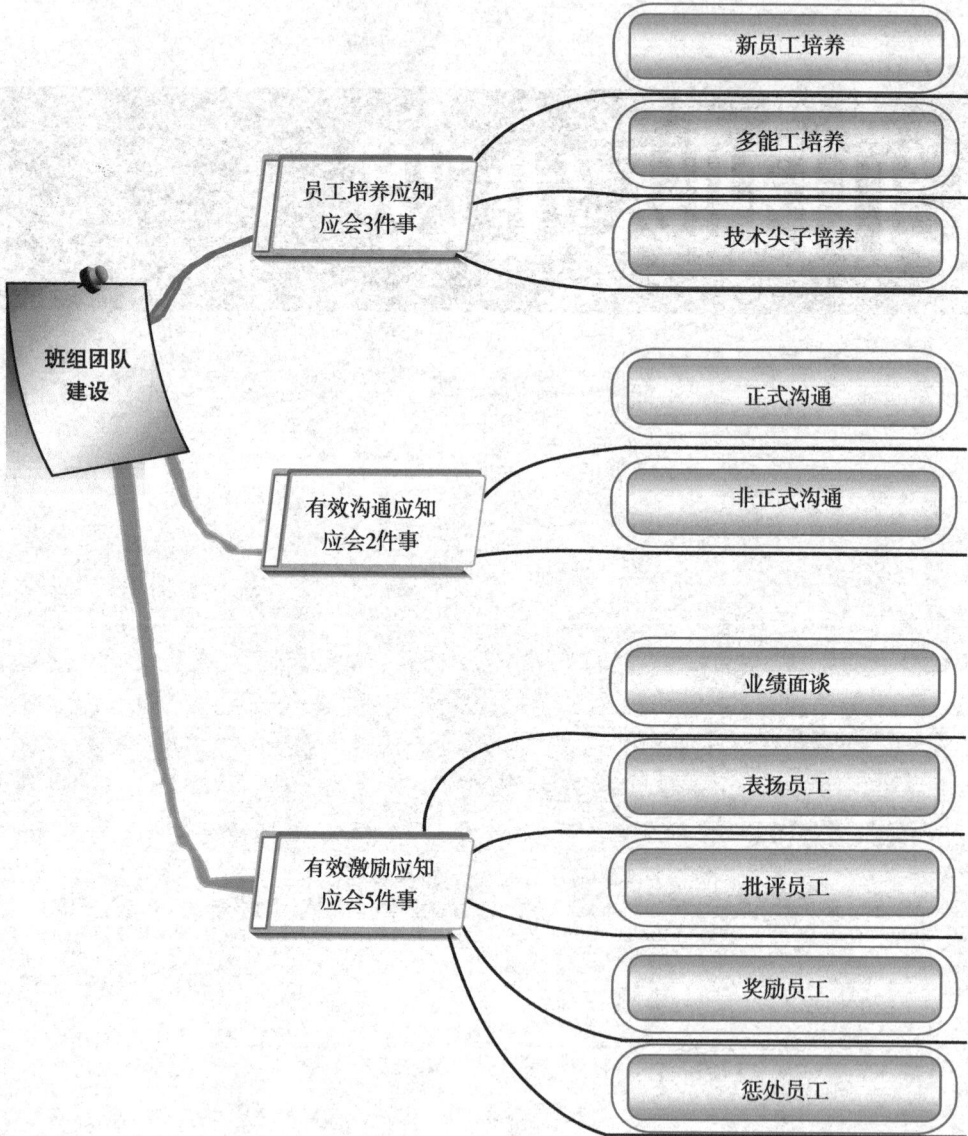

第一节　员工培养应知应会 **3** 件事

一、新员工培养

新员工入职后，班组长应对其进行培养，确保新员工在规定时间内能够胜任工作。

（一）新员工培养原则

在新员工培养过程中，应注意以下两项原则，具体如图 10-1 所示。

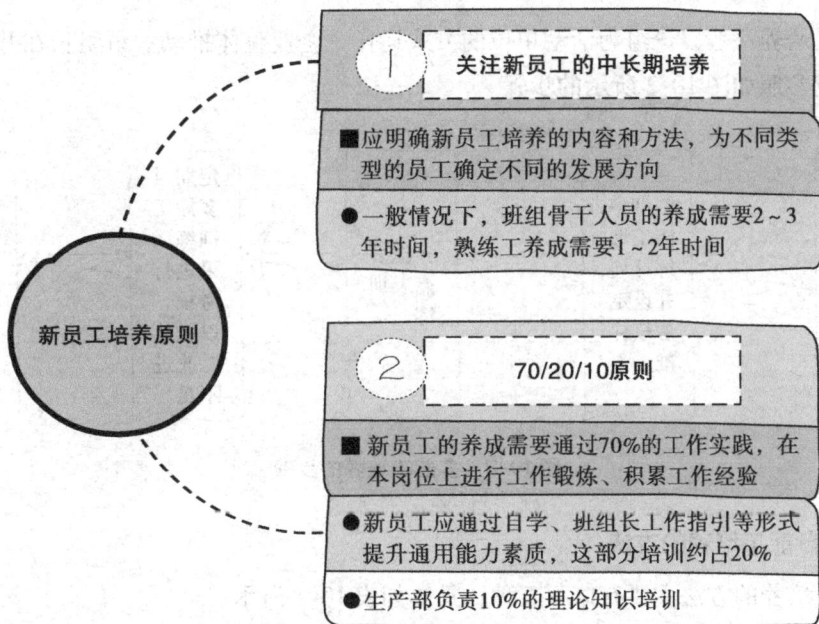

图 10-1　新员工培养原则

图中内容：

新员工培养原则

1　关注新员工的中长期培养
- 应明确新员工培养的内容和方法，为不同类型的员工确定不同的发展方向
- 一般情况下，班组骨干人员的养成需要2~3年时间，熟练工养成需要1~2年时间

2　70/20/10原则
- 新员工的养成需要通过70%的工作实践，在本岗位上进行工作锻炼、积累工作经验
- 新员工应通过自学、班组长工作指引等形式提升通用能力素质，这部分培训约占20%
- 生产部负责10%的理论知识培训

（二）新员工培养措施

新员工培养的具体实施措施可以包括以下五点。

（1）对新人指定指导人员，利用"传、帮、带"的方式对新员工开展一对一、面对面、有针对性的培训，给予新人总体工作的指导，使其确定工作方向。

（2）为新员工指定阶段性的工作目标，并针对其工作中的表现，制订计划并对其提供必要的岗位技能培训。

（3）不仅重视新员工的工作结果，还要关注其工作的过程，针对问题进行指导；注重培养新员工在日常工作中积累经验的技能。

（4）安排新员工适时轮岗，使员工熟悉部门整体工作环节，培养多能工。

（5）实施人性化管理，部门内部进行定期沟通，帮助新员工解决工作过程中的问题，让其有参与感、集体感和归属感。

二、多能工培养

多能工指具有两种以上不同制程的操作能力的员工。培养多能工是应对短期人员流动的重要措施，同时也是培养技术骨干及管理人才的重要方式。班组长应做好多能工的培养工作。

（一）多能工培养的步骤

多能工培养一般以班组为活动单位的方式运作，企业整体推动。班组长在开展多能工训练时，应参照如图 10-2 所示的步骤。

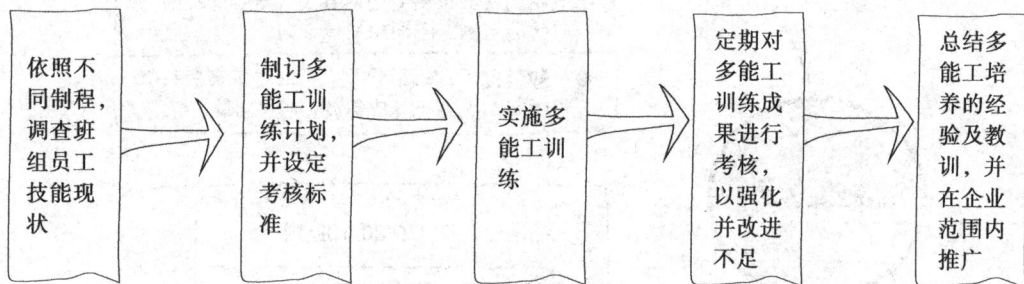

依照不同制程，调查班组员工技能现状 ➡ 制订多能工训练计划，并设定考核标准 ➡ 实施多能工训练 ➡ 定期对多能工训练成果进行考核，以强化并改进不足 ➡ 总结多能工培养的经验及教训，并在企业范围内推广

图 10-2　多能工培养的步骤

（二）多能工培养的方法

多能工培养的方法主要有以下五种，具体如表 10-1 所示。

表 10-1　多能工培养的方法

方法	方法说明
定期调动	★ 以年或月为周期的变动，其工作场所、工作内容、从属关系都发生变动
班内定期轮换	★ 根据情况进行班内调动
工作交替	★ 进行有计划的作业交替
流动班长	★ 定期选举一名班组员工为辅助班长，以协助班组长开展工作，切实了解班组长工作
脱岗培训	★ 将班组员工安排到企业培训中心或外派到外部培训机构接受培训

（三）多能工培养的注意事项

班组长在进行多能工培养时，应注意以下事项。

（1）在人选安排上，要优先选择工作态度好、技术基础好、学习能力强的员工。

（2）重点要加强关键岗位、关键技能的多能工培养。

（3）对多能工的培养，应准备好标准作业的作业指导书，使训练标准化。

（4）对多能工的培养，也要像培养新员工一样认真对待，善于利用操作演练、"传、帮、带"、技能比赛等活动，达到培养目的。

三、技术尖子培养

在班组中培养技术尖子，既可满足班组的生产需要，又可提升企业整体员工队伍素质。班组长应做好技术尖子的培养工作，为班组、为企业做好高技艺、高技能人才储备工作。

（一）技术尖子培养方式

培养技术尖子的方式有多种，具体如图10-3所示。

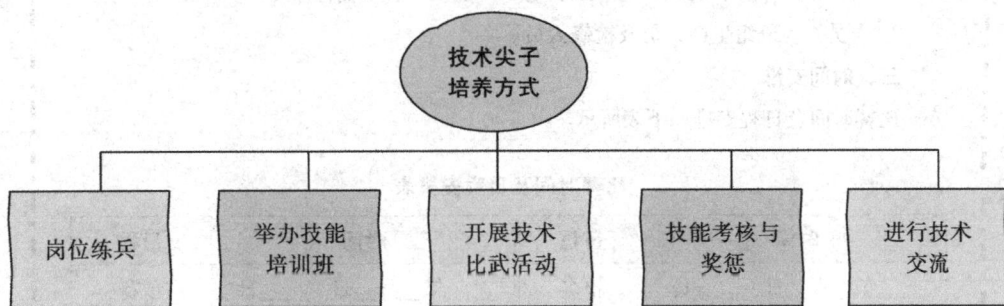

图10-3 技术尖子培养方式

1. 岗位练兵

岗位练兵是促使班组员工迅速提高技术水平的有效手段，基本做法如下所示。

（1）班组长筹建"练兵题库"。"练兵题库"应包括关于安全生产，工艺操作，设备维护等方面的内容。

（2）班组员工定期进行练习，实现"干什么，练什么，缺什么，补什么"的目的。

2. 举办技能培训班

班组长可组建技能培训班，培训老师可由自己担任或者邀请企业其他班组的技术尖子进行讲解，力求技能培训具有针对性，与实际紧密联系，能有效提升班组员工的技能。

3. 开展技术比武活动

积极开展技术比武活动，通过竞赛形式，促使员工立足岗位，苦练过硬本领，学技术，练绝活，干一流，争第一，提高争当技术尖子的自觉性。

班组长在组织开展技术比武活动前，应配合上级制定技术比武活动方案，并在班组范围内对该方案进行讲解，鼓励员工踊跃报名，提高班组员工的参与度及争抢第一的积极性。以下是某企业技术比武活动的方案，供参考。

技术比武活动方案

为深入贯彻落实公司"生产月"战略部署，加快生产技术人才队伍的培养，努力打造一支理论水平高、业务技术好的高素质员工队伍，××车间根据公司文件精神，结合自身实际，特在车间范围内开展本次技术比武活动，方案如下：

一、活动领导小组

组长：××；副组长：××、××；监考：××。

二、参加比武的工种和人员

1. 工种：操作工、机工、电焊工、电工、仪表工、车辆检修工。

2. 人员：各班组生产人员及检修人员。

三、时间安排

比赛时间及日程安排如下表所示。

比赛时间及日程安排表

时间	日程	时间	日程
___年__月__日～___日	报名	___年__月__日～___日	预赛
___年__月__日	决赛	___年__月__日	颁奖典礼

四、表彰奖励

对取得各项成绩前三名的选手，将分别给予____元、____元、____元的奖励，并颁发奖状。

4. 技能考核与奖惩

操作考核与奖惩即对班组员工掌握技能、技术的熟练程度进行考核，并根据考核结果实施奖惩。考核内容一般应包括理论知识及实际操作。在对实际操作精细考核前，班组长应对考核中要表现的动作进行事先规定，包括动作标准、时间间隔、生产定额等。

技能考核结果应分出等级，对成绩优异者给予奖励，对不合格者给予惩罚。

5. 进行技术交流

班组长应积极组织员工参加技术交流会，普及科学技术知识，拓宽技术领域，紧追技术发展步伐，向先进企业、先进技术、先进思想看齐。通过技术交流，亦可发现班组员工存在的不足，以便有针对性地进行培训。

（二）技术尖子培养注意事项

（1）培养对象应选择思想品德好，本身技术水平较高，热爱钻研，勤于思考及动手的员工。

（2）班组长应注重提升自己的技能，使自己成为管理高手、技术能手。只有这样，班组长在培养技术尖子时方可赢得人心，具有权威性，发挥榜样作用。

（3）建立长效的激励机制。企业应在全员范围内建立技术激励、奖励办法，鼓励员工主动提升技能，形成你追我赶的企业文化。

第二节　有效沟通应知应会2件事

一、正式沟通

班组长的正式沟通包括与上级的沟通，与下级的沟通及与同级的沟通。

（一）与上级的沟通

作为一名基层管理者，班组长不仅要跟班组员工打交道，也需要和上级有沟通，而许多班组长在与上级沟通时，总是战战兢兢，如履薄冰。事实上，只要掌握一些方法和技巧，与上级沟通其实很简单。以下是班组长与上级沟通的一些方法和技巧，供参考，如图10-4所示。

时机恰当，场合合适	1	◎ 上级需要处理的事情很多，不是每时每刻每地都有耐心听班组长的工作计划或最近工作中遇到的问题，所以挑选合适的时间和场合是极其重要的 ◎ 班组长平常要多细心观察上级的工作状态和情绪，选对时间和场合也许能达到事半功倍的效果
穿着谨慎，精神饱满	2	◎ 在与上级沟通之前，班组长要先检查一下自己的衣着打扮和精神面貌。尽量着正装，如果穿着打扮很随意甚至很另类，都可能引起上级的反感，失去和自己继续交谈下去的兴趣，影响沟通效果。同时，注意要精神饱满，向上级展现出自己充满干劲的样子
转换立场，换位思考	3	◎ 班组长在与上级沟通时要站在上级的立场和角度考虑问题，考虑他为什么这么说，为什么生气，为什么厌烦，等等，尽量让上级知道自己与他是站在同一个立场上的。赢得信任有助于沟通目的的达成
因人而异，方法恰当	4	◎ 班组长所面对的上级不止一个，而每个上级都有自己独特的领导风格，所以在与这些性格迥异的上级沟通的过程中，要采用不同的沟通方式，如与支配型领导应开门见山地沟通

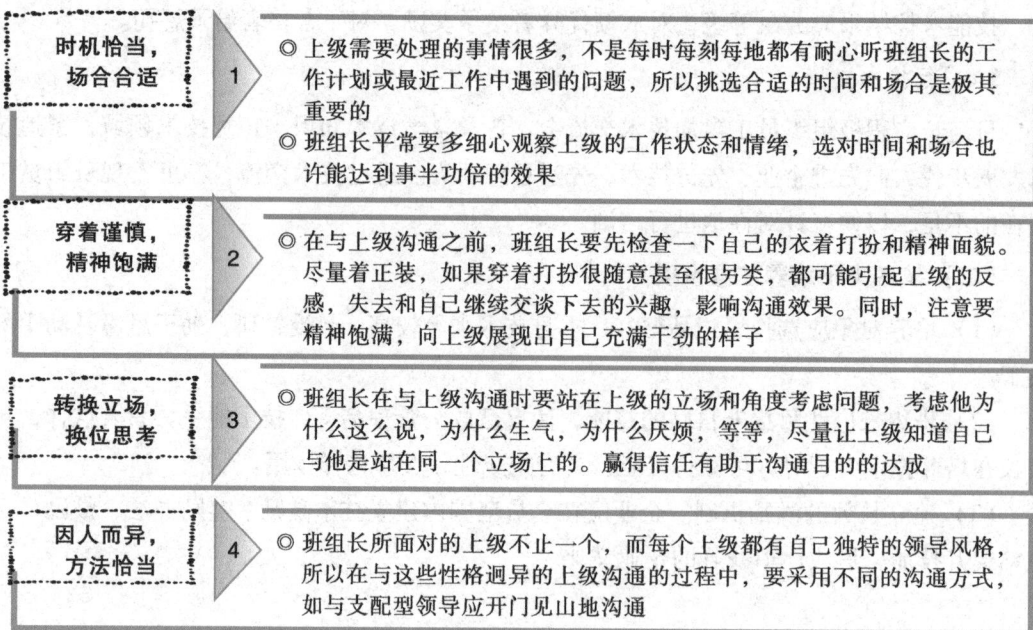

图10-4　与上级沟通的方法和技巧

（二）与下级的沟通

班组长工作在基层，打交道最多的当然是班组员工。班组长与班组员工沟通的成功与否直接影响到工作指标的完成。俗话说，没有难以沟通的下属，只有不善于沟通的上司，所以班组长要学习如何更好地与下级沟通。班组长与下级的沟通技巧包括以下几种。

1. 气氛调节技巧

轻松、和谐的气氛有助于沟通双方保持放松状态，达到最佳沟通效果。班组长在与下级沟通的过程中，要善于调节气氛，具体可从以下四个方面入手，如图10-5所示。

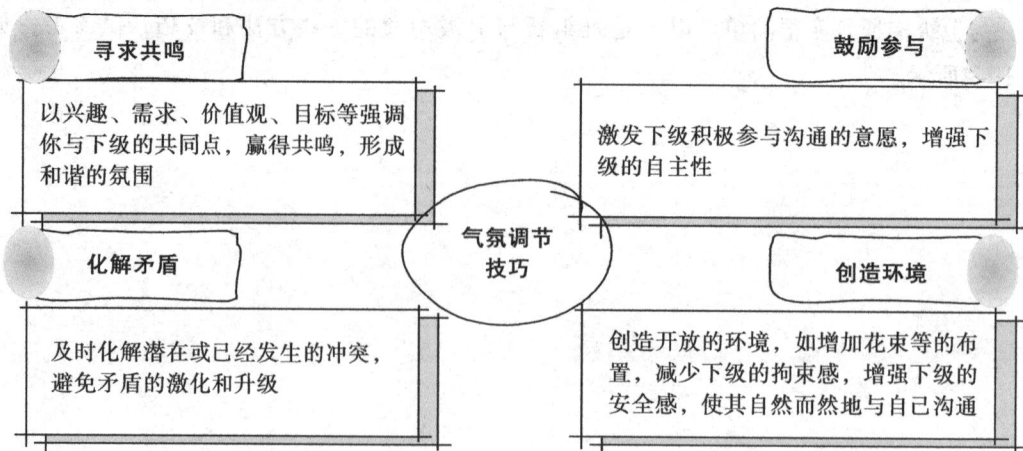

寻求共鸣
以兴趣、需求、价值观、目标等强调你与下级的共同点，赢得共鸣，形成和谐的氛围

鼓励参与
激发下级积极参与沟通的意愿，增强下级的自主性

气氛调节技巧

化解矛盾
及时化解潜在或已经发生的冲突，避免矛盾的激化和升级

创造环境
创造开放的环境，如增加花束等的布置，减少下级的拘束感，增强下级的安全感，使其自然而然地与自己沟通

图10-5　气氛调节技巧

2. 倾听技巧

我们知道，在沟通过程中，有效倾听起着至关重要的作用。要做到有效倾听，需要掌握一些特殊方法，如图 10-6 所示。

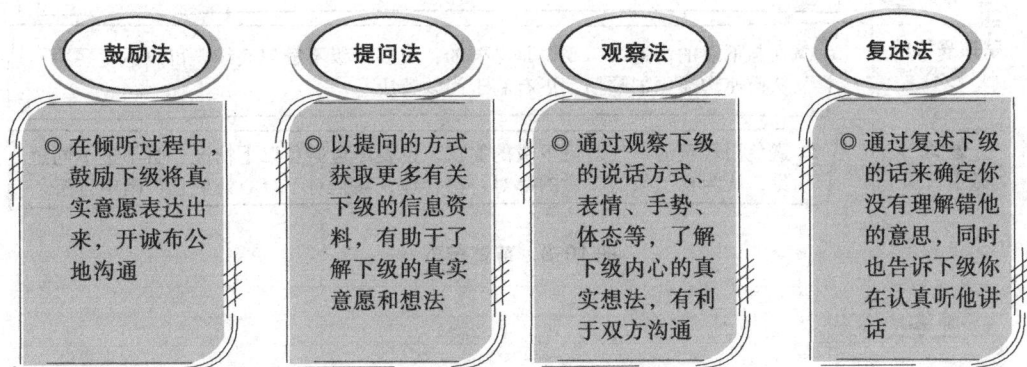

鼓励法 | 提问法 | 观察法 | 复述法

◎ 在倾听过程中，鼓励下级将真实意愿表达出来，开诚布公地沟通

◎ 以提问的方式获取更多有关下级的信息资料，有助于了解下级的真实意愿和想法

◎ 通过观察下级的说话方式、表情、手势、体态等，了解下级内心的真实想法，有利于双方沟通

◎ 通过复述下级的话来确定你没有理解错他的意思，同时也告诉下级你在认真听他讲话

图 10-6　倾听技巧示意图

3. 反馈技巧

班组长在与班组员工沟通过程中，不仅要善于倾听，还要做到有效反馈。利用反馈，将自己的意见或建议具体、明确地表达出来，让下级了解自己的思想倾向和行为方向。在提出反馈时应注意以下三点，如图 10-7 所示。

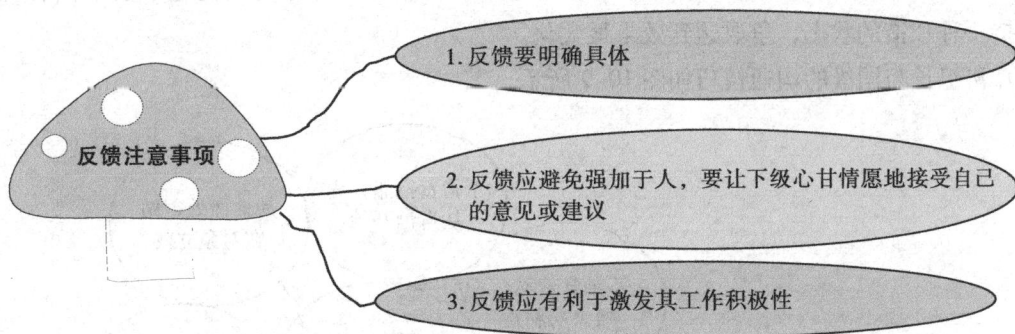

反馈注意事项

1. 反馈要明确具体

2. 反馈应避免强加于人，要让下级心甘情愿地接受自己的意见或建议

3. 反馈应有利于激发其工作积极性

图 10-7　反馈注意事项

4. 尊重技巧

每个人都希望被尊重，下级也不例外，班组长不能因为自己的职位比他们高就有一种居高临下之感，而应该尊重下级。具体尊重技巧如图 10-8 所示。

尊重下级个人习惯	◎ 每个人都有自己的生活和工作习惯，对不妨碍工作或交流的个人习惯，班组长不应过多干涉
少用命令口吻	◎ 班组长应避免总是以命令的口吻与下级交流，因为这样容易给人一种不尊重对方的感觉，对方易产生抵触情绪，难以达到良好的沟通效果
掌握妥协的艺术	◎ 在与下级的沟通中，妥协是必要的，只要下级不触犯底线，可以适度妥协，从而使沟通更加顺畅，更有利于问题解决
避免傲慢自负	◎ 避免用轻蔑的口气对待下级的提议，也要尽量避免以下情况：听不进不同意见，认为自己想的、做的都对、都合理，甚至对下级心怀妒忌，暗中排挤

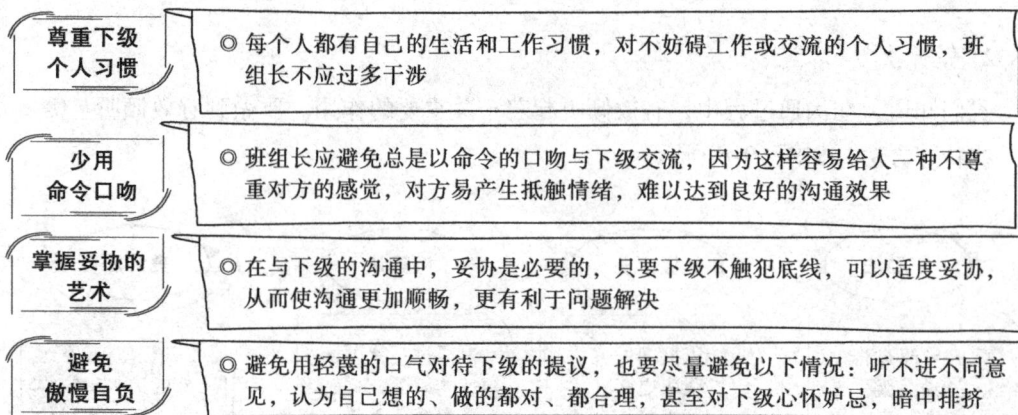

图 10-8　尊重技巧

5. 压力技巧

除了倾听、反馈、尊重下级等，适时的"发怒"，给下级施加一些压力也是必要的。当然，"发怒"是讲策略的，不要为了发怒而发怒，而要在沟通中某一个下级可以接受的点上"发怒"。通过"发怒"，让下级认识到问题的严重性和自身存在的差距，从而产生进步的动力。

（三）与同级的沟通

同级之间，既是天然的"合作者"又是潜在的"竞争者"，班组长在与同级相处中必然会产生既渴望"合作"又期盼"竞争"的心理。所以，在与同级沟通中要求同存异，保持一种和谐的状态，争取达到效果最大化。

班组长与同级的沟通技巧如图 10-9 所示。

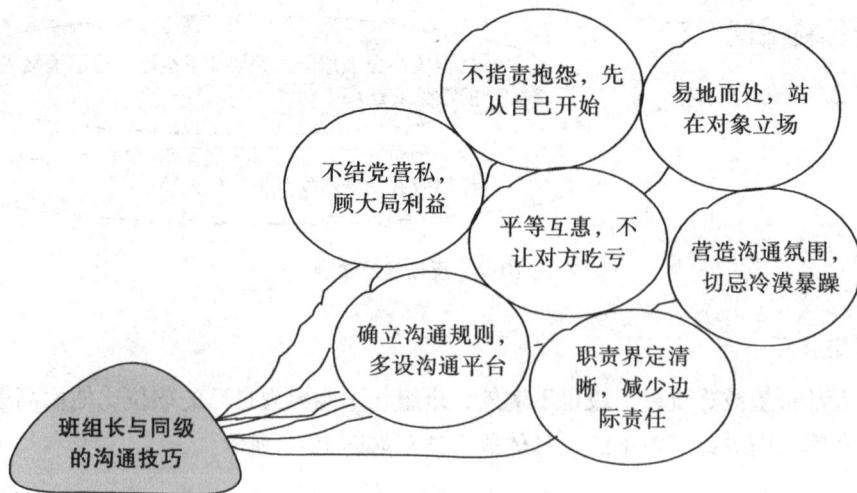

图 10-9　班组长与同级的沟通技巧

二、非正式沟通

非正式沟通是一种通过正式规章制度和正式组织程序以外的其他各种渠道进行的沟通。对于班组长发起的非正式沟通，沟通对象一般为其下级。班组长利用非正式渠道进行沟通时，应掌握以下方法及技巧，防止消极的"小道"消息、不实消息的传播，达成沟通目的。

（一）非正式沟通的方法

班组长一般可采取以下方法与班组员工进行非正式沟通，具体如图10-10所示。

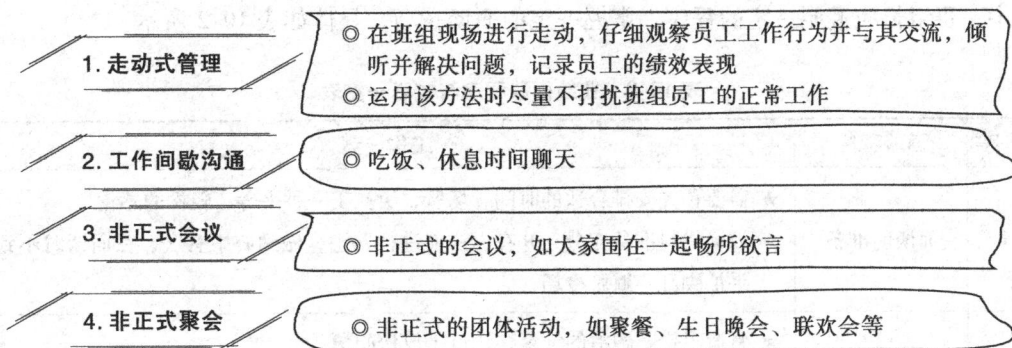

1. 走动式管理	◎ 在班组现场进行走动，仔细观察员工工作行为并与其交流，倾听并解决问题，记录员工的绩效表现 ◎ 运用该方法时尽量不打扰班组员工的正常工作
2. 工作间歇沟通	◎ 吃饭、休息时间聊天
3. 非正式会议	◎ 非正式的会议，如大家围在一起畅所欲言
4. 非正式聚会	◎ 非正式的团体活动，如聚餐、生日晚会、联欢会等

图 10-10　非正式沟通的方法

（二）非正式沟通的技巧

班组长在与员工进行非正式沟通时，应掌握以下技巧，具体如图10-11所示。

以询问替代命令	采取询问的方式与下级沟通，这样既可以了解下级内心的真实想法，又可以让下级感觉更舒服、更亲切，乐于回答
态度和蔼平等	应与对方站在平等的角度进行沟通，如以朋友的立场进行沟通，注意语气、语调、表情、动作不要体现出高高在上的感觉
避免无聊空谈	班组长与下级谈话时，要尽可能让每一次谈话都能有重点、有见解，达成谈话目的
体现关心	非正式沟通应以对员工的关心为出发点，可以从自己的经历及体会说起，拉近彼此的距离
直面流言	对流言切忌模棱两可或躲躲闪闪，应给予正面的回应，防止不实消息的传播对企业产生不利影响

图 10-11　非正式沟通的技巧

第三节　有效激励应知应会 5 件事

一、业绩面谈

业绩面谈是班组长的一项重要工作，即班组长与班组员工面对面的交流与讨论，明确自己对其的评价与期望，一起寻找不足，从而指导员工持续改进工作业绩。在业绩面谈工作中，班组长应遵照一定的程序，掌握一定的面谈技巧，具体如表 10-2 所示。

表 10-2　业绩面谈程序与技巧一览表

序号	面谈程序	工作技巧
1	面谈前准备	★ 需要预先安排合适的时间、场所，给员工一种平等、轻松的感觉 ★ 面谈材料准备充分，并在面谈前进行熟悉，做到心中有底，在面谈时不致手忙脚乱、尴尬冷场
2	暖场	★ 营造轻松、融洽的气氛，让员工放松心情 ★ 设计一个缓冲时段，时间不宜太长，可以先谈谈工作以外的其他事情
3	员工自评	★ 认真倾听员工解释，撇开偏见，控制情绪，耐心倾听 ★ 不时地概括或重复员工的谈话内容，鼓励员工继续讲下去，帮助其分析原因

（续表）

序号	面谈程序	工作技巧
4	班组长评价	★ 评价员工的业绩，指出成绩和不足；评价员工的能力，指出优势和劣势
5	讨论并确定评价结果阶段	★ 先从共识的地方谈起，在遇到意见不统一时，不与员工形成对峙，耐心沟通，关注业绩标准及相关事实而不是其他内容
6	针对不足制订改善计划	★ 先让员工提出改进方案，并需注意计划的可衡量性和可行性
7	确定下阶段的工作目标	★ 确认目标的实现期限，并注意目标的可衡量性和可行性
8	结束	★ 给员工鼓励并表达谢意 ★ 如果双方就某些问题争执不下，班组长可以建议将此问题作为下一次面谈沟通的内容，而不一定非要在当时得出结论

二、表扬员工

表扬是对员工激励的常用方法之一，是属于正强化的激励方法。班组长如果能在实际工作中运用好表扬，对于激发班组员工的积极性，尤其是对"后进员工"的转化，将会起到事半功倍的效果。班组长在对班组员工进行表扬时，应掌握以下要点。

（一）表扬员工的时机

（1）当员工的行为表现符合企业、车间、班组倡导的价值观、质量观、安全生产观等企业文化理念时，班组长要进行表扬。

（2）表扬要及时，使被表扬者能够再接再厉地做出更大的贡献，也能使其他员工有新鲜感。表扬对员工的振奋程度会随时间的推移而弱化，时过境迁再进行表扬，被表扬者便会失去热情，大家的印象也会淡漠，其作用当然也会大打折扣。

（二）表扬员工的技巧

班组长在表扬员工时，应掌握以下十大技巧，如图10-12所示。

十大技巧	具体说明
表扬要发自内心	● 表扬应是由衷之言，要让对方感觉这种热情洋溢的表扬是发自内心的，要说到员工的心田里，激发他的成就感
表扬要明确具体	● 表扬的目的是发扬优点，提高积极性，因此表扬时班组长要说明表扬的是哪一点，为什么要表扬，使员工了解期望，更加努力
表扬要简短明了	● 表扬固然是好事，但话说得太长、琐琐碎碎，会让员工反感，反而达不到表扬的目的
表扬要实事求是	● 表扬要实事求是，就事论事，注意公平，不能扬此贬彼，不宜掺杂个人的好恶
表扬的同时要注意提醒	● 表扬时，班组员工心情愉悦，对提出的意见比较容易接受，所以表扬的时候是提醒其改正缺点、再接再厉、戒骄戒躁的最佳时机
表扬的同时也要提出期望	● 表扬不仅要着眼于过去的行为和成绩，而且也要着眼于未来，提出期望，如"你干得很好，希望你努力提升自己，取得更好的成绩"
注意表扬的场合	● 尽量多使用私下表扬，如需公开表扬，一定要在该员工取得公认的成绩时，方可采取这种方式，以免让其他员工感到不公正
巧妙利用间接表扬	● 间接表扬，就是在当事人不在场的情况下进行的背后表扬，这种表扬一般都能传到当事人那里，使其觉得表扬非常真实，发自内心
表扬较不为人知的优点	● 对员工公认的优点进行表扬，未必能够引起亢奋，但如果能发现并表扬其不为人知的优点，往往能使其更加振奋
表扬要适度地反复进行	● 表扬的作用会随着时间的推移而逐渐减弱并消失，因此表扬不能只进行一次，得反复进行，以不断巩固表扬效果 ● 表扬要适度，既不能过分给下属戴"高帽子"，极力讨好下属，以免使其沾沾自喜、骄傲自大，也不能一句夸奖的话也没有，使其情绪长期低落、压抑，最好要适度、恰当，让人易于接受

图 10-12 表扬员工的技巧

三、批评员工

工作过程中，员工难免出错或出现一些违纪行为，此时，班组长需适时进行批评。恰当的批评不仅能使员工认识到错误，而且能激励其向好的方向发展。

（一）明确批评的目的

班组长要明确批评的目的不是为了把对方压垮，不是伤害对方，更不是借此显示自己的优秀与权力，而是为了端正员工的态度，帮助其改正错误，做到今后不再重犯。

（二）掌握批评的步骤

一般来说，班组长批评员工时有四个步骤，具体如图 10-13 所示。

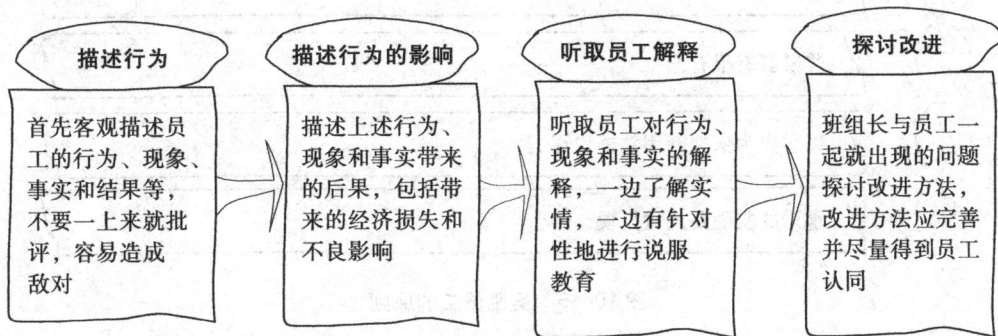

描述行为	描述行为的影响	听取员工解释	探讨改进
首先客观描述员工的行为、现象、事实和结果等，不要一上来就批评，容易造成敌对	描述上述行为、现象和事实带来的后果，包括带来的经济损失和不良影响	听取员工对行为、现象和事实的解释，一边了解实情，一边有针对性地进行说服教育	班组长与员工一起就出现的问题探讨改进方法，改进方法应完善并尽量得到员工认同

图 10-13　批评的步骤

（三）掌握批评的技巧

简单粗暴的批评往往难以让人接受，甚至产生逆反心理；而委婉曲折的批评有时往往显得力度不够，难以达到批评目的。为使批评达到预期目的，班组长应掌握一些批评的技巧，把握批评的度。

以下是批评员工的技巧，班组长应酌情掌握并使用，如图 10-14 所示。

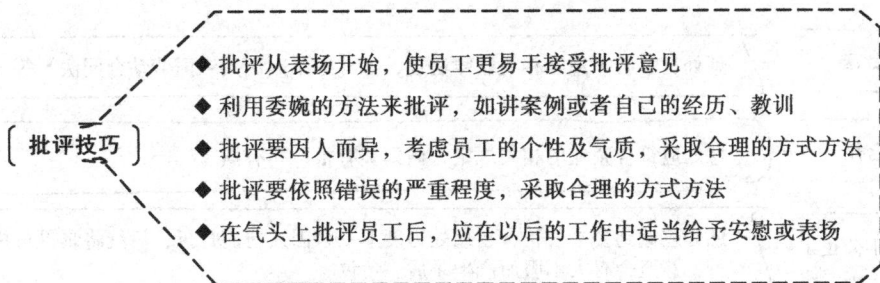

批评技巧

◆ 批评从表扬开始，使员工更易于接受批评意见
◆ 利用委婉的方法来批评，如讲案例或者自己的经历、教训
◆ 批评要因人而异，考虑员工的个性及气质，采取合理的方式方法
◆ 批评要依照错误的严重程度，采取合理的方式方法
◆ 在气头上批评员工后，应在以后的工作中适当给予安慰或表扬

图 10-14　批评的技巧

四、奖励员工

奖励员工，不单是表扬几句或者多发奖金了事。奖励得当，往往能激发员工工作的激情与成就感；奖励不当往往会适得其反，既影响员工积极性，又会使其他员工认为不公，影响团队的凝聚力。

班组长在奖励员工时，应遵守以下原则，具体如图10-15所示。

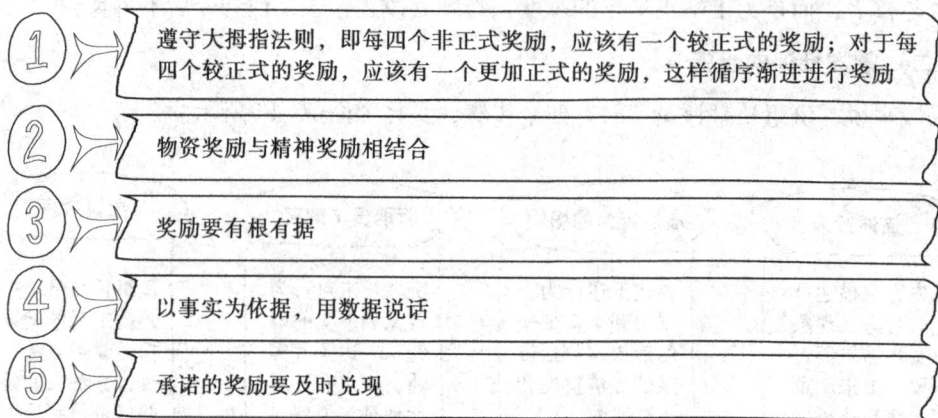

图10-15　奖励员工的原则

内容：
1. 遵守大拇指法则，即每四个非正式奖励，应该有一个较正式的奖励；对于每四个较正式的奖励，应该有一个更加正式的奖励，这样循序渐进进行奖励
2. 物资奖励与精神奖励相结合
3. 奖励要有根有据
4. 以事实为依据，用数据说话
5. 承诺的奖励要及时兑现

五、惩处员工

惩处也是激励制度中不可缺少的一部分，惩罚能唤醒班组员工的责任心，为其他员工敲响警钟。班组长应遵守惩处的原则，选择合理的惩处方式，使惩处发挥其应有的激励作用。

（一）惩处的原则

班组长在对员工进行惩处时，不能随意进行，应遵从一定的原则，如图10-16所示。

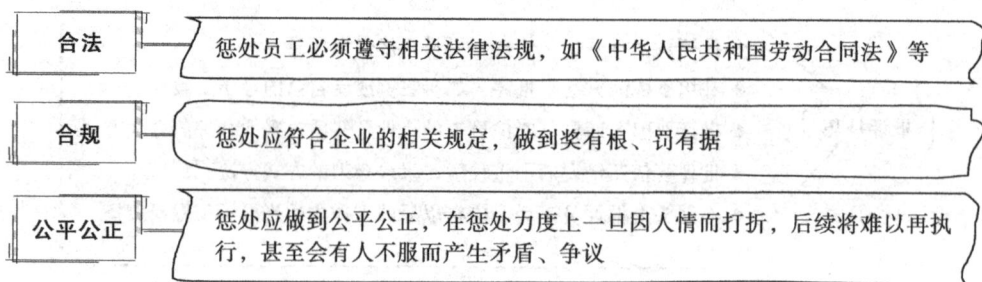

图10-16　惩处的原则

内容：
- 合法：惩处员工必须遵守相关法律法规，如《中华人民共和国劳动合同法》等
- 合规：惩处应符合企业的相关规定，做到奖有根、罚有据
- 公平公正：惩处应做到公平公正，在惩处力度上一旦因人情而打折，后续将难以再执行，甚至会有人不服而产生矛盾、争议

（二）惩处的方式

班组常用的惩处方式有写检讨、通报批评、扣发绩效工资、要求赔偿经济损失、降级、降薪、在一定时间段内不予以升级提薪或外派学习的机会等。

第十一章

开好班前班后会

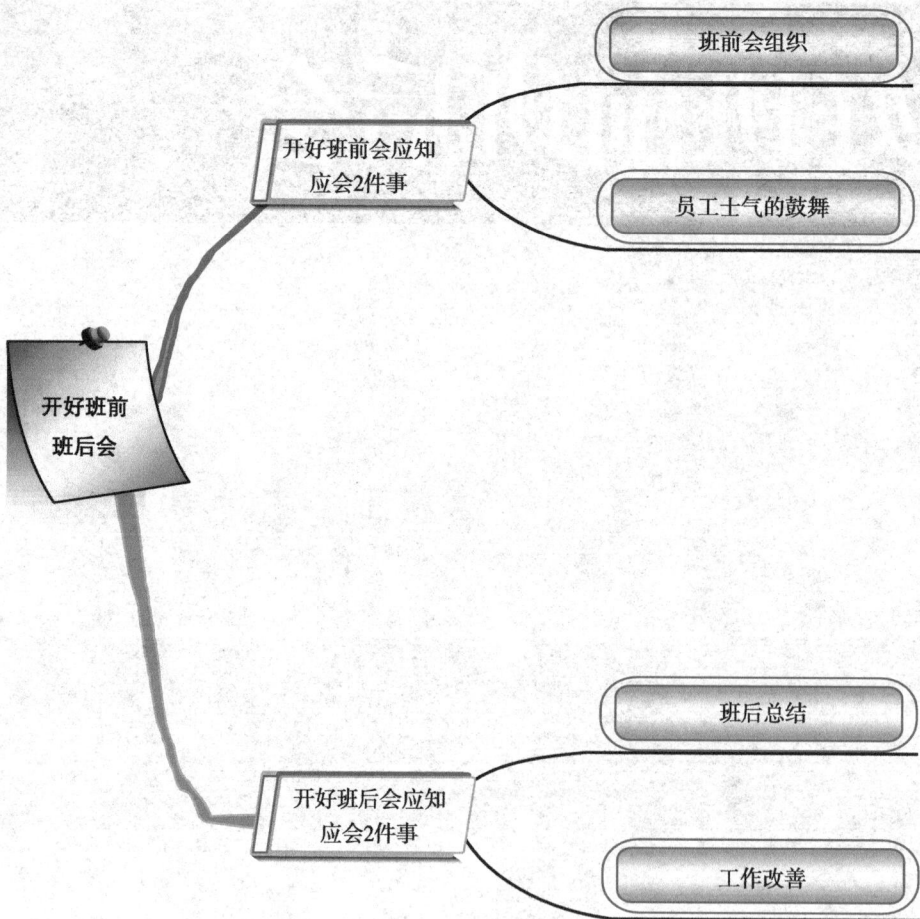

第一节　开好班前会应知应会2件事

班前会，就是在班组开始工作之前，班组长组织的会议。班前会的主要内容是总结之前工作中存在的问题、布置今天或以后的工作任务、传达上级领导交代下来的指令，同时提醒班组员工注意安全事项等。

一、班前会组织

班前会是以班为单位，在总结与告诫的同时，也会对班中成员有所鼓舞，使得成员可以在工作中更加努力。班前会的组织者，一般是班组长，也可以是上级领导。下面是班前会组织工作中的一些常见事项，班组长应该努力做好。

（一）准备班前会传达的信息、资料

班组长在开班前会前就应该对会议上要传达的信息、资料进行准备，准备的信息、资料一般包括以下六点，具体如图11-1所示。

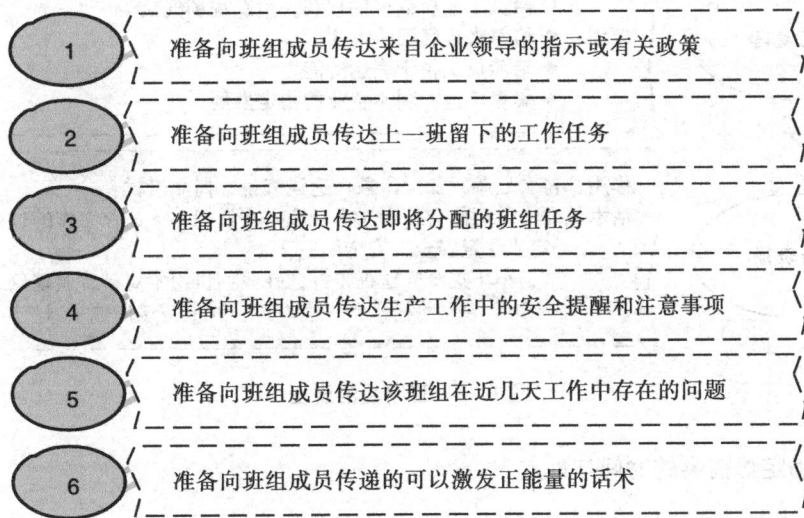

1	准备向班组成员传达来自企业领导的指示或有关政策
2	准备向班组成员传达上一班留下的工作任务
3	准备向班组成员传达即将分配的班组任务
4	准备向班组成员传达生产工作中的安全提醒和注意事项
5	准备向班组成员传达该班组在近几天工作中存在的问题
6	准备向班组成员传递的可以激发正能量的话术

图11-1　班前会需准备的信息及资料

（二）设计班前会的流程

班组长在开班前会前，应该规划好班前会的流程，在对该流程有系统认识的基础上，再对其中的每一个流程进行细化，争取将对班组员工要说的话说得清楚、详细、有重点，便于班组员工正确理解和实施。

班前会的大致流程可设计成如图 11-2 所示。

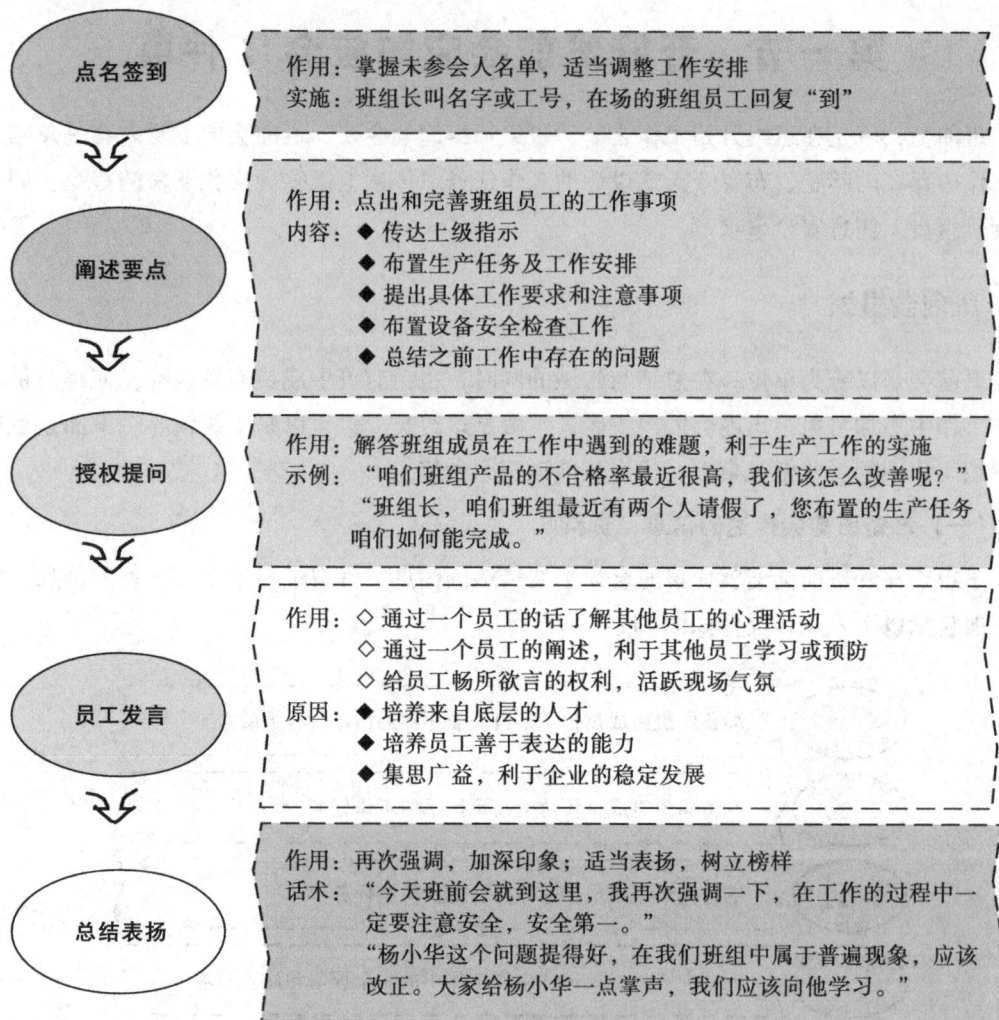

点名签到

作用：掌握未参会人名单，适当调整工作安排
实施：班组长叫名字或工号，在场的班组员工回复"到"

阐述要点

作用：点出和完善班组员工的工作事项
内容：◆ 传达上级指示
　　　◆ 布置生产任务及工作安排
　　　◆ 提出具体工作要求和注意事项
　　　◆ 布置设备安全检查工作
　　　◆ 总结之前工作中存在的问题

授权提问

作用：解答班组成员在工作中遇到的难题，利于生产工作的实施
示例："咱们班组产品的不合格率最近很高，我们该怎么改善呢？"
　　　"班组长，咱们班组最近有两个人请假了，您布置的生产任务
　　　咱们如何能完成。"

员工发言

作用：◇ 通过一个员工的话了解其他员工的心理活动
　　　◇ 通过一个员工的阐述，利于其他员工学习或预防
　　　◇ 给员工畅所欲言的权利，活跃现场气氛
原因：◆ 培养来自底层的人才
　　　◆ 培养员工善于表达的能力
　　　◆ 集思广益，利于企业的稳定发展

总结表扬

作用：再次强调，加深印象；适当表扬，树立榜样
话术："今天班前会就到这里，我再次强调一下，在工作的过程中一
　　　定要注意安全，安全第一。"
　　　"杨小华这个问题提得好，在我们班组中属于普遍现象，应该
　　　改正。大家给杨小华一点掌声，我们应该向他学习。"

图 11-2　班前会的流程

（三）确定班前会的时间与地点

1. 确定班前会的时间

班前会的时间与地点一般都比较固定。时间一般定在工作前的 10 ~ 15 分钟，班前会持续 10 ~ 15 分钟，然后班组员工即可上岗工作了。

有些时候，班组长要传达的内容非常重要，这时就应该提前通知班组员工在开班组会的时候提前一段时间到，避免有缺席的现象而漏听了重要信息。

2. 确定班前会的地点

班前会的地点，一般都会选择班组所在的车间，这样不仅有利于班前会上进行现场演示与说明，同时还能够保证班组员工在班前会结束后可快速投入到工作当中。

当班前会的地点有所变更时，班组长应该亲自通知到每一位班组员工，确保每个人都知道，如果班组长分不开身，可以让同事代劳，或找一个信得过的班组员工代为转达。

（四）整理班组员工队伍

班前会开始前，班组员工不会立即投入到开会的状态，往往呈现三三两两一组，聊天说话、东倒西歪的现象。所以，班组长就需要对班组员工的队伍进行整理。通过整理参加班前会的班组员工队伍，不仅可以改善班组员工的精神状态，还可以防止员工交头接耳、相互攀谈。

整理队伍时，如果人数过多，可以小组为单位分别进行整理；如果人数较少，只有几人或十几人，可以统一整理。同时，整理队伍时可适当加上一些口令，如立正、稍息、向左看齐或向右看齐等，快速完成队形的整理。

班前会可以按照图11-3所示的队形站队，这样不仅整齐划一，看起来也精神很多。

图11-3 班前会的队形

二、员工士气的鼓舞

在车间里，班组员工的生产动力不会总是很高，因此需要一定的刺激与鼓励，而班前会正适合做这样的工作。班组长可通过班前会鼓舞班组员工的士气，促使员工们在生产过程中保持较高的热情，提高效率，为企业贡献最大力量。

（一）鼓舞士气的方法

具体来说，班组长可采取如图 11-4 所示的方法鼓舞员工的士气。

给员工信心	肯定员工价值，让员工相信自己的潜力
以身作则	班组长应发挥榜样效应，用自己良好的精神面貌感染员工
公平公正	对待员工不能厚此薄彼，应该一碗水端平
合理安排工作	知人善用，根据员工的能力合理安排工作，使员工持续完善和进步
口号激励	口号要简洁有力、朗朗上口，与生产相关
精神鼓励与物质鼓励相结合	对于优秀员工，应该给予物质上的奖励，并口头表扬
善用赞美	真诚地赞美每位优秀的员工，哪怕他取得的是一个很小的进步或者是做出了一点很小的贡献
讲求诚信	承诺的事情要予以兑现，树立自己的威信

图 11-4　鼓舞士气的方法

（二）鼓舞士气的方式

在班前会上，班组长可以根据班组员工的状态选择适当的方式进行士气鼓舞。鼓舞士气的方式具体可以参考图11-5所示。

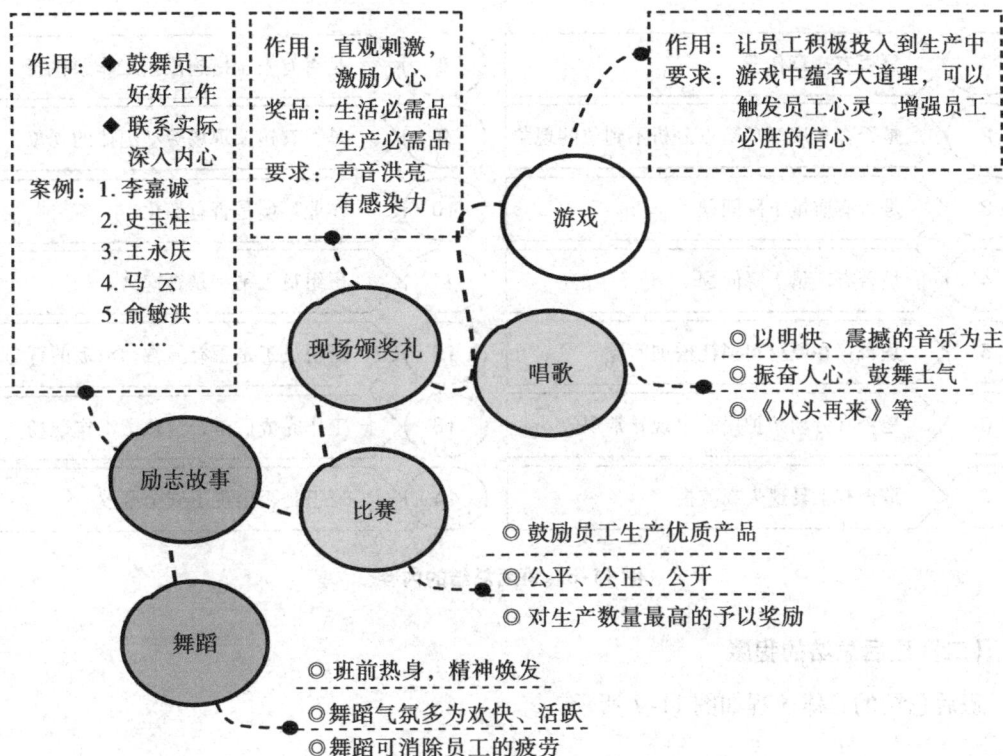

作用：◆ 鼓舞员工
好好工作
◆ 联系实际
深入内心
案例：1.李嘉诚
2.史玉柱
3.王永庆
4.马 云
5.俞敏洪
……

作用：直观刺激，
激励人心
奖品：生活必需品
生产必需品
要求：声音洪亮
有感染力

作用：让员工积极投入到生产中
要求：游戏中蕴含大道理，可以
触发员工心灵，增强员工
必胜的信心

游戏

现场颁奖礼

唱歌

◎ 以明快、震撼的音乐为主
◎ 振奋人心，鼓舞士气
◎《从头再来》等

励志故事

比赛

◎ 鼓励员工生产优质产品
◎ 公平、公正、公开
◎ 对生产数量最高的予以奖励

舞蹈

◎ 班前热身，精神焕发
◎ 舞蹈气氛多为欢快、活跃
◎ 舞蹈可消除员工的疲劳

图 11-5　鼓舞士气的方式

第二节　开好班后会应知应会 2 件事

班后会是对班组员工工作一天的成果进行总结，评讲班组内的工作情况和安全状况，进而表扬做得好的员工，批评那些出现违章、忽视安全的员工，并对班组改善提出建议的会议。

一、班后总结

进行班后总结，可分析并解决当班工作中发现的问题，可与员工分享工作中发现的提高工作效率的方法，也可向员工说明生产工作中的安全事项等。为做好班后总结工作，班组长需明确班后总结的内容及流程，注意班后总结的有关要求、事项。

（一）班后总结的内容

对于班组长来说，可通过开展班后会的形式进行班后总结，具体总结的内容如图 11-6 所示。

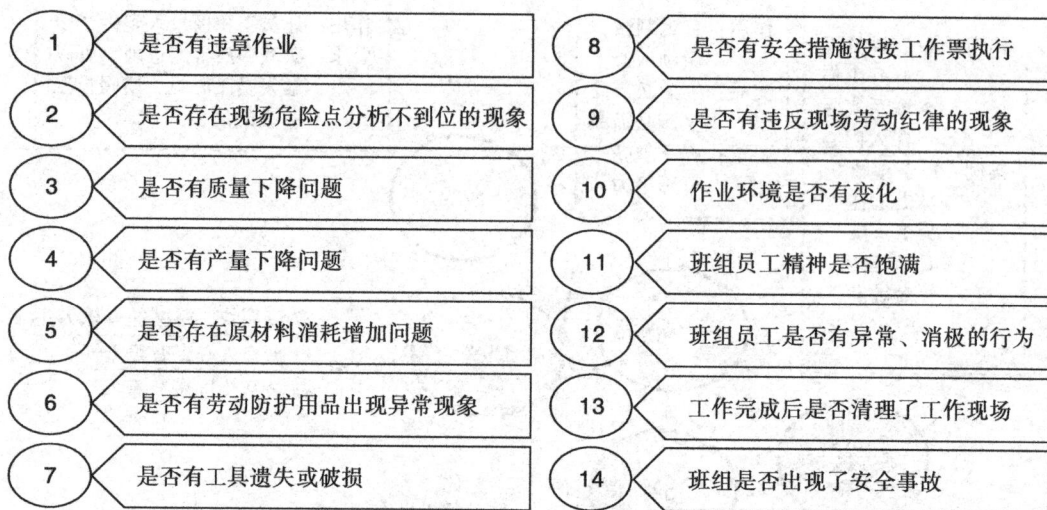

1	是否有违章作业	8	是否有安全措施没按工作票执行
2	是否存在现场危险点分析不到位的现象	9	是否有违反现场劳动纪律的现象
3	是否有质量下降问题	10	作业环境是否有变化
4	是否有产量下降问题	11	班组员工精神是否饱满
5	是否存在原材料消耗增加问题	12	班组员工是否有异常、消极的行为
6	是否有劳动防护用品出现异常现象	13	工作完成后是否清理了工作现场
7	是否有工具遗失或破损	14	班组是否出现了安全事故

图 11-6　班后总结的内容

（二）班后总结的程序

班后总结的具体流程如图 11-7 所示。

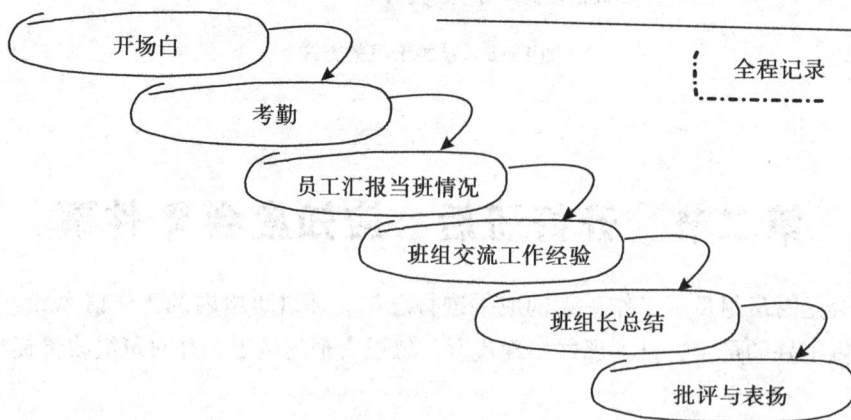

```
开场白
  考勤
    员工汇报当班情况
      班组交流工作经验
        班组长总结
          批评与表扬
                              全程记录
```

图 11-7　班后总结的流程

（三）班后总结的注意事项

为确保班后会成功实施，班后总结应有重点、有秩序，达到总结经验、吸取教训的目的。班组长在进行班后总结时，应注意如图11-8所列举的事项。

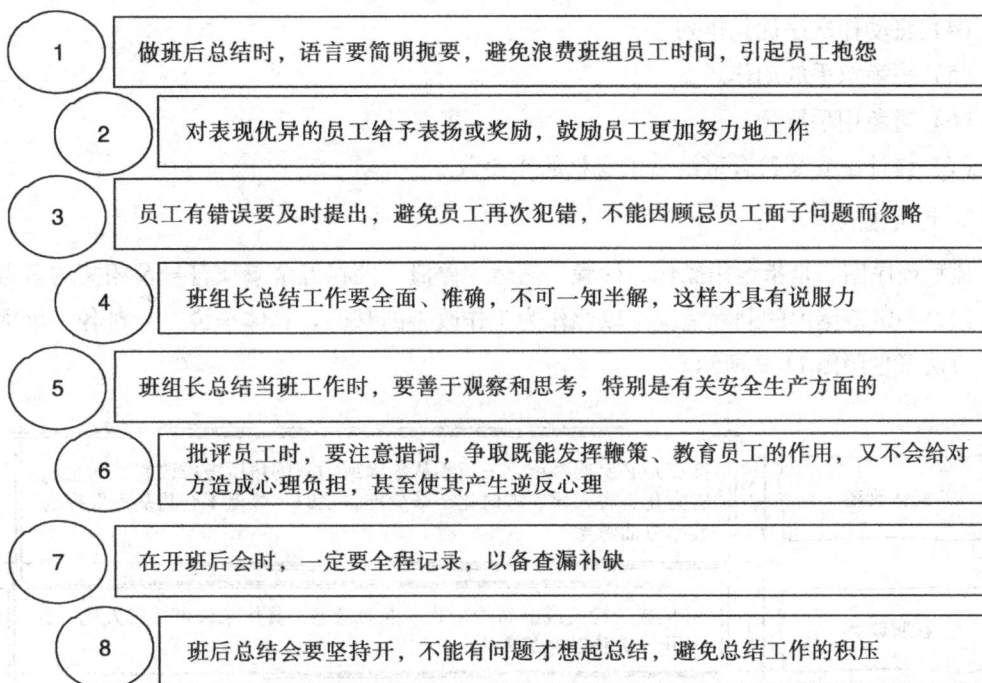

1	做班后总结时，语言要简明扼要，避免浪费班组员工时间，引起员工抱怨
2	对表现优异的员工给予表扬或奖励，鼓励员工更加努力地工作
3	员工有错误要及时提出，避免员工再次犯错，不能因顾忌员工面子问题而忽略
4	班组长总结工作要全面、准确，不可一知半解，这样才具有说服力
5	班组长总结当班工作时，要善于观察和思考，特别是有关安全生产方面的
6	批评员工时，要注意措词，争取既能发挥鞭策、教育员工的作用，又不会给对方造成心理负担，甚至使其产生逆反心理
7	在开班后会时，一定要全程记录，以备查漏补缺
8	班后总结会要坚持开，不能有问题才想起总结，避免总结工作的积压

图11-8　班后总结的注意事项

二、工作改善

开班后会的目的不仅是总结工作、发现问题，更重要的是分析问题、解决问题，即实施工作改善。所谓工作改善，即针对班组存在的不足及问题，采取各种方法和手段，以提高班组工作的效率及质量，规避或消除班组已存在的问题，使班组不断优化和改进的一种活动。为实现工作改善，班组长应掌握以下知识。

（一）工作改善的方法

工作改善的方法有多种，班组长应根据班组问题的特点及实际情况，选择合适的方法实施改善。班组具体工作改善的方法如下所示。

1. 动作分析

动作分析即针对人体动作细微处的浪费，设法深入寻求改善，达到省时、省力、安全、高效、节约成本、减少作业人员疲劳与不适的目的。具体来说，班组长可从以下几方面着手实施改善。

（1）尽量减少操作中的各项动作。

（2）依据省工原则合并动作。

（3）尽可能简化各种动作。

（4）将动作次序优化排列。

（5）平衡双手的动作。

（6）避免用手持物。

（7）设计、安装符合班组员工身材的作业台。

2. 运用流程程序图

流程程序图，是指运用操作、检验、搬运、停滞、储存五个事项符号及相关的重点叙述，记录一定范围内的制程情况，以此作为工作改善的基础。具体来说，针对各个事项的改善方法可参照图 11-9 所示。

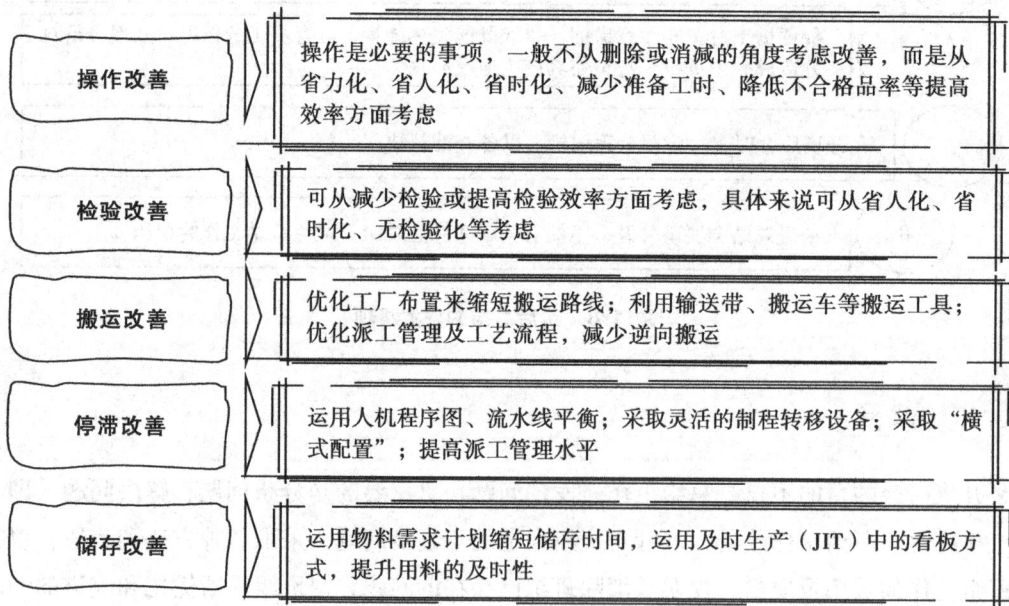

改善项目	改善方法
操作改善	操作是必要的事项，一般不从删除或消减的角度考虑改善，而是从省力化、省人化、省时化、减少准备工时、降低不合格品率等提高效率方面考虑
检验改善	可从减少检验或提高检验效率方面考虑，具体来说可从省人化、省时化、无检验化等考虑
搬运改善	优化工厂布置来缩短搬运路线；利用输送带、搬运车等搬运工具；优化派工管理及工艺流程，减少逆向搬运
停滞改善	运用人机程序图、流水线平衡；采取灵活的制程转移设备；采取"横式配置"；提高派工管理水平
储存改善	运用物料需求计划缩短储存时间，运用及时生产（JIT）中的看板方式，提升用料的及时性

图 11-9　流程程序图改善方法

3. 工作抽查

工作抽查是一种定量分析的方法，它是在规定的时间内以不定时的方式观察特定的人员及机械，记录当时人员或机械是工作、休闲还是处于其他动态，并通过统计分析大量的观察、记录数据，得出这些动态事项的构成比率的一种方法。运用工作抽查方法实施班组工作改善的具体策略如表 11-1 所示。

表 11-1　运用工作抽查法实施班组工作改善的策略

改善策略	具体改善方法
从工艺面切入改善班组工作	★ 运用辅助工具或设备,减少班组员工失误几率;设定正确的作业标准;提升技术操作水平,强化教导能力
从生产管理方面切入改善班组工作	★ 从品质管理、质量管理、物料计划管理、设备管理等方面进行改善
从人员管理方面切入改善班组工作	★ 建立有效的绩效考核制度并落实,落实责任追究制度,强化班组人员的纪律意识

（二）工作改善的步骤

班组长在实施工作改善时,应按照一定的步骤,具体如图 11-10 所示。

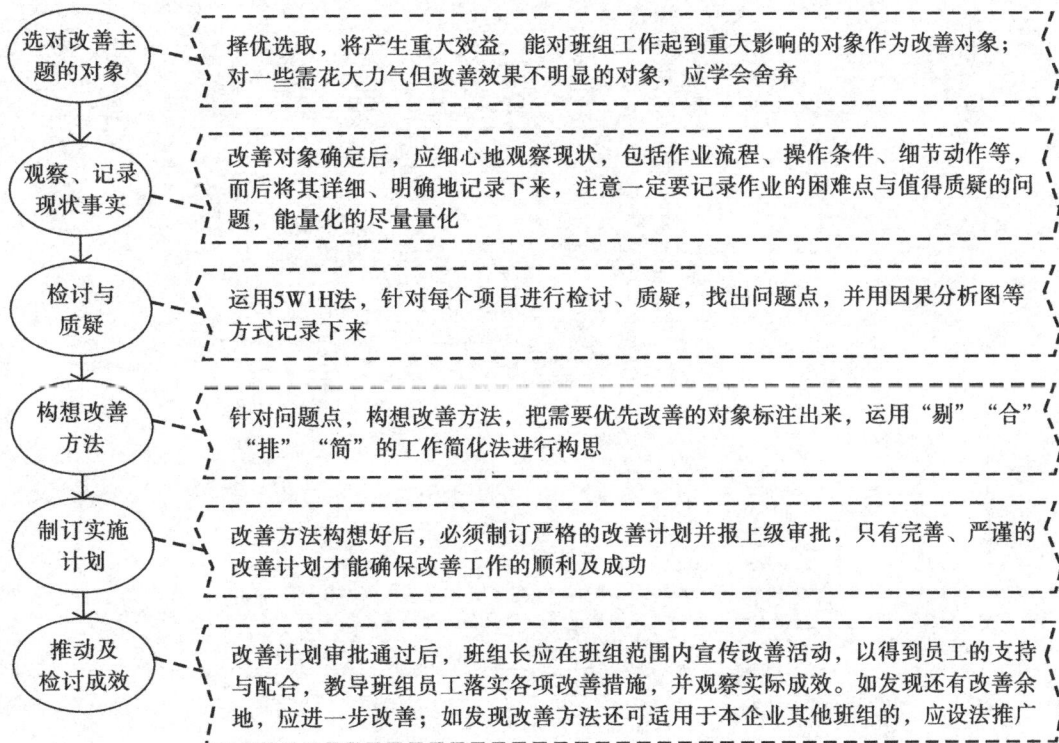

步骤	说明
选对改善主题的对象	择优选取,将产生重大效益,能对班组工作起到重大影响的对象作为改善对象;对一些需花大力气但改善效果不明显的对象,应学会舍弃
观察、记录现状事实	改善对象确定后,应细心地观察现状,包括作业流程、操作条件、细节动作等,而后将其详细、明确地记录下来,注意一定要记录作业的困难点与值得质疑的问题,能量化的尽量量化
检讨与质疑	运用5W1H法,针对每个项目进行检讨、质疑,找出问题点,并用因果分析图等方式记录下来
构想改善方法	针对问题点,构想改善方法,把需要优先改善的对象标注出来,运用"剔""合""排""简"的工作简化法进行构思
制订实施计划	改善方法构想好后,必须制订严格的改善计划并报上级审批,只有完善、严谨的改善计划才能确保改善工作的顺利及成功
推动及检讨成效	改善计划审批通过后,班组长应在班组范围内宣传改善活动,以得到员工的支持与配合,教导班组员工落实各项改善措施,并观察实际成效。如发现还有改善余地,应进一步改善;如发现改善方法还可适用于本企业其他班组的,应设法推广

图 11-10　班组工作改善的步骤

《班组长岗位培训手册——班组长应知应会的 10 大工作事项和 92 个工作小项（实战图解版）》
编读互动信息卡

亲爱的读者：

感谢您购买本书。只要您以下三种方式之一成为普华公司的**会员**，即可免费获得普华每月新书信息快递，在线订购图书或向我们邮购图书时可获得免付图书邮寄费的优惠：①详细填写本卡并以**传真（复印有效）**或邮寄返回给我们；②**登录普华公司官网注册成为普华会员**；③关注微博：@ 普华文化（新浪微博）。会员单笔订购金额满 300 元，可免费获赠普华当月新书一本。

哪些因素促使您购买本书（可多选）

○本书摆放在书店显著位置　　　○封面推荐　　　　　　○书名

○作者及出版社　　　　　　　　○封面设计及版式　　　○媒体书评

○前言　　　　　　　　　　　　○内容　　　　　　　　○价格

○其他（　　　　　　　　　　　　　　　　　　　　　　　　　　　）

您最近三个月购买的其他经济管理类图书有

1.《　　　　　　　　　　》　　　2.《　　　　　　　　　》

3.《　　　　　　　　　　》　　　4.《　　　　　　　　　》

您还希望我们提供的服务有

1. 作者讲座或培训　　　　　　　2. 附赠光盘

3. 新书信息　　　　　　　　　　4. 其他（　　　　　　　　　　　）

请附阁下资料，便于我们向您提供图书信息

姓　　名　　　　　　联系电话　　　　　　　职　　务

电子邮箱　　　　　　工作单位

地　　址

地　　址：北京市丰台区成寿寺路 11 号邮电出版大厦 1108 室

　　　　　北京普华文化发展有限公司（100164）

传　　真：010 - 81055644

读者热线：010 - 81055656

编辑邮箱：xuwenying@ puhuabook. cn

投稿邮箱：puhua111@126. com，或请登录普华官网"作者投稿专区"。

投稿热线：010 - 81055633

购书电话：010 - 81055656

媒体及活动联系电话：010 - 81055656　　　　　　　邮件地址：hanjuan@ puhuabook. cn

普华官网：http：// www. puhuabook. cn

博　　客：http：// blog. sina. com. cn/u/1812635437

新浪微博：@普华文化（关注微博，免费订阅普华每月新书信息速递）